西南政法大学 侦查学第七代教材

本书受西南政法大学2019年校级规划教学用书编写项目资助

刑事案件侦查实训教程

Practical Training Course of Criminal Investigation

郑海 蔡艺生◎主编

知识产权出版社
全国百佳图书出版单位
—北京—

图书在版编目（CIP）数据

刑事案件侦查实训教程/郑海，蔡艺生主编．—北京：知识产权出版社，2021.6
ISBN 978-7-5130-7307-3

Ⅰ.①刑… Ⅱ.①郑… ②蔡… Ⅲ.①刑事侦查—教材 Ⅳ.①D918

中国版本图书馆CIP数据核字（2020）第224980号

内容提要

本书旨在通过模块化案例情境设计，使学生在具体案件情境中亲自动手实践操作，深刻理解刑事案件侦查中科学合理地整合侦查资源、策略地组合运用侦查措施和手段、有效组织实施案件侦查的相关知识和技能。以“对接实践”和“学生为主体”为基本编写原则，以具体案件侦查为目标，展开相关知识与技能的训练。打破理论与实践壁垒，使学生以理论促动案侦实践，又在案侦中深化理论知识。本书适合侦查专业、治安专业及法学专业教师与学生在刑事案件侦查综合实训中使用。

责任编辑：吴亚平　李芸杰　　**责任校对**：王　岩
封面设计：研美文化　　**责任印制**：刘译文

刑事案件侦查实训教程

郑　海　蔡艺生　主编

出版发行：知识产权出版社有限责任公司	**网　　址**：http：//www.ipph.cn
社　　址：北京市海淀区气象路50号院	**邮　　编**：100081
责编电话：010-82000860转8672	**责编邮箱**：yp.wu@foxmail.com
发行电话：010-82000860转8101/8102	**发行传真**：010-82000893/82005070/82000270
印　　刷：天津嘉恒印务有限公司	**经　　销**：各大网上书店、新华书店及相关专业书店
开　　本：787mm×1092mm　1/16	**印　　张**：16
版　　次：2021年6月第1版	**印　　次**：2021年6月第1次印刷
字　　数：396千字	**定　　价**：66.00元

ISBN 978-7-5130-7307-3

编者的话

“刑事案件侦查”是一门关于科学合理地整合侦查资源、策略地组合运用侦查措施和手段、有效组织实施案件侦查的综合性侦查学分支学科，它是侦查学专业普遍开设的一门专业主干课程。该课程要求学生在学习刑法、刑事诉讼法、侦查学概论、物证技术学、现场勘查、侦查策略与措施等课程的基础上，以刑事案件侦查的一般方法和各类案件侦查方法为重心进行深入的专业学习。该课程的特点在知识运用上表现为综合运用所学的全部侦查学基础课程知识，在知识运用的方法上体现为学生结合具体案件背景灵活运用侦查专业知识，在能力培养上体现为引导学生掌握刑事案件侦查的基本动手能力。“刑事案件侦查”是一门知识体系相对完整的理论课程，也是一门操作性非常强的实践课程。在已经取得的“刑事案件侦查”实践教学经验的基础上，为进一步总结、提升教学经验成果，为刑事案件侦查课程的实践教学方法探索创新奠定基础，编写本教材。

本教材根据刑事案件侦查模块化的知识结构，遵循以下四个原则设计实训项目。一是“对接实践”。从刑事犯罪案件侦查实践的规范性、应用性、创新性要求出发，对刑事犯罪案件侦查的内容进行模块化训练和综合化训练的“分合模式”教学。二是体现学生的主体性。设计与实训过程中，坚持“学生为主体、教师为辅助”的教学理念，使学生在接近实景的案例情境中体验、在动手实践中学习、在错误与教训中感悟，从而激发学生的主观能动性。三是以“基本知识、基本技能、基础能力”为核心设计实训案例。四是在实训考核设计上突出和强化实训的形成性和过程性评价，通过考核使学生明确错误和不足之处。

本书案例实训设计的基本框架是，以考查训练的主题和实际发生的案件为背景设置案情；以角色扮演为主线进行案情展开；案件中各角色知晓案情内容、模拟实况展开，如调查中某些问题设置“不问不答”的内容，以及对抗性实训情境。实训过程以学生为主体，学生动手操作，教师事前知识引导、事中难点指导、事后效果评价。

案例在内容表现上有别于传统表现方式，突出以下特点：实训案例贴近案件侦查实践实景，案情展开以实际情况体现案侦的演进过程，而不是进行案件的“全部案情铺开”或者“正确的侦查活动”。方法“行不行”需要“做了才知道”、结果“对不对”需要“回头看才明白”；案例实训以学生为教学主体；打破理论与实践壁垒，使学生以理论促动案侦实践又在案侦中深化理论知识；全新模拟展现案情，改变传统上“材料的案件”“文字案例”的弊端，使学生置身案件情景，增加体验式教学和学习的过程；案例既有按照知识模块分类的强化实训，也有根据实际案件侦查的全程实训。

对本教材的使用作以下几点说明：

1. 本书各章节案例实训展开前，指导教师应当首先仔细阅读指导手册，了解实训目标，可以根据需要对案情进行改造、设计。实训前应当根据场景展开组织准备工作，如准备相应器材、学生角色调整和人数增减等。

2. 学生应当在实训展开前进行自主学习及相关知识拓展。必要时，可以在教师指导下展开针对性问题的讨论。

3. 实训不是简单的理论知识印证过程，而是在实践中进行知识深化与创新的过程。因此，需要每一个参与实训的学生在实训过程中将理论知识与案例情景相结合，进行创新应用。学员在实训中应充分展示自己的特长，树立团队观念。

4. 实训展开后，每位承担特定任务的学生不得主动向他人透露有关任务内容，其他学员也不得向承担任务的学员私自打听任务内容。

5. 重视实训后的总结。实训教学的“回头看”，是体验式教学效果提升的关键环节，应当让学员明确“对在哪里、错在何处”。

本书编写人员均是长期从事刑事案件侦查的专任教师，有多年的直接教学经验，对教学方法有独到见解，对教学模式创新有较为深入的实践探索。具体撰写分工如下（以章为序）：

郑　海　第一、四章
李　忆　第二章
刘　莹　第三、十一章
蔡艺生　第五、六、十章
郑士立　第七章
谢海燕　第八章
胡尔贵　第九章

感谢西南政法大学将本书作为校级规划教材给予出版支持，感谢知识产权出版社编辑们的热情帮助与艰辛付出。同时，在本书编写过程中，谢海燕老师及警察科学专业研究生魏季、程昭凯、张淳、高微微四位同学对本书进行了审读与修正。特此致谢！

目　录

第一章　受理案件审查

第一节　受理案件审查知识重点及实训目的

一、受理案件审查知识重点

（一）受理案件审查的任务

根据我国刑事诉讼法的规定，立案是诉讼活动的开始，受理案件审查是立案阶段的主要工作内容。从侦查工作实践阶段上看，立案与侦查密不可分；从诉讼意义上讲，立案是侦查工作的起点；从警务职能上看，受理案件审查也是履行警察职务的必要环节。刑事诉讼法规定，公安机关、人民检察院或人民法院对于报案、控告、举报都应当接受；人民法院、人民检察院或者公安机关对于报案、控告、举报和自首的材料，应当按照管辖范围，迅速进行审查。受理案件审查是指侦查机关对案件线索予以接受并依法进行审查，以决定是否立案侦查的一项专门活动，它包括接受案件、接受案件的审查和立案决定三个环节。

受理案件审查阶段的主要任务包括以下四个方面。

1. 受理案件的审查

受理案件的审查是刑事诉讼活动最初的过滤器。受理案件审查中，首先，审查报案、控告、举报和自首等情况下是否有犯罪事实的存在；其次，在认为有犯罪事实存在时，审查、判断是否需要负刑事责任；最后，确认案件侦查的管辖权。受理案件审查的作用在于解决是否立案以及是否提起侦查的问题。

2. 立案决定

立案决定是侦查机关依法对报案、举报、自首、控告或侦查机关在工作中直接获得的材料进行审查，认为符合立案条件，决定作为刑事案件展开侦查的一种诉讼活动。同时，对于没有犯罪事实或者犯罪事实显著轻微的事件，依法不予立案，防止错误追究刑事责任。

3. 采取紧急措施

案件侦查初期采取的紧急措施，是指在发现案件后遇有紧急情况，为了减少公民生命财产损失、保全犯罪证据资料、发现犯罪线索，防止犯罪嫌疑人逃跑、销赃或再次实施犯罪活动而采取的应急处理方法。主要包括急救抢险（如急救人命、排除险情、排除路障等）、现场搜索、追缉堵截、控制销赃和保全证据等。

4. 确定案件侦查组织形式和完善侦查启动手续

刑事诉讼立案包括对有关立案材料的接受、审查和决定三个方面的内容。这三个方面的内容互相衔接、有机联系，构成刑事立案程序的完整体系。根据我国刑事诉讼法的规定，侦查程序启动之前有一个专门且独立的立案程序，目的是查明是否有犯罪事实和是否需要追究刑事责任以及确定由哪一个公安机关立案侦查，它是每一起刑事案件必经的诉讼程序。立案是侦查前置程序，刑事案件只有经过立案，才能启动侦查程序，才能采取法律赋予侦查机关的侦查措施。因此，立案作为最初的诉讼活动，它虽不属于侦查阶段的步骤之一，但是侦查是以立案为前提的，没有立案就没有侦查。从这个意义上讲，立案是侦查的起点。立案阶段的任务是决定是否开始刑事诉讼程序。

（二）受案

1. 受案线索的来源

根据相关规定，公安机关受理案件线索的来源主要有四种：

（1）单位与公民的报案、举报、控告，群众扭送和犯罪嫌疑人自动投案；

（2）移送管辖，如人民检察院、人民法院、行政执法机关、军队保卫部门或者其他公安机关移送的案件线索；

（3）公安机关自行发现的案件线索；

（4）其他，如110报警服务台指令的案件、上级交办的案件等。

2. 受理案件的基本程序和要求

（1）应当立即接受案件线索，除案件性质和事实涉及国家秘密的外，应进行案件线索网上登记。对明显不属于公安机关职责范围的报案事项，应当立即告知报案人向其他有关主管机关报案。对重复报案、案件正在办理或者已经办结的，应当向报案人作出解释，不再重复接受报案登记。单位或者个人认为行政执法机关办理的行政案件涉嫌犯罪，向公安机关报案、控告、举报或者自首的，公安机关应当接受，不得要求相关单位或者人员先行向行政执法机关报案、控告、举报或者自首。

（2）制作询问笔录。接受案件应问明情况，并制作笔录。必要时，应当拍照、录音或者录像。笔录制作完毕后，经扭送人、报案人、控告人、举报人、自动投案人核对无误后，由其签名、捺指印。扭送人、报案人、控告人、举报人不愿意公开自己身份的，应当为其保守秘密，保障其本人及其近亲属的安全，并在笔录中注明。对电话报案的，应当记清报案人的联系方式；对匿名报案的，也应当问明情况，并及时调查核实。询问笔录应当包括下列内容。

① 告知控告人、举报人应当如实提供情况，不得诬告、陷害，以及诬告、陷害应负的法律责任。

② 案件的详细情况。包括案件发生、发现的时间、地点、原因、经过、后果；违法犯罪嫌疑人出入现场的路线、方向；现场周围情况；是否采取了处置措施、是否被保护等。

③ 犯罪嫌疑人的详细情况。对知悉犯罪嫌疑人情况的，应当问明犯罪嫌疑人的姓名、性别、年龄、身高、口音、行走姿势、衣着打扮、携带的凶器物品、作案的方式手段和人数、职业、住址、工作单位以及与犯罪嫌疑人熟悉的经过、关系等；对自动投案的，应当

问明投案的方式、动机、目的、过程、同案人、被害人基本情况等。

④ 被害人、证人的详细情况。对知悉被害人情况的，应当问明被害人姓名、性别、年龄、职业、住址、工作单位、联系方式，被侵害的时间、地点、经过或者被害单位情况等；对知悉证人情况的，应当问明证人姓名、性别、年龄、职业、住址、工作单位、联系方式等。

⑤ 涉案物品、工具的详细情况。对知悉涉案物品、工具的，应当问明其类型、品名、厂牌、产地、型号、规格、式样、质地、颜色、数量、重量、价值、特征等。

（3）接受证据。

① 对扭送人、报案人、控告人、举报人、自动投案人提供的有关证据材料、物品等应当当场登记，并制作接受证据材料清单，必要时，应当拍照或者录音、录像。

② 接受证据材料清单一式三份，写明证据材料的编号、名称、数量、特征等，由证据提交人、办案人（接受人）签名，注明接受时间，加盖办案（受案）单位公章，一份由办案（受案）单位留存附卷，一份交证据提交人，一份连同接受的证据交公安机关的保管人员妥善保管。

③ 制作受案登记表。接受案件的民警应当当场制作受案登记表，连同其他受案材料，报本单位领导审批。受案登记表一式两份，一份由受案单位留存，另一份随案附卷。

（4）制作受案回执。接受案件应当当场制作受案回执，一式两份，说明查询案件进展情况的方式和途径，加盖受案单位印章。一份交扭送人、报案人、控告人、举报人；另一份由扭送人、报案人、控告人、举报人签名、捺指印后随案附卷。受案回执需要向其他单位备案的，按照有关规定执行。

（5）现场处置。

① 对需要立即赶赴现场处置的，或者110报警服务台指令赶赴现场处置的，应当尽快到达现场，依法、稳妥、果断处置。出警民警应当及时报告案件处理情况。

② 现场处置完毕，应当依法将犯罪嫌疑人、有关人员、作为证据使用的物品和文件带回公安机关继续调查处理。对不能带回的物品，依照有关规定查封或者妥善看管。

③ 现场处置完毕后，应当在二十四小时内完成受案登记；符合受案立案条件的，依法及时受案立案。

④ 对现场处置的过程应当进行视音频记录。

（三）审查

1. 审查内容

（1）受案后，应当立即审查下列内容：

① 是否有违法犯罪事实；

② 是否达到刑事案件立案标准；

③ 是否属于本单位管辖。

（2）对行政执法机关移送的涉嫌犯罪案件，除审查以上内容外，还应当审查是否随案移送了下列材料：

① 案件移送书，载明移送机关名称、行政违法行为涉嫌犯罪罪名、案件主办人及联

系电话等。案件移送书应当附移送材料清单，并加盖移送机关公章。

② 案件调查报告，载明案件来源、查获情况、犯罪嫌疑人基本情况，涉嫌犯罪的事实、证据和法律依据、处理建议等。

③ 涉案物品清单，载明涉案物品的名称、数量、特征、存放地等事项，并附采取行政强制措施、现场笔录等表明涉案物品来源的相关材料。

④ 附有鉴定机构和鉴定人资质证明或者其他证明文件的检验报告或者鉴定意见。

⑤ 现场照片、询问笔录、电子数据、视听资料、认定意见、责令整改通知书等其他与案件有关的证据材料。移送材料表明移送案件的行政执法机关已经或者曾经作出有关行政处罚决定的，应当检查是否附有有关行政处罚决定书。

对材料不全的，应当在接受案件的二十四小时内书面告知移送的行政执法机关在三日内补正。但不得以材料不全为由，不接受移送案件。

2. 审查程序

（1）受理案件的民警应当对受案材料进行审查，在受案登记表中注明受案意见，报受案部门负责人审批。

（2）暂时无法确定为刑事案件或者行政案件的，可以按照行政案件办理。在办理过程中，认为涉嫌构成犯罪的，应当按照刑事案件办理。

（3）对审查中发现案件事实或者线索不明的，必要时，经受案部门负责人批准，可以进行初查。初查过程中，可以依照有关法律和规定采取询问、查询、勘验、检查、鉴定和调取证据材料等不限制被调查对象人身、财产权利的措施。

（4）对行政执法机关移送的涉嫌犯罪案件，审查发现移送材料不全、证据不充分的，可以就证明有犯罪事实的相关证据要求等提出补充调查意见，商请移送案件的行政执法机关补充调查。必要时，公安机关可以自行调查。

3. 审查期限

受案后，应当根据《公安机关执法细则》关于办理刑事案件审查期限要求，及时进行审查。

（四）立案

1. 立案条件

（1）立案应当同时符合下列条件：

① 认为有犯罪事实；

② 达到刑事案件立案标准；

③ 属于本单位管辖（对犯罪地和犯罪嫌疑人均不明，但符合前两个条件的，发现或者接受案件的公安机关应当先立案侦查）。

（2）对其他机关通知、移送的案件，具有下列情形之一的，应当立案侦查：

① 人民检察院通知立案的；

② 人民法院直接受理的案件，认为证据不足，或者对被告人可能判处三年有期徒刑以上刑罚，移送公安机关立案侦查的；

③ 上级公安机关指定管辖或者书面通知立案的；

④ 其他依法应当立案的。

（3）对涉及拐卖妇女、儿童的案件，具有下列情形之一的，应当立案侦查：

① 接到拐卖妇女、儿童的报案、控告、举报的；

② 接到儿童失踪或者已满十四周岁不满十八周岁的妇女失踪报案的；

③ 接到已满十八周岁的妇女失踪，可能被拐卖的报案的；

④ 发现流浪、乞讨的儿童可能系被拐卖的；

⑤ 发现有收买被拐卖妇女、儿童行为，依法应当追究刑事责任的；

⑥ 表明可能有拐卖妇女、儿童犯罪事实发生的其他情形的。

2. 立案程序

（1）呈批。受案部门负责人在受案登记表上审批同意立案侦查的，应当制作呈请立案报告书，连同受案登记表等受案材料，报县级以上公安机关负责人批准。对经济犯罪案件以及其他易出问题、有争议的案件，报县级以上公安机关负责人批准前，应当先由法制部门审核。

（2）决定。县级以上公安机关负责人批准立案的，办案部门制作立案决定书。

（3）告知、通知、报告。

① 对有扭送人、报案人、控告人、举报人的，应当告知立案情况，但案件涉及国家秘密、个人隐私、共同犯罪、集团犯罪、黑社会性质组织犯罪、恐怖活动犯罪、毒品犯罪等情况需要保密时，可视情况不予告知。告知和不予告知情况，应当在立案决定书中注明。

② 对行政执法机关移送的案件，依法决定立案后，应当书面通知移送案件的行政执法机关、同级人民检察院及相关权利人，并通知其自接到立案通知书之日起三日内将涉案物品以及与案件有关的其他材料移交公安机关，并办结交接手续。对保管条件、保管场所有特殊要求的涉案物品，公安机关可以在采取必要措施固定留取证据后，商请行政执法机关代为保管。移送案件的行政执法机关在移送案件后，需要作出责令停产停业、吊销许可证等行政处罚，或者在相关行政复议、行政诉讼中，需要使用已移送公安机关证据材料的，公安机关应当协助。

③ 人民检察院通知立案的，应当将立案决定书复印件及时送达人民检察院。人民检察院通知立案的案件是行政执法机关移送的，应当同时书面告知行政执法机关。

④ 上级公安机关指定管辖或者书面通知立案的，应当将立案情况书面报告上级公安机关。

3. 立案监督

（1）对人民检察院要求公安机关说明立案理由的，公安机关应当在收到要求说明立案理由通知书后七日内作出书面说明，客观反映立案的情况、依据和理由，经县级以上公安机关负责人批准后，连同有关证据材料复印件，回复人民检察院。公安机关主动撤销案件的，应当将撤销案件决定书复印件及时送达人民检察院。

（2）对人民检察院认为公安机关不应当立案而立案，提出纠正意见的，公安机关应当进行调查核实，并将有关情况回复人民检察院。

（3）人民检察院开展调查核实，询问办案人民警察和有关当事人，查阅、复印公安机关刑事受案、立案等登记表册和立案、治安管理处罚等相关法律文书及案卷材料，公安机关应当配合。

（五）不予立案

1. 不予立案情形

对控告人明确作为犯罪控告或者行政执法机关移送的涉嫌犯罪案件，有下列情形之一的，不予立案：

（1）没有犯罪事实的；

（2）犯罪情节显著轻微，不需要追究刑事责任，或者具有其他依法不追究刑事责任情形的。

控告人对作为行政案件调查处理没有异议的，受案部门可以不办理不予立案手续。

2. 不予立案程序

（1）呈批。受案部门负责人在受案登记表上审批同意不予立案的，应当制作呈请不予立案报告书，连同受案登记表等受案材料，报县级以上公安机关负责人批准。对经济犯罪案件以及其他易出问题、有争议的案件，报县级以上公安机关负责人批准前，应当先由法制部门审核。

（2）决定。县级以上公安机关负责人批准不予立案的，制作不予立案通知书。

（3）通知。

① 对有控告人的案件，将不予立案通知书在三日内送达控告人。

② 对报案人、举报人、扭送人，及时告知不予立案的决定。

③ 对行政执法机关移送的案件，应当说明理由，在三日内将不予立案通知书连同案卷材料送达移送案件的行政执法机关。

3. 不予立案监督

（1）控告人提出复议、复核申请或移送案件的行政执法机关提出复议请求的，依照规定执行。

（2）检察机关监督。

① 对人民检察院要求说明不立案理由的案件，公安机关应当在七日内制作不予立案理由说明书，客观反映不立案的情况、依据和理由，经县级以上公安机关负责人批准后，连同有关证据材料复印件，送达人民检察院。公安机关主动立案的，应当将立案决定书复印件及时送达人民检察院。

② 人民检察院认为不立案理由不成立，通知公安机关立案的，公安机关应当在接到人民检察院要求立案的通知后十五日内决定立案，并将《立案决定书》送达人民检察院。

③ 人民检察院开展调查核实，询问办案人民警察和有关当事人，查阅、复印公安机关刑事受案登记表册和不立案、撤销案件、治安管理处罚等相关法律文书及案卷材料，公安机关应当配合。

④ 公安机关对人民检察院监督立案的案件应当及时侦查。监督立案后三个月未侦查终结，人民检察院发出立案监督案件催办函的，公安机关应当及时向人民检察院反馈侦查进展情况。

（六）移送案件

1. 移送条件

对接受的案件有下列情形之一的，应当移送有管辖权的机关处理。对行政执法机关移送的案件，不属于公安机关管辖的，退回移送案件的行政执法机关，并书面说明理由。

（1）不属于本单位管辖，应当由其他公安机关、行政执法机关或者司法机关管辖的；

（2）本单位有管辖权，但经与其他有管辖权的公安机关协商，或者经上级公安机关指定管辖，或者存在并案侦查情形，需要移送其他公安机关管辖的。

2. 移送程序

（1）呈批。对受案部门负责人在受案登记表上审批同意移送案件的，应当立即制作呈请移送案件报告书，报县级以上公安机关负责人批准。

（2）批准。县级以上公安机关负责人批准后，制作移送案件通知书。

（3）移送。

① 在二十四小时内将移送案件通知书（交送往单位联和回执联），连同有关案件材料、财物及其孳息、文件移送主管机关。移送时，由接收人、移送人当面查点清楚，并在交接单据上共同签名。

② 犯罪嫌疑人在押的，应当同时将移送案件通知书（交看守所联）送达看守所，与主管机关办理交接手续，并在移送案件后三日内书面通知犯罪嫌疑人家属。

③ 主管机关接受案件后，填写移送案件通知书回执联退回移送机关附卷。

（4）送达。

① 将移送案件通知书（交报案人、控告人、举报人或者移送单位联）送达报案人、控告人、举报人或者移送案件的单位。

② 对告诉才处理和其他应当由人民法院直接受理的案件，在移送案件时，应当告知当事人向有管辖权的人民法院起诉，并在询问笔录中予以记明。

③ 对行政执法机关移送的案件，在移送案件时，应当书面告知移送案件的行政执法机关、同级人民检察院及相关权利人。

3. 采取紧急措施

有必要采取紧急措施的，应当先采取紧急措施，再移送主管机关。移送案件前发现下列情形之一的，应当先采取紧急措施：

（1）犯罪嫌疑人正在实施危害行为的；

（2）正在实施违法犯罪行为或者违法犯罪后即时被发现的现行犯被扭送至公安机关的；

（3）在逃的犯罪嫌疑人已被抓获或者被发现的；

（4）有人员伤亡，需要立即采取救治措施的；

（5）其他应当采取紧急措施的情形。

（七）撤销案件

1. 撤案条件

（1）经过侦查，发现所立案件具有下列情形之一的，应当撤销案件：

① 没有犯罪事实的；

② 情节显著轻微、危害不大，不认为是犯罪的；

③ 犯罪已过追诉时效期限的；

④ 经特赦令免除刑罚的；

⑤ 犯罪嫌疑人死亡的；

⑥ 经济犯罪案件，经立案侦查，对犯罪嫌疑人解除强制措施后十二个月，仍不能移送审查起诉或者依法作其他处理的；

⑦ 其他依法不追究刑事责任的。

（2）经过侦查，发现有犯罪事实需要追究刑事责任，但不是被立案侦查的犯罪嫌疑人实施的，或者共同犯罪案件中部分犯罪嫌疑人不够刑事处罚的，应当对有关犯罪嫌疑人终止侦查，并对该案件继续侦查。

2. 撤案程序

（1）呈批。

① 应当撤销案件或者对犯罪嫌疑人终止侦查的，办案部门制作呈请撤销案件报告书或者呈请对犯罪嫌疑人终止侦查报告书，报县级以上公安机关负责人批准。

② 呈请撤销案件报告书、呈请对犯罪嫌疑人终止侦查报告书内容包括：犯罪嫌疑人的基本情况，案件原来的立案根据和来源，采取的强制措施，侦查后发现需要撤销案件或者对犯罪嫌疑人终止侦查的理由，撤销案件或者对犯罪嫌疑人终止侦查的法律依据，涉案犯罪嫌疑人的后续处理等。

（2）批准。经县级以上公安机关负责人批准，侦查人员制作撤销案件决定书或者终止侦查决定书。

（3）送达和告知。

① 作出撤销案件决定后，应当在三日内将撤销案件决定书送达犯罪嫌疑人（犯罪嫌疑人死亡的送达其家属），被害人或者其近亲属、法定代理人，案件移送机关，告知其撤销案件决定，由接受送达的人员或者单位在撤销案件决定书副本上签收，该副本随案附卷。

② 对行政执法机关移送的涉嫌犯罪案件，公安机关立案后决定撤销案件的，应当将撤销案件决定书连同案卷材料送达移送案件的行政执法机关。对应当依法追究行政法律责任的，可以同时向行政执法机关提出书面建议。

③ 作出终止侦查决定后，应当在三日内将终止侦查决定书送达犯罪嫌疑人（犯罪嫌疑人死亡的送达其家属），告知其终止侦查决定，由接受送达的人员在终止侦查决定书副本上签收，该副本随案附卷。

④ 对机关事业单位工作人员，应当在作出撤销案件或者终止侦查决定后十日以内，填写机关事业单位工作人员涉嫌犯罪撤销案件/终止侦查情况告知书，依照最高人民法院、最高人民检察院、公安部、国家安全部发布的《关于机关事业单位工作人员被采取刑事强制措施和受刑事处罚实行向所在单位告知制度的通知》（高检会〔2015〕10号）的规定执行。

（4）依照规定释放在押的犯罪嫌疑人。

（5）转其他处理。撤销案件或者对犯罪嫌疑人终止侦查后，对犯罪嫌疑人需要行政处罚或者其他行政处理的，转为行政案件办理；应当由其他行政执法机关追究行政法律责任的，应当及时将案件移送同级行政执法机关。

（6）对查封、扣押的财物及其孳息、文件，或者冻结的财产，除按法律和有关规定另行处理的以外，应当在三日内解除查封、扣押、冻结。

（7）撤销案件的所有材料应当立卷保存。

（8）撤销案件以后又发现新的事实或者证据，认为有犯罪事实需要追究刑事责任的，应当重新立案侦查。对犯罪嫌疑人终止侦查后又发现新的事实或者证据，认为有犯罪事实需要追究刑事责任的，应当撤销终止侦查决定，继续侦查。

3. 撤案监督

（1）回复人民检察院。

① 公安机关收到人民检察院要求说明立案理由通知书后主动撤销案件的，应当将撤销案件决定书复印件及时送达人民检察院。

② 公安机关收到人民检察院通知撤销案件书后没有异议的，应当立即撤销案件，并将撤销案件决定书复印件及时送达人民检察院。

（2）复议、复核。

① 公安机关认为人民检察院撤销案件通知有错误的，应当在五日内制作要求复议意见书，经县级以上公安机关负责人批准，要求同级人民检察院复议。

② 公安机关不接受人民检察院复议决定的，应当在五日内制作提请复核意见书，经县级以上公安机关负责人批准，提请上一级人民检察院复核。

③ 上级人民检察院复核认为撤销案件通知正确的，下级公安机关应当立即撤销案件，并将撤销案件决定书复印件及时送达同级人民检察院。

二、受理案件审查实训目的

（1）理解案件受理的意义；

（2）掌握案件受理审查的内容、方法；

（3）掌握立案的基本程序；

（4）掌握受理案件审查和立案相关法律文书的制作。

第二节　受理案件审查实训操作要求及评价

本章实训考查内容主要类别和具体评价要点如表 1－1 所示。

表 1－1　受理案件审查实训操作内容主要类别和具体评价要点

主要类别	具体评价要点
（1）报案询问笔录	①有无制作报案询问笔录及笔录制作是否规范
	②报案人报案材料之外信息的追问情况
	③询问的内容、方法是否得当（与事件性质审查目的的一致性）
（2）受理、立案手续	①受理案件登记表
	②受案回执
	③接受证据清单
	④立案报告书
	⑤立案决定书填写情况是否规范
	⑥文书的审批

续表

主要类别	具体评价要点
（3）调查访问	①访问对象的选择与询问展开的及时性
	②询问程序的规范性
	③询问方法与内容的适当性
	④与报案人询问措施之间的衔接
（4）实地勘验	①校园环境道路、人员进出情况
	②校园监控设施布局与视频提取分析
	③有关知情人员的走访
	④校园外的道路及其通行情况、监控布局情况、视频提取分析
	⑤车辆和遗留物品地点的勘验检查
	⑥检验检查笔录、绘图、照相或录像
（5）措施运用的重点内容	①车辆遗弃处所的搜索
	②检验检查笔录、绘图、照相或录像
	③核查被盗车辆加油情况、车主情况
	④被盗财物及其价值证明
	⑤遗留矿泉水瓶的勘验和检验
	⑥车辆的勘验检验
	⑦西南政法大学大门进出情况调查和视频提取
	⑧食堂外停车处的监控视频提取和分析
	⑨报案人与车主之间的关系
	⑩车辆用油和加油情况
（6）工作报告情况	①有关工作记录
	②有关工作报告
	③工作的条理性
	④开展项目的全面性
	⑤材料的完整性
（7）组织指挥	①组织指挥的力度与条理
	②专案组成员的团结协作和参与程度

第三节　受理案件审查实训操作手册及资料

一、教师实训指导手册

本手册供实训指导教师使用。

（一）实训开始前的组织准备

1. 指导教师提前召开实训动员会

在会上明确告知以下内容：

（1）告知参训学生本次实训过程为案件受理至立案与否决定作出。

（2）鼓励未承担明确指定任务的学生，对实训过程进行观察和记录，积极思考，对有关侦查活动中存在的不足向组长或者有关办案人员提出书面或口头建议。特别是对自己认为办案中应当开展的工作，向承担侦查任务的学生提出开展工作的具体内容、方法、注意事项等建议。

（3）鼓励学生积极完成小组组长指派的临时任务。承担临时指派任务的学生，在执行任务前应当首先向指导教师报告自己的工作内容，再展开相应工作。指派任务执行完毕后应当立即向指导教师汇报，再根据指导教师指令进行下一步工作。

（4）未承担角色的学生可以就办案中存在的问题或工作建议向小组组长提出，由记录员记录在案，视为参与实训。其他未实际参与实训的学生在实训结束后需要提交一份实训报告。该报告与小组学生出勤记录一并作为实训成绩评定依据。

（5）实训小组记录员应当将参与实训情况制作笔录，包括参加人员、时间、地点、工作内容、未承担任务学生所提建议或接受组长指派临时任务、实训课堂汇报发言等。实训小组记录情况是成绩评定的重要依据。

（6）实训中承担特定任务的学生，不能向他人透露其所知晓的案情内容，其他无关学生不允许私自向承担特定任务的学生打听案情。

（7）承担办案任务的学生应当注意对办案中遇到的问题、事项向小组组长请示汇报，小组组长不确定的事项向指导教师请示汇报。

（8）应当对小组实训过程、内容进行汇总，制作汇报 PPT。

（9）实训展开过程中要注意安全，全部实训活动均在校园内完成。如果确有外出需要，须向实训指导教师请示，并听从实训指导教师指令。

（10）实训展开后，被小组组长临时指派任务的学生应当单独向指导教师报告。

2. 指定实训小组组长

指导教师在实训前一周指定小组组长（模拟侦查指挥决定、工作安排及主管领导审批等），担任本次实训小组组长的学生应当具备以下条件：

（1）具有较强的组织能力；

（2）熟练掌握案件受理程序与要求。

3. 指导教师向实训小组组长发放本次实训组长手册

强调组长的主要职责是：

（1）扮演侦查指挥员，负责案件现场指挥。

（2）根据案件办理的需要，临时指派未承担任务的学生接受某项办案任务，向接受任务的学生提出要求，被指派任务的学生也可以向组长提出工作建议。

（3）组织小组学生就某些问题进行集体讨论。

（4）汇集多数学生意见，向办案人员及未承担角色的学生阐明工作计划并阐述理由。

（5）负责办案中需要审批或作出决定的事项。

（6）按规定对有关文件签字。需要盖章的地方，用红色圆圈表示。

（7）审查指导记录员对实训情况的记录工作。

（8）为了小组总结汇报和PPT制作，小组组长可以自行决定或者根据小组组员建议，指派具有某些特长（写作能力、视频编辑、PPT制作等）的学生专门负责某项具体工作。

（9）小组组长应当事前准备至少2台笔记本电脑。

4. 指导教师确定承担特殊任务学生

指导教师在实训小组中确定3名学生承担特殊实训任务，并向小组组长说明该3人不再承担实训中其他任务，但不向小组组长透露该3名学生承担的角色内容。该3名学生分别承担报案人、报案人朋友和技术人员角色。

5. 指导教师向承担特殊任务学生单独指派任务

指导教师对确定的3名承担特殊实训任务的学生分别发放材料，并告知其应当熟记材料中的内容。强调注意在被问及材料上相关内容时，有的是自己主动讲，有的必须根据材料上的要求在被问到时才讲。

6. 确定实训小组记录员及受案侦查员

实训小组确定后立即根据小组组长提议确定本次实训小组记录员和2名受案侦查员，并通知该2名受案侦查员和记录员知晓其实训角色任务。实训小组的记录员可以多人承担，记录方式可以是笔录、照相或录像。实训的具体记录方式由小组组长与参加实训学生集体讨论确定。

7. 实训小组记录员的任务

实训小组记录员应当将参与实训情况制作笔录，包括：

① 参加人员；

② 实训时间；

③ 实训地点；

④ 具体工作内容；

⑤ 未承担任务学生所提建议或接受组长指派的临时任务；

⑥ 小组讨论的过程和结果；

⑦ 实训课堂汇报发言；

⑧ 小组组长要求记录的其他内容等。

8. 指导教师向学生强调实训内容

指导教师应当向小组组长和承担受案任务的学生反复强调本次实训过程为案件受理至立案与否决定作出。

9. 实训指导的其他注意事项

（1）指导教师应当向承担受案任务的学生及被小组组长指派临时办案任务的学生强调，对自己承担任务的执行程序、要求和方法事前进行充分的熟悉掌握、反复推演。存在某些疑问时，可以在小组内进行讨论或向指导教师请教。

（2）承担受案任务的学生（侦查人员）使用真实姓名，但所在单位为提供资料的单位。

（3）要求小组组长对参训学生进行动员并组织讨论，提醒学生对该次实训的知识点进行学习，并查阅资料。

（4）要求小组组长及实训小组学生（特别是受案侦查员）在回顾知识点的基础上，在实训展开以前有针对性地准备侦查启动阶段相应的空白文书材料，以供实训使用。

（二）实训指导重点

1. 案件情景布置

（1）实训开始时，指导教师在实训现场告知报案人将一个矿泉水瓶放置西南政法大学新校区中门（以下简称西政中门）内侧旁边的杂草丛中。

（2）现场检查学生准备的文书材料是否充分，为防止学生准备文书材料不到位，指导教师应当事前准备实训文书材料，包括受案登记表、接受证据清单、受案回执、呈请报告书、立案决定书、不予立案决定书、不予立案通知书、不立案理由说明书各一份；被害人权利义务告知书、询问笔录各两份。上述材料仅在学生确实没有准备的情况下提供，同时将该情况加以记录。

（3）报案人报案前用塑料袋装一件外套。

2. 实训现场指导强调内容

需要再次集中向全体实训学生强调的内容：

（1）本次实训的内容是案件的受理、审查及立案。

（2）实训应当注意安全。凡是需要外出校园处理的事务，均需提出书面理由和要求，交由指导教师协调处理。

（3）承担不同角色任务的学生注意根据自己的任务清单严格执行，不得向他人出示自己的任务清单材料。

（4）在规定时间内完成相关办案任务与文书制作。

（5）有关文书需要盖章的地方，用红色圆圈表示。

（6）告知事前未承担角色的学生，仔细观察办案过程中的活动情况，针对办案中存在的问题或不足，提出自己的见解及依据。对于应当展开的办案工作，向小组组长提出，并踊跃承担临时任务。全程未承担角色且在实训中没有提出建议的学生，需要撰写实训报告。

（7）实训展开前，实训小组必须全员在场并签名，记录员严格做好出勤和分工情况记录，出勤签名表及时提交指导教师。

（8）再次强调，实训展开后被小组组长临时指派任务的学生应当单独向指导教师报告：执行任务前报告自己承担的任务以及计划如何完成，并听取指导教师意见；执行任务结束后向指导教师报告结果情况，指导教师向任务执行人提供汇报材料。指导教师不主动建议实训小组办案中有哪些事项的临时任务需要完成。

3. 指导教师应注意的问题

（1）学生在实训过程中，教师不主动介入，不问不答，鼓励学生在实训中对遇到的问题首先相互讨论、查阅文献。但在实训全程中应当仔细观察并就发现的问题做好记录，对某些特殊问题展开引导。

（2）实训过程中如果本实训指导材料案情设计中存在某些未尽情形，如需其他有关部门给予支持，应当由办案人员制作相关报告，经过小组组长批示后，将书面请求交给指导教师，由指导教师协调和回复结果。回复结果的方式可以由指导教师直接回复或者由其指定学生回复。凡是需要外出校园处理的事务，均需提出书面理由和请求，交给指导教师协调并回复结果。

（3）对于接受现场勘验任务的学生，在接受小组组长指派任务后以及任务完成后应当首先向指导教师报告。

① 向接受任务的学生提示现场勘验人员仔细梳理所接受任务应当做的工作内容和要求，同时要求其在现场勘验任务结束后立即向指导教师汇报。建议不主动告知学生现场勘验的程序、要求和相关材料制作，由学生自行思考和准备。

② 现场勘验人员在完成现场勘验任务后向指导教师汇报时，指导教师提示学生向小组汇报内容：第一，在西政中门外发现并提取两个矿泉水瓶，已经送技术人员进一步检验；第二，涉案车辆被报案人局部擦拭过，没有发现有价值的指印和其他痕迹物证。

（4）指导教师单独指定一名学生（不对外公开）承担技术人员角色，在小组需要技术检验结果时，该学生向小组报告检验结果：两个矿泉水瓶上发现拇指及食指指印各一枚，经比对为报案人所留。

（5）指导教师向现场勘验人员了解勘验结果情况，并告知其向小组汇报勘验结果。

（6）指导教师应当注意实训过程中办案的规范性，对明显违法或者严重违规的情形当场予以纠正。对实训过程中办案人员尚未立案便采取侦查措施的，应予以纠正并记录在案。对其他的违规行为，应予以记录以便总结教训。

（三）汇报与点评

1. 汇报材料准备

（1）实训小组汇报前应当整理完善案卷材料，装订成册。

（2）实训小组汇报前应当准备汇报文字材料与 PPT。汇报人可以是小组组长，也可以是小组确定的其他学生。

2. 汇报的程序

（1）小组用 PPT 展示汇报实训过程情况和实训自评。实训过程情况包括组织情况、讨论决策情况、执行情况及执行结果。实训自评包括知识强化内容、存在的不足之处。

（2）承担角色的学生口头汇报实训中的感悟和发现的问题。

（3）实训课全体教师对自己发现的实训中存在的问题及学生表现等进行点评。

二、实训小组组长手册

本手册供实训小组组长使用。

（一）实训前组织小组全体成员知晓的事项

1. 实训内容

本次实训内容为受理案件审查。要求围绕本次实训目标——受理案件审查立案，组织学生讨论所涉及的知识点、侦查文书及其制作基本方法，梳理尚未理解掌握的难点，以便向指导教师请教。实训活动结束于是否立案决定的作出。

2. 向实训小组成员的建议

（1）注意查阅受理案件审查立案的相关法律规范。

（2）强调明确承担角色任务的学生，依据自身角色需要查阅相关法律规范，并熟悉掌握相关知识技能。

(3) 增强集体荣誉感，加强团队合作、相互协助，强调组织纪律和时间观念。

(4) 小组成员依角色完成任务。

(5) 承担角色的学生应当充分理解自己的角色特点。

(二) 实训要求

1. 纪律要求

(1) 注意安全。需要进行校外调查的项目及其他各项技术支持项目，需提出书面要求交由指导教师协调。

(2) 团结协作，共同完成任务。

(3) 各小组成员积极向小组组长提出建议，听从小组组长指挥。

2. 实训过程特殊细节问题

(1) 承担某些角色的学生应当提前准备书写工具及其他材料。

(2) 实训小组组长应当组织协调全部侦查工作，并注意向全体学生阐明每一项工作内容和工作要求，指派记录员记录办案过程中未承担角色学生的建议，向全体办案人员和未承担角色学生阐明工作计划。

(3) 实训展开后，指导教师不主动干预学生实训进程，不主动解答案件办理中的疑问，仅仅做观察记录和提供相关文书资料。

(4) 需要向指导教师提问的时候，应当先在小组内进行讨论，整理要提问的问题，以书面形式提出。

(5) 承担角色的学生不能擅自向其他任何人透露其知晓的案情内容，特别是材料中指定的内容。

(6) 指导教师不主动提供文书材料。领取文书材料应主动说明，并在指导教师处领取。指导教师发放材料时在相关材料上签名并注明日期。实训结束后，各小组应将立案环节的相关书面文书材料装订成册，并提交给指导教师。对领取后未使用的侦查文书材料，退回指导教师。

(7) 需要其他有关部门给予支持的，应当由办案人员制作相关报告并将书面请求交给指导教师，由指导教师予以协调并回复结果。

(8) 没有承担具体实训任务的学生，应当仔细观察、记录并向相关侦查人员提出书面建议（凡是向侦查人员提出建议的，都应当在记录员处留下相应记录），并在点评环节就发现的实训中存在的不足进行分析并陈述其建议内容。

(9) 每一项实训任务小组完成任务后，应当组织召开小组总结会议。会议总结中，小组成员充分表达实训体会和自己存在的不足。小组组长在组织小组成员会议总结的基础上，形成本次实训总结报告，并制作汇报 PPT。

(10) 内勤人员需要将相关文书材料整理装订成册。

(11) 凡是需要盖章或捺指印的地方均用红色圆圈表示。

(12) 除组长、受案侦查员和指导教师指定任务的学生外，临时接受小组组长指派任务的办案人员在执行任务前须先接受指导教师的工作指导，再展开相应工作。

其他未尽事宜由各小组自行拟定。

3. 小组组长应当注意的特殊事项

（1）办案中全部决策事项需要由办案人员集体讨论确定。讨论中，鼓励办案人员阐述各自主张的理由或根据。

（2）向承担任务的办案人员强调注意相关办案程序规范要求及文书制作规范。

（3）与承担任务的办案人员一起分析研究，确定完成任务的方法、步骤和要领。

（4）要求记录人员对办案过程进行同步记录，记录内容作为考核依据和办案总结依据。

（5）带领办案人员对办案过程中存在的问题进行自查，并研究分析、完善措施。同时，对自查与完善措施进行记录。

（6）对办案进程进行全面跟踪，确定需要采取的措施，并迅速指派相应办案人员执行。

（7）办案进程中应当主动听取办案人员或者其他未承担任务学生的建议，对应当及时采取措施的情形，迅速作出决定并指派相应办案人员。

（8）及时组织学生进行办案情况总结，制作汇报 PPT。

三、报案人资料

1. 报案人应当注意的特殊问题

（1）向指导教师询问承担的角色任务和报案人朋友的姓名，仔细感悟报案人心理和陈述时的语言运用特点。

（2）报案人使用真实姓名。

（3）报案人应当认真分析研究刑事案件中报案人的心理与行为特征，并根据设计案情分析研究报告人陈述案情的特点。

（4）报案人在得到本资料后，应当仔细分析全部可能情形，对于案情中某些不能确定、无法处理的情形，应当积极单独与指导教师联系商讨并征询解决办法。

（5）报案人报案前用塑料袋装一件外套，报案时将该装外套的袋子一并拿上。

2. 报案人陈述内容

（1）报案人报案时按照下面内容进行叙述：我是×××，来报案。今天（实训当天）早上 8 点，我将牌号为渝 BB277D 的轿车停放于西政南园食堂的天桥下后，到食堂就餐。约 15 分钟后返回发现车辆不见了，并四处寻找。8 点 20 分，我正想报案，接到农业园区派出所电话，称我的车（被盗车）停在金果大道与果塘路交会路口，阻挡了其他车辆通行，要求移走。在场民警是根据我放在驾驶台上的联系卡上的电话找到我的。等我赶到现场一看，发现车油箱汽油已经用完，车辆无法启动，于是联系平安保险公司送油服务送油，加油后开回学校。发现车辆时除了驾驶座椅和副驾驶座椅上有很多水，没有其他异常。由于车辆失而复得而且完好无损，我非常高兴。上车后，我用车门上的毛巾将座椅上的水擦干，并将车开到西政中门大门内，下车时发现车内副驾驶座位下有两个空矿泉水瓶，我将其随手丢弃于大门边的垃圾桶内。因该车是我朋友的，随后便将这一情况电话告知我朋友（报案人朋友），我朋友让我查看后备厢物品有无丢失，发现原先放在该车后备厢内的 10 条中华香烟、一台戴尔笔记本电脑被盗。另外，在车后排座椅上发现一件外套，该外套不是我放在车上的，经询问我的朋友，确定该外套不是他的（向侦查人员出示该外套）。随即向公安机关（渝北区公安分局宝圣湖派出所）报案。

（2）报案人在受案“民警”提问时才回答的问题：

① 报案人的基本情况：西政侦查学院（报案人所在年级）学生、姓名×××（真实姓名）、住址（扮演报案人学生的真实情况）。（应当问什么答什么，不主动补充。如问“姓名”，报案人仅仅回答“×××”，不再主动回答其他内容）

② 车是否被锁：我 8 点整驾车来到南园食堂，将车停下到食堂吃早饭。由于粗心，停车后未将钥匙取下。

③ 加装汽油的过程：发现车子没有油后，打电话联系平安保险公司送油服务，加油后点火启动（因为看到车的储物箱内保险资料上的投保公司是平安保险公司，并有保险公司电话。曾经听到朋友讲保险公司提供送油服务），车子正常点火，未发现异样。准备上车时，发现座椅上有很多水，便用毛巾将其擦干，驾车返回学校中门。

④ 矿泉水瓶来源及处理：矿泉水瓶不是我放在车上的，没有注意该车原来是否放有矿泉水瓶。发现空矿泉水瓶时，没有特别注意是什么品牌的，便顺手将其丢弃在中门大门边的垃圾桶内。

⑤ 关于车的情况：车是我向一个朋友×××（真实姓名，根据指导教师安排确定）借来的，两人关系很好。车是案发前一天晚上 10 点从朋友家中开过来的，便于采购东西。因为朋友准备结婚，需要到解放碑去买大量物品，朋友才将车给我使用。

⑥ 车内物品丢失情况：后备厢中 10 条中华香烟和一台戴尔笔记本电脑被盗。是朋友在电话中告知我的，我事前不知道后备厢中还有一些物品。后排座椅上的外套不是我的，也打电话问了我的朋友，他说他没有这样的衣服。从朋友处借到车后，我没有注意到后排座椅上是否有衣服。

⑦ 驾车经验：我有驾驶证已有一年多，但以前很少开车。

⑧ 发现车无油过程：我在接到派出所电话赶到金果大道与果塘路交会路口后，发现车辆并未丢失，车子也没有擦碰痕迹，感到很高兴。打开车门后发现车钥匙还插在锁孔中，电瓶的电量也是正常的。无意中发现油表报警显示没有油了。对于车子汽油不多就需要加油的情况，事前知道。我本来打算吃过早饭后去陡溪加油站（距西政后门不到一公里）加油。保险公司工作人员送油后，启动车时，发现车子座位上有很多水，就用毛巾将其擦干。

⑨ 关于车和车主：车主姓名×××，系渝北区检察院干警。与我是非常要好的朋友，因他准备结婚，让我帮助做准备工作，并于案发前一天晚上 10 点将车给我使用。该车为东风日产逍客 1.6 升手动挡，价格为 10.96 万元。车是去年（案发前一年）10 月 8 日购买的，我与车主一起去提的车。

四、报案人朋友资料

1. 报案人朋友注意的特殊问题

（1）明确自己的身份。开始前向指导教师询问承担的角色任务和报案人的姓名。

（2）充分分析研究适合自身身份的心理特点、语言表述风格。

2. 报案人朋友陈述内容

（1）回答的基本内容：

① 姓名（真实姓名）。

② 工作单位与职务：渝北区检察院干警。

③ 与报案人系非常要好的朋友。

④ 因自己准备结婚，让报案人帮忙做准备工作。

⑤ 于案发前一天晚上 10 点将车交给报案人便于购买东西，是报案人到自己家里来开走的。

⑥ 该车为东风日产逍客 1.6 升手动挡，价格为 10.96 万元。车是去年（案发前一年）10 月 8 日购买的，与报案人一起去提的车。

⑦ 车上的烟是自己购买的，准备用于结婚。戴尔笔记本电脑是单位的。

（2）受案“民警”提问才回答的内容：

① 矿泉水瓶来源：系自己在十多天以前购买的一箱矿泉水。因为打球，喝过几瓶。矿泉水一直都放在车的后备厢。有一个习惯是将没有喝完的水直接丢弃。

② 矿泉水品牌：乐百氏。

③ 戴尔笔记本电脑的价格：车内有一台戴尔笔记本电脑，单位采购时为 5000 多元。

④ 戴尔笔记本电脑的型号：1728B。

⑤ 戴尔笔记本电脑的来源：笔记本电脑是单位所有，购买不到一个月。因为我要整理材料，为了晚上加班而带回家的。报案人在案发前一天晚上 10 点来我家取车时，因为大意未将笔记本电脑带回家。

⑥ 将单位电脑带回家的说明：将电脑带回家是单位需要材料很急，领导让我将电脑带回家整理资料。

⑦ 丢失烟的来源：后备厢中的 10 条中华香烟被盗，香烟因结婚办喜庆宴需要，是我于案发前一天下午在渝北区重庆百货商场香烟柜台购买的，有购物小票。回家时，因为事务繁杂而疏忽，未将香烟拿回家。

⑧ 与报案人的电话内容：今天早上八点半左右，我朋友（报案人）打电话说我的车被盗，但是又找回来了。并问我车里有没有贵重物品，我跟他说后备厢内有 10 条中华香烟、一台戴尔笔记本电脑。他查看后说东西被盗，并追问我说车后排座椅上的外套是不是我放在车上的，我说自己没有这样的外套。随后，我让他赶紧报案。

五、现场勘验人员资料

实训开始前向指导教师询问承担的角色任务。现场勘验人员第一次向指导教师报告时，指导教师应告知其以下事项：

（1）现场勘验人员所接受任务应当做的工作内容和要求。

（2）完成小组组长指派任务后，应当首先向指导教师汇报并听取指令。

六、技术人员资料

实训开始前向指导教师询问所承担的角色任务。

在被要求提供情况时向小组汇报技术检验结果：两个矿泉水瓶上发现拇指及食指指印各一枚，经比对为报案人所留。

七、视频调查人员资料

实训开始前向指导教师询问所承担的角色任务。

（1）仔细梳理所接受任务应当做的工作内容和要求。

（2）完成小组组长指派任务后，应当立即向实训指导教师汇报并听取指令。

视频调查人员完成任务后向指导教师报告时，提供以下资料：

① 办案人员请求调取食堂外视频资料时，向小组汇报：通过查看该视频资料发现，案发当天早上 7 点 59 分 42 秒，渝 BB277D 的东风日产逍客轿车停下，司机下车后关上车门便径直走向食堂。8 时 0 分 12 秒，一人拉开渝 BB277D 驾驶室车门并发动车，另一人打开后排车门上车后即驾车离去。

② 办案人员请求调取学校大门视频资料查看进入车辆情况时，向小组汇报：经对学校全部入口大门视频资料调取查看，发现车牌号为川 K88902 的车辆 7 点 41 分 43 秒从北门驶入。

③ 办案人员要求调取学校大门视频资料查看驶出车辆情况时，向小组汇报：学校大门除中门外均有视频监控，未发现有车牌号为川 K88902 的车辆驶出。中门因学校建设，暂时没有视频监控，仅由保安值守。车辆进出收费系统暂时停用，车辆凭进入时开具的凭条付费驶出。

④ 办案人员要求调取公路沿线视频和视频卡口数据时，向小组汇报：西政中门外的交通视频及农业园区转盘处的监控视频资料显示，渝 BB277D 轿车后面紧跟一辆川 K88902 桑塔纳轿车。大牛场老火锅外的一个摄像视频显示，渝 BB277D 轿车停下后，川 K88902 轿车也随之并排停下，渝 BB277D 轿车副驾驶座位上的人下车打开川 K88902 后备厢拿出一个深色电脑包和一个黑色塑料袋后又迅速关上。两人迅速进入川 K88902 车内并离去。

第二章　案情分析

第一节　案情分析知识重点及实训目的

一、案情分析知识重点

在多数情况下，侦查工作都是从未知到已知，从结果到原因，直至揭露犯罪和揭发犯罪嫌疑人。侦查过程从始至终贯穿着侦查人员的认识活动，即分析判断案情。案情是与犯罪有关的人、事、物、时空等一切相关情况的总称。案情分析是侦查人员对案件情况，通过逻辑思维活动从认识上再现案件的过程。案情分析是案件侦查破案过程中的重要环节，开展侦查活动（包括侦查措施的运用、侦查手段的实施）的前提和基础是对案情进行有效的正确分析。

侦查人员尽可能地全面收集案件材料是案情分析的前提，也是案情分析的首要环节。由于侦查中掌握的反映犯罪案件现场或者储存在有关人员大脑中的情况通常是零散的、孤立的、片断的，需要侦查人员对所获取的材料进行加工整理，找出它们之间内在的必然联系。正确分析判断案情，能够为侦查方向、侦查范围的确定提供依据，是制订侦查计划的基础，有助于侦查措施、手段的实施以及全面收集认定犯罪的证据。

案情分析在实施过程中应当遵循刑事案件侦查基本程序方法的指导，针对不同案件的特点进行有效的案情分析活动，从认识上再现犯罪活动的有关情况，为侦查的开展、及时揭露和证实犯罪打下坚实的基础。

本章实训重点涉及案情分析的基础理论、侦查认识论的基础理论、具体案件案情分析的方法以及实战运用。

（一）杀人案件案情分析知识重点

1. 知识要点提示

杀人案件案情分析是指侦查人员在现场勘查、调查访问的基础上，对占有的各种零碎片断的材料，加以综合分析研究和推理判断，从认识上再现犯罪案件事实的过程。分析判断案情是侦查人员的认识活动，具有主观性，但又不是主观臆断，而是侦查人员运用辩证唯物主义的认识论和方法论，对案件各种材料进行“去粗取精”的筛选，找出事物之间内在的有机联系和事物发展变化的规律，从而达到认识案件真相的目的。

杀人案件案情分析的内容主要包括案件性质的分析、犯罪实施情况的分析（犯罪时间分析、犯罪地点分析、犯罪手段方法分析、犯罪过程分析）、犯罪嫌疑人的刻画以及对被害人的分析。

杀人案件案情分析必须掌握科学的认识论和方法论，在此基础上对案情作出客观全面的分析判断。案情分析中，常用的基本分析方法包括单项分析、案件结构要素分解与综合分析。

杀人案件单项分析主要包括案件材料逐项分析。在对案件材料进行逐项分析时，既要分析材料的真实可靠性，又要分析材料所直接反映的事实。单项分析中的案件材料所指向的案件事实有时可能并不单一，侦查人员在单项分析中应当尽可能地对各种可能性作出分析。而当单项分析的案件材料只能说明某一特定事实时，应当力求准确。

杀人案件案件结构要素分解与综合分析，是指剖析刑事案件的基本结构要素的特征、特性的一种分析方法。对案件各结构要素进行分析，必须对案件材料中说明同一问题的材料进行“同类合并”，集中所有材料，并进行材料的梳理，对某一要素作出准确判断。这就要求我们在分析案情时，应把所有能够说明同一案件要素的材料依据从所掌握的材料中挑选出来，并加以整理，使分析更加条理化，分析依据更加充分。

2. 实训要点提示

杀人案件案情分析在实施过程中应当遵循刑事案件侦查基本程序方法的指导，针对杀人案件的特点实施有效的案情分析活动，从认识上再现犯罪活动的有关情况，为侦查的开展、及时揭露和证实犯罪打下坚实的基础。杀人案件案情分析在实训中的实务要点有以下四个方面：

第一，杀人案件案情分析前的准备过程中，侦查人员要及时从现场勘查中获取有关情况，熟悉案情，明确案情分析的任务、重点以及需要解决的问题。

第二，杀人案件案情分析的认识活动对象包括案情分析应当分析的内容、具体案件信息能够分析的内容、案情分析内容结果的准确性。

第三，杀人案件信息研读能力培养。案情分析的关键在于侦查人员对信息的研读，案情分析中的信息研读分为信息的基础研读（读懂信息）、正确研读（抓住信息的核心内容）和精准研读（隐含信息研读）。不同侦查人员对信息的认知能力差异直接影响案情分析的结果。杀人案件现场信息一般较为丰富，涉及面广泛，如被害人的损伤情况、损伤特征，现场遗留的各种痕迹物品，犯罪形成的现场现象、反常迹象等。对于案件现场存在的各种信息，侦查人员能否正确研读，并准确找出各信息之间的联系，直接关系到对案件情况分析的准确性。杀人案件案情分析中应特别注意对尸体状况、尸体现象、血迹、微量痕迹、损伤位置、损伤特征、非常态信息、反常信息等的研究。

第四，案情分析结束后，侦查人员要及时形成相关的记录，确保手续齐全，流程合规。

3. 具体实训案例要点提示

准确理解和把握杀人案件案情分析的内容。实训中不同刑事案件的特点不同，案情分析的重点也不同。因此，具体案件案情分析过程中应针对具体案件所占有的信息，在案情分析基础理论指导下对具体案件的案情作出正确的分析判断，为侦查方向、侦查范围的确定，以及侦查活动的实施奠定基础。本单元实训案例的案情分析重点包括案件性质的确定、犯罪实施情况的分析、犯罪嫌疑人的刻画等。

（1）案件性质分析。案件性质分析的实训重点是对具体案件中确定案件性质依据的灵活掌握和确定案件性质依据。在本案实训的案情分析过程中，我们对案件性质的认识需要从现场勘查所获得的信息（信息的来源、信息可信度以及信息价值等的认识）确定案件性质，并通过对犯罪过程的分析进一步印证案件性质的准确性。从分析判断的方法上采取排除法来确定案件性质。实训案例的案件性质为抢劫杀人。案件性质的确定在认识上强调必须针对的是已立案的刑事案件。实训中注意考查学生对事件性质、案件性质、犯罪性质基础概念的掌握。

（2）杀人案件犯罪实施情况分析。犯罪实施情况分析包括犯罪时间分析、犯罪地点分析、犯罪手段方法分析、犯罪过程分析。

杀人案件中犯罪时间分析。应首先确定被害人死亡时间，从而推断犯罪时间。实训中注意考查学生对侦查中犯罪时间概念的理解，判断犯罪时间的依据内容以及在实训案例中判断犯罪时间有哪些依据。实训案例中判断犯罪时间的依据主要有报案人提供的发现案件时间、被害人的尸体现象、被害人邻居提供的信息。

犯罪地点分析。本部分重点实训犯罪地点分析的目的、分析判断依据以及具体运用。案情分析中对犯罪地点的分析主要是解决发现案件的现场是否是主体现场，以及犯罪地点与犯罪活动、犯罪嫌疑人之间存在何种关系问题。实训案例中的犯罪现场信息显示浦东新区栖霞路 13 号 302 室是犯罪嫌疑人实施主要犯罪行为的处所，为犯罪的主体现场（分析中重点说明依据），而该现场与犯罪活动、犯罪嫌疑人之间是否存在关系以及存在何种关系，应根据侦查人员掌握的信息进行分析。

犯罪手段方法分析。犯罪的手段方法包括犯罪嫌疑人为达到犯罪目的所使用的计谋、犯罪凶器或工具，以及使用这些工具或凶器的技能和方法等。研究这些凶器、药物、工具及其使用方法，不仅能明确犯罪嫌疑人具有或获得相应凶器、药物、工具的条件，判断犯罪嫌疑人是否与某种职业有关，以及是否为惯犯，而且能引导侦查人员有目的地查找犯罪证据，进而从物到人，发现犯罪嫌疑人。实训案例中对于犯罪手段方法的认识应特别注意死者身上的损伤位置、损伤形态、损伤特征，从而正确分析犯罪嫌疑人实施犯罪所使用工具的种类、来源、与犯罪嫌疑人的联系，以及犯罪嫌疑人的条件等。

犯罪过程分析。犯罪嫌疑人实施犯罪行为的过程包括实施侵害前的预伏、侵入现场的部位和方法、在现场中心的活动顺序、犯罪后从什么地方逃离以及逃离的方向与路线等。研究这些问题，对于分析判明案件的性质、确定侦查方向和范围，以及鉴别犯罪嫌疑人口供的真伪等，都有极其重要的作用。实训案例中，特别注意犯罪嫌疑人进入现场的方式，以及特定的进入方式所反映出的犯罪嫌疑人与被害人之间的关系。

（3）杀人案件犯罪嫌疑人的刻画。对犯罪嫌疑人的分析判断，对于确定侦查方向和侦查范围，明确犯罪嫌疑人的条件，开展调查摸底意义重大。实训案例中对犯罪嫌疑人的刻画重点是分析犯罪嫌疑人的主客观条件、犯罪嫌疑人的人身形象、犯罪嫌疑人与被害人的关系（如熟识关系、熟识程度）、犯罪嫌疑人人数等。

（4）对被害人的分析。对被害人的分析主要是分析被害人的被害原因、多名被害人间的内在联系。

（二）盗窃案件案情分析知识重点

1. 知识要点提示

盗窃案件案情分析是指侦查人员在已掌握的案件材料的基础上，对占有的各种零碎片断的材料，加以综合分析研究和推理判断，从认识上再现案件事实的过程。分析判断案情是侦查人员的认识活动，具有主观性，但不是主观臆断，而是侦查人员运用辩证唯物主义的认识论和方法论，对案件各种材料进行“去粗取精”的筛选，找出事物之间内在的有机联系和事物发展变化的规律，从而达到认识案件真相的目的。

盗窃案件案情分析的内容主要包括盗窃案件性质的分析，犯罪实施情况的分析（犯罪时间分析、犯罪地点分析、犯罪手段方法分析、犯罪过程分析），犯罪嫌疑人的刻画等。

盗窃案件案情分析必须掌握科学的认识论和方法论，在此基础上对案情作出客观全面的分析判断。案情分析中，常用的基本分析方法包括单项分析、结构要素分解分析与综合分析。

盗窃案件单项分析主要包括案件材料逐项分析。在对案件材料进行逐项分析时，既要分析材料的真实可靠性，又要分析材料所直接反映的事实。单项分析中的案件材料所指向的案件事实有时可能并不单一，侦查人员在单项分析中应当尽可能地对各种可能性作出分析。而当单项分析的案件材料只能说明某一特定事实时，应当力求准确。

盗窃案件案件结构要素分解与综合分析，是指剖析刑事案件的基本结构要素的特征、特性的一种分析方法。对案件各结构要素进行分析，必须对案件材料中说明同一问题的材料进行“同类合并”，集中所有材料，并进行材料的梳理，对某一要素作出准确判断。这就要求我们在分析案情时，应把所有能够说明同一案件要素的材料依据从所掌握的材料中挑选出来，并加以整理，使分析更加条理化，分析依据更加充分。

2. 实训要点提示

盗窃案件案情分析在实施过程中应当遵循刑事案件侦查基本程序方法的指导，针对盗窃案件的特点实施有效的案情分析活动，从认识上再现犯罪活动的有关情况，为侦查的开展、及时揭露和证实犯罪打下坚实的基础。盗窃案件案情分析在实训中的实务要点有以下四个方面：

第一，盗窃案件案情分析前的准备过程中，侦查人员要及时从盗窃案件现场勘查中获取有关情况，熟悉案情，明确案情分析的任务、重点以及需要解决的问题。实训案例为入室盗窃案件，注意入室盗窃案件实地勘验的重点以及现场访问的重点。

第二，盗窃案件案情分析的认识活动对象包括案情分析应当分析的内容、具体案件信息能够分析的内容、案情分析内容结果的准确性。

第三，盗窃案件信息研读能力培养。案情分析的关键在于侦查人员对信息的研读，案情分析中的信息研读分为信息的基础研读（读懂信息）、正确研读（抓住信息的核心内容）和精准研读（隐含信息研读）。不同侦查人员对信息的认知能力差异直接影响案情分析的结果。入室盗窃案件中，犯罪嫌疑人在主体现场通常会遗留较多的痕迹物证，侦查人员在实地勘验中应特别注意对主体现场的勘验，发现与犯罪有关的痕迹物品，如犯罪嫌疑人在现场留下的破坏工具痕迹、鞋印、指纹痕迹、微量物证，犯罪形成的现场现象、反常迹象等。对于案件现场存在的各种信息，侦查人员能否正确研读，并准确找出各信息之间的联系，直接关系到对案件情况分析的准确性。侦查人员要通过实地勘验和现场访问工作获取犯罪嫌疑人的有关信息，如体貌特征、行为特征等。同时，盗窃案件涉及赃物，侦查人员在调查访问中要问清赃物的有关情况，及时实施赃物控制。

第四，盗窃案件案情分析结束后，侦查人员要及时形成相关的记录，确保手续齐全，流程合规。

3. **具体实训案例要点提示**

准确理解和把握入室盗窃案件案情分析的内容。入室盗窃案件，犯罪嫌疑人通常要克服两重或两重以上的障碍，这会导致犯罪嫌疑人在实施犯罪过程中在案件现场的进出口和财物存放部位留下较多的痕迹物证，如破坏工具痕迹、指纹痕迹、足迹和随身物品等。因此，对入室盗窃案件现场的实地勘验一般采用由外到内，沿犯罪嫌疑人在现场的活动路线，以犯罪嫌疑人选择的现场进出口和被盗财物的存放处作为重点进行实地勘验。

犯罪嫌疑人进出现场的勘验。第一，犯罪嫌疑人进出现场的位置主要包括：案件现场的门、锁，案件现场的窗户、窗栅栏，其他进出口位置等。第二，犯罪嫌疑人侵入室内方式的勘验。犯罪嫌疑人侵入室内的主要方式包括破坏房门入室，破坏锁、扣入室，借机进入或潜入室内，盗（配）用钥匙及其他工具开锁入室，翻窗（墙）入室等。因此，实地勘验中要注意发现、提取犯罪嫌疑人遗留的各种痕迹物证。

被盗财物存放处所的勘验。被盗财物存放处所是犯罪嫌疑人犯罪活动最为集中的地点，犯罪嫌疑人在破坏存放财物的箱、柜、锁等障碍物以及搜寻财物的过程中，常常会遗留较多的痕迹物证。因此，被盗财物存放处所是勘验入室盗窃案件现场的重点。勘验重点包括：犯罪嫌疑人遗留的手印、足迹，破坏工具痕迹，现场物品的变化情况，犯罪嫌疑人遗留的随身物品，被盗保险柜的勘验（重点勘验犯罪嫌疑人开启保险柜的手法）。

调查访问的重点。入室盗窃案件调查访问的重点对象有事主、财物保管人员、目击者、现场周围的群众、知情人等。调查访问重点查明的问题包括：被盗财物的情况（种类、数量、价值、特征等）、发现被盗的时间和经过、现场嫌疑工具和其他遗留物的来源、可疑人员及可疑迹象、事主或财物保管人员有无谎报案件或监守自盗的情形。

现场外围的勘验主要包括现场周围的环境状况，犯罪嫌疑人来去现场的路线，犯罪嫌疑人潜伏守候、窥测踩点的场所。重点注意在上述场所发现与犯罪有关的痕迹物证。

盗窃案件案情分析的重点内容：

（1）盗窃案件的案件性质。根据犯罪嫌疑人实施盗窃的动机、行为方式、犯罪现场情况，实训案例的案件性质为入室盗窃案件。

（2）盗窃案件犯罪实施情况分析。

① 犯罪时间分析。实训案例中，犯罪时间的确定主要可通过事主和相关知情人员提供的情况、犯罪嫌疑人实施犯罪需要的时间、现场出现的疑人疑事等进行分析判断。

② 犯罪地点分析。实训案例中，发现被盗现场的痕迹物品情况，直接反映出其是否为犯罪主体现场。

③ 犯罪手段方法分析。犯罪嫌疑人实施犯罪的手段方法分析主要包括：犯罪嫌疑人进入现场的方法，犯罪嫌疑人破坏障碍物所使用的工具，犯罪嫌疑人实施盗窃手法的熟练程度，是否使用交通工具，犯罪现场有无变造或伪造情形等。通过对犯罪手段方法的分析，可以了解犯罪嫌疑人与现场环境和事主的关系，犯罪嫌疑人是惯犯还是偶犯，以及犯罪嫌疑人可能从事的职业。实训案例中对盗窃犯罪手段方法的分析判断，主要是根据现场的有关痕迹物品以及事主、知情人提供的情况确定。

④ 犯罪过程分析。犯罪嫌疑人实施犯罪行为的过程包括实施侵害前的预伏，侵入现场的部位和方法，在现场中心的活动顺序，犯罪后从什么地方逃离以及逃离的方向与路线

等。犯罪过程分析对于分析判明案件的性质，确定侦查方向、范围和鉴别犯罪嫌疑人口供的真伪等，都有极其重要的作用。实训案例中对犯罪过程的分析主要研究犯罪嫌疑人侵入现场的部位和方法，在现场中心的活动顺序，犯罪后从什么地方逃离以及逃离的方向与路线等问题。

（3）犯罪嫌疑人的刻画。对犯罪嫌疑人的分析判断，对于确定侦查方向和侦查范围，明确犯罪嫌疑人的条件，开展调查摸底十分重要。实训案例案情分析中对犯罪嫌疑人的刻画的主要内容包括：犯罪嫌疑人人身形象及其他个人特征的分析，犯罪嫌疑人体能的分析，犯罪嫌疑人人数的分析，犯罪嫌疑人与事主关系的分析，犯罪嫌疑人是否为本地人的分析，犯罪嫌疑人处理赃物情况的分析等。

（4）对被盗财物的分析。分析的主要内容是被盗财物的特征、处理方式等，重点在于揭示“从物到人”的侦查方法要素。

（三）抢劫案件案情分析知识重点

1. 知识要点提示

抢劫案件案情分析是指侦查人员在现场勘查、调查访问的基础上，对占有的各种零碎片断的材料，加以综合分析研究和推理判断，从认识上再现案件事实的过程。分析判断案情是侦查人员的认识活动，具有主观性，但又不是主观臆断，而是侦查人员运用辩证唯物主义的认识论和方法论，对案件各种材料进行“去粗取精”的筛选，找出事物之间内在的有机联系和事物发展变化的规律，从而达到认识案件事实的目的。

抢劫案件案情分析的内容主要包括抢劫案件性质的分析，犯罪实施情况的分析（犯罪时间分析、犯罪地点分析、犯罪手段方法分析、犯罪过程分析），犯罪嫌疑人的刻画。

抢劫案件案情分析必须掌握科学的认识论和方法论，在此基础上对案情作出客观全面的分析判断。案情分析中，常用的基本分析方法包括单项分析、案件结构要素分解分析和综合分析。

抢劫案件单项分析主要包括案件材料逐项分析。在对案件材料进行逐项分析时，既要分析材料的真实可靠性，又要分析材料所直接反映的事实。单项分析中的案件材料所指向的案件事实有时可能并不单一，侦查人员在单项分析中应当尽可能地对各种可能性作出分析。而当单项分析的案件材料只能说明某一特定事实时，应当力求准确。

抢劫案件案件结构要素分解与综合分析，是指剖析刑事案件的基本结构要素的特征、特性的一种分析方法。对案件各结构要素进行分析，必须对案件材料中说明同一问题的材料进行“同类合并”，集中所有材料，并进行材料的梳理，对某一要素作出准确判断。这就要求我们在分析案情时，应把所有能够说明同一案件要素的材料依据从所掌握的材料中挑选出来，并加以整理，使分析更加条理化，分析依据更加充分。

2. 实务要点提示

抢劫案件案情分析在实施过程中应当遵循刑事案件侦查基本程序方法的指导，针对抢劫案件的特点实施有效的案情分析活动，从认识上再现犯罪活动的有关情况，为侦查的开展、及时揭露和证实犯罪奠定坚实的基础。抢劫案件案情分析在实训中的实务要点有以下四个方面：

第一，抢劫案件案情分析前的准备过程中，侦查人员要及时从抢劫案件现场勘查中获取有关情况，熟悉案情，明确案情分析的任务，抢劫案件案情分析的重点以及需要解决的问题。实训案例为拦路抢劫案件，注意拦路抢劫案件实地勘验的重点以及现场访问的重点。

第二，抢劫案件案情分析的认识活动对象包括案情分析应当分析的内容、具体案件信息能够分析的内容、案情分析内容结果的准确性。

第三，抢劫案件信息研读能力培养。案情分析的关键在于侦查人员对信息的研读，案情分析中的信息研读分为信息的基础研读（读懂信息）、正确研读（抓住信息的核心内容）和精准研读（隐含信息研读）。不同侦查人员对信息的认知能力差异直接影响案情分析的结果。抢劫案件（尤其是拦路抢劫案件）现场信息既会在主体现场存在，也会在关联现场存在，侦查人员在实地勘验中应特别注意对与犯罪有关的关联现场的发现和勘验，注意从犯罪现场发现有关的痕迹物品，如犯罪嫌疑人抢劫被害人物品后丢弃的手包、皮夹等物品上存在的指纹痕迹和其他微量物证。另外，抢劫案件中被害人与犯罪嫌疑人有过一段时间的正面接触，犯罪嫌疑人的人身形象通常暴露得较为充分。因此，在获取案件相关信息时，侦查人员要特别注意通过现场调查工作获取犯罪嫌疑人的有关信息，如体貌特征、行为特征等。同时，抢劫案件涉及赃物，侦查人员在调查访问中要及时问清赃物的有关情况。对于抢劫案件现场勘查收集的各种信息，侦查人员能否正确研读，并准确找出各信息之间的联系，直接关系到对案件情况分析的准确性。

第四，抢劫案件案情分析结束后，侦查人员要及时形成相关的记录，确保手续齐全，流程合规。

3. 具体实训案例要点提示

（1）抢劫案件（拦路抢劫案件）现场勘查分为以下步骤：

① 确定抢劫的地点。一般采取以下方法确定抢劫案件现场：第一，指认确定，即由被害人或目击者带领勘查人员进行搜索，以指认抢劫地点；第二，寻找确认，即根据被害人陈述情况进行寻找确认；第三，调查确认，被害人无法陈述现场位置、现场环境，且无其他目击者，可根据安保的情况、被害人的损伤情况、黏附物情况、痕迹情况以及相关信息，有针对性地对某些可疑场所进行调查确认。

② 实地勘验。抢劫案件（拦路抢劫案件）实地勘验主要从以下两个方面开展工作。第一，犯罪嫌疑人实施抢劫地点的勘验。犯罪嫌疑人实施抢劫的地点往往遗留有与犯罪活动有关的痕迹物品，如犯罪痕迹、血迹、毛发、生物组织、毛发、纽扣等，实地勘验时侦查人员应注意发现、收集。第二，犯罪嫌疑人预伏处所的勘验。实训案例为临时起意的抢劫犯罪，实地勘验既要重视对主体现场的勘验，又要加强对关联现场的勘验。

③ 调查访问。抢劫案件的特点之一是犯罪嫌疑人与被害人之间有过正面接触，人身形象有一定程度的暴露，因此，及时开展调查访问工作至关重要。调查访问的对象主要是被害人、目击者、知情人。

被害人调查访问的重点。对被害人的调查访问内容主要有：案件发生的时间、地点以及有关情况；犯罪嫌疑人的情况，如犯罪嫌疑人人数、性别、体貌特征、口音、动作习惯、有无伪装等；被抢财物情况，如财物的名称、种类、数量、颜色、大小、特征、价值等；被害人与犯罪嫌疑人的接触情况；有无其他犯罪情况。

其他相关人员调查访问的重点。其他相关人员主要指案件的目击者和知情人。对其他相关人员的调查访问内容主要有：反常及可疑情况调查，相关人员生活、工作规律情况调查，与被害人的关系情况调查。

④ 现场外围的勘验。主要包括对与犯罪有关的关联现场以及犯罪嫌疑人行经路线的勘验。勘验重点是发现犯罪嫌疑人遗留的各种痕迹，如丢弃的钱包上留下的指印、足迹等；丢弃的物品、赃物，如犯罪工具、空皮夹、空包等。

（2）抢劫事件真实性的审查。在接报的抢劫案件中，并非所有报称的抢劫都是真正的抢劫案件，存在有的报案人为了个人的某种目的或为了掩盖其他犯罪行为而谎报假案的情况。因此，对报称的抢劫事件，应根据现场的有关痕迹物品、现场现象以及被害人提供的情况进行分析，判断是否真正发生了抢劫案件。如果报案人是谎报抢劫，其必然会在发案时间、发案地点、发案过程、犯罪的手段方法等方面的陈述中出现许多矛盾和漏洞，为判断事件性质提供依据。具体分析判断抢劫犯罪是否存在，要认真分析被害人的陈述情况，研究在被害人报称的发案时间内有无发案的可能性；现场周围是否有人看见被害人遭到抢劫的过程；现场痕迹物品的形成和分布情况有无反常现象存在；现场现象与被害人陈述的情况是否一致。如果被害人身上形成损伤，应特别注意其损伤的分布位置、形状、特征、深浅是否与被害人陈述的损伤经过、受伤时所处的环境及犯罪嫌疑人使用的工具相吻合。为了对事件性质作出正确的分析判断，必要时可以进行技术检验、鉴定和现场实验。

（3）抢劫案件案情分析的重点内容。

① 抢劫案件的案件性质。根据犯罪嫌疑人实施抢劫的行为方式、犯罪现场情况，将抢劫案件分为入户抢劫案件和拦路抢劫案件。实训案例的案件性质为拦路抢劫案件。

② 抢劫案件犯罪实施情况分析。

实训案例犯罪时间的确定主要可通过被害人和小区业主提供的情况判断。

实训案例的犯罪主体现场可通过被害人的指认确定。

抢劫案件犯罪嫌疑人实施犯罪的手段方法可以反映出犯罪嫌疑人与现场环境和被害人的关系，犯罪嫌疑人是惯犯还是偶犯，以及犯罪嫌疑人可能从事的职业。实训案例中抢劫犯罪手段方法的分析判断，主要是根据现场的有关痕迹物品以及被害人提供的情况确定。

犯罪嫌疑人实施犯罪行为的过程包括实施侵害前的预伏、侵入现场的部位和方法、在现场中心的活动顺序、犯罪后从什么地方逃离以及逃离的方向与路线等。犯罪活动过程分析对于分析判明案件的性质、确定侦查方向和范围，以及鉴别犯罪嫌疑人口供的真伪等，都有极其重要的作用。实训案例中对犯罪活动过程的分析主要研究犯罪嫌疑人在现场中心的活动顺序、犯罪后从什么地方逃离以及逃离的方向与路线问题。

③ 抢劫案件犯罪嫌疑人的刻画。对犯罪嫌疑人的分析判断，对于确定侦查方向和侦查范围，明确犯罪嫌疑人的条件，开展调查摸底十分重要。实训案例的案情分析中对犯罪嫌疑人的刻画的主要内容包括：犯罪嫌疑人人身形象及其他特征的分析，犯罪嫌疑人人数的分析，犯罪嫌疑人与被害人关系的分析，犯罪嫌疑人是否为本地人的分析，犯罪嫌疑人作案前有无预谋过程的分析等。

二、案情分析实训目的

案情分析是刑事案件侦查中对案件进行有效认识的关键环节。通过实训，使学生熟练掌握案情分析的步骤和思维方法，拓展学生分析案情的思路，培养学生独立分析问题和处理问题的能力，为后续刑事案件侦查工作的实施打下坚实的基础。

1. 实训重点

（1）掌握案情分析的基本内容；

（2）掌握案情分析的步骤、方法；

（3）正确运用侦查思维。

2. 实训基本要求

（1）根据所给材料还原现场有关情况；

（2）模拟侦查机关案情分析场景，开展案情分析活动；

（3）专案组侦查人员汇报各自掌握的信息，并对汇集信息进行分析、讨论；

（4）侦查人员对案情分析中发现的问题进行研究，侦查人员要积极参与讨论并充分发表自己的观点；

（5）做好案情分析记录。

第二节　案情分析实训考核内容及考核要点

一、杀人案件案情分析实训考核内容及考核要点

（一）杀人案件案情分析实训重点考核内容

1. 杀人案件案情分析中的信息研读能力

对信息的认识能力主要表现在对信息的研读，信息研读的层级不同，对信息的认识会存在明显差异。案情分析中的信息研读分为信息的基础研读（读懂信息）、正确研读（抓住信息的核心内容）和精准研读（隐含信息研读）。如针对实训案例中被害人卧室床头柜抽屉笔记本中发现的纸条，被害人吕某上身部位20余处锐器形成的无规律线型浅表性开放性创口，被害人手脚被捆绑没有挣扎的行为等信息，侦查人员会如何研读，研读过程中会注意与之相关的哪些信息，如何认识信息的实质以及与案件之间存在的关系，都直接影响到对案件事实的正确认识，影响到是否能够正确地分析案件情况。

2. 杀人案件案情分析中的信息运用能力

案情分析中正确把握案件的实质，从认识上还原犯罪活动过程要求侦查人员具有较强的信息运用能力。案情分析中信息运用的前提是正确地研读案件信息，通过对案件信息的研读，抓住每一信息的实质，透视隐含信息，并将信息之间的内容紧密联系在一起实施认识活动。在认识运用案件信息过程中，首先，侦查人员必须具有对掌握信息的全面把控、严密的侦查思维能力，解决案情分析中疑难问题的综合能力。杀人案件实训案例在掌握的信息中确有一些信息从表面上看不太符合常情常理，如案件信息中被害人的损伤信息，这就要求侦查人员在分析案情时必须具有敏锐的思维，善于疑人所不疑，想人所未想，洞察秋毫；见微知著，从蛛丝马迹中发现问题，识别假象，认清本质。其次，侦查人员必须具有案情分析的创造性思维。任何犯罪案件都具有差异性，这就决定了侦查思维必须具有创造性。它要求侦查人员在分析案情时，必须以一般规律为依托，针对每个案件的具体情况，善于打破思维常规，大胆涉奇探异，另辟蹊径，寻求发现识别犯罪的方法。最后，侦查人员必须具有案情分

析的综合性思维。侦查思维具有综合性，这就要求侦查人员在分析案情时，在对每个具体情节、具体事物分析的基础上，善于把案件各个部分、各个方面和各种因素联系起来进行思考。侦查人员不仅要看到具体事物自身的特征，而且要看到它们的相互联系。如实训案例中被害人卧室床头柜抽屉笔记本中发现的纸条，该纸条出现在案件现场，是故意而为还是与案件无关，这就需要侦查人员通过对案件现场信息的正确认识作出判断。

（二）杀人案件案情分析实训考核要点

表 2-1　杀人案件案情分析实训操作内容主要类别和具体评价要点

主要类别	具体评价要点
团队表现	实训态度端正，组织有序
	小组团结协作
	记录全面客观
	报告有理有据
角色评价	案情熟悉程度（杀人案件现场的设计内容、杀人案件现场勘查重点）
	角色扮演真实
	案件信息的捕捉、解读、研判能力
	逻辑思维、语言表达、速记等能力
	所学相关知识的掌握及运用能力
	学生汇报能力
	案情分析的掌控能力
	文书制作规范

二、盗窃案件案情分析实训考核内容及考核要点

（一）盗窃案件案情分析实训重点考核内容

1. 盗窃案件案情分析思路考核

本盗窃案件案情分析实训的总体思路包括：首先，接到报案后应及时根据现场勘查的情况确定所报案件的真实性；其次，对立案侦查的盗窃案件及时进行案情分析，为后续侦查工作的开展提供条件；最后，盗窃案件一般都有赃物可查，正确分析犯罪嫌疑人对赃物的需求、持有、处理等情况，为侦查机关及时采取紧急措施、控制赃物提供有利条件。

2. 盗窃案件信息研读能力考核

对信息的认识能力主要表现在对信息的研读，信息研读的层级不同，对信息的认识会存在明显差异。案情分析中的信息研读分为信息的基础研读（读懂信息）、正确研读（抓住信息的核心内容）和精准研读（隐含信息研读）。实训案例中信息研读的重点是事主的陈述以及其他知情人员提供的信息。对事主、知情人信息的研读要注意其陈述情况与现场勘查情况是否吻合，是否存在矛盾。询问时应注意对细节情况的了解。注意区别谎报、故意虚假陈述与认知错误。实训案例中要特别注意对吴某（事主的舅舅）提供的信息的处理，注意对特殊人员（实训案例中吴某据说患有痴呆症）提供的信息应如何审查、运用的问题。侦查人员如何研读信息，如何正确认识信息的实质以及与案件之间存在的关系，直接影响到对案件事实的正确认识，以及是否能够正确地分析案件情况。

3. 盗窃案件信息运用能力考核

首先，案情分析中正确把握案件的实质，从认识上还原犯罪活动过程要求侦查人员具有较强的信息运用能力。案情分析中的信息运用的前提是正确地研读案件信息，通过对案件信息的研读，抓住每一信息的实质，透视隐含信息，并将信息之间的内容紧密联系在一起时进行认识。在认识案件信息的过程中，侦查人员必须具有对掌握信息的全面把控、严密的侦查思维能力，解决案情分析中疑难问题的综合能力。本次实训中的案例，侦查人员应将实地勘验、调查访问、现场外围搜索收集的信息进行分析运用。如对犯罪主体现场各种痕迹物品的认识，就要求侦查人员在分析案情时必须具有敏锐的思维，善于疑人所不疑，想人所未想，洞察秋毫；见微知著，从蛛丝马迹中发现问题，识别假象，认清本质。其次，侦查人员必须具有案情分析的创造性思维。任何犯罪案件都具有差异性，这就决定了侦查思维必须具有创造性。它要求侦查人员在分析案情时，必须以一般规律为依托，针对每个案件的具体情况，善于打破思维常规，大胆涉奇探异，另辟蹊径，寻求发现识别犯罪的方法。最后，侦查人员必须具有案情分析的综合性思维。侦查思维具有综合性，这就要求侦查人员在分析案情时，在对每个具体情节、具体事物分析的基础上，善于把案件各个部分、各个方面和各种因素联系起来进行思考；不仅要看到具体事物自身的特征，而且要看到它们的相互联系。

（二）盗窃案件案情分析实训考核要点

表 2－2　盗窃案件案情分析实训操作内容主要类别和具体评价要点

主要类别	具体评价要点
团队表现	实训态度端正，组织有序
	小组团结协作
	记录全面客观
	报告有理有据
角色评价	案情熟悉程度（盗窃案件现场的设计内容、盗窃案件现场勘查重点）
	角色扮演真实
	案件信息的捕捉、解读、研判能力
	逻辑思维、语言表达、速记等能力
	所学相关知识的掌握及运用能力
	学生汇报能力
	案情分析的掌控能力
	文书制作规范

三、抢劫案件案情分析实训考核内容及考核要点

（一）抢劫案件案情分析实训重点考核内容

1. 抢劫案件案情分析思路考核

本抢劫案件案情分析实训的总体思路包括：首先，接到报案后应及时根据现场勘查的情况确定所报案件的真实性，即有无谎报抢劫的情形；其次，对立案侦查的抢劫案件及时进行案情分析；最后，采取紧急措施，控制赃物。

2. 抢劫案件信息研读能力考核

对信息的认识能力主要表现在对信息的研读，信息研读的层级不同，对信息的认识会存在明显差异。案情分析中的信息研读分为信息的基础研读（读懂信息）、正确研读（抓住信息的核心内容）和精准研读（隐含信息研读）。实训案例中信息研读的重点是被害人的陈述以及其他人员（小区业主等）提供的信息。对被害人、知情人信息的研读要注意其陈述情况与现场勘查情况是否吻合，是否存在矛盾。询问时应注意对细节情况的了解。注意区别谎报、故意做虚假陈述与认知错误。侦查人员如何研读信息，如何正确认识信息的实质以及与案件之间存在的关系，都直接影响到对案件事实的正确认识，影响到是否能够正确地分析案件情况。

3. 抢劫案件信息运用能力考核

案情分析中正确把握案件的实质，从认识上还原犯罪活动过程要求侦查人员具有较强的信息运用能力。案情分析中的信息运用的前提是正确的研读案件信息，通过对案件信息的研读，抓住每一信息的实质，透视隐含信息，并将信息之间的内容紧密联系在一起实施认识活动。案件信息在认识运用过程中，侦查人员必须具有对掌握信息的全面把控、严密的侦查思维能力，解决案情分析中疑难问题的综合能力。本次实训中的案例，侦查人员应将实地勘验、调查访问、现场外围搜索收集的信息进行分析运用。如谎报抢劫的识别。这就要求侦查人员首先在分析案情时必须具有敏锐的思维，善于疑人所不疑，想人所未想，洞察秋毫；见微知著，从蛛丝马迹中发现问题，识别假象，认清本质。其次，具有案情分析的创造性思维。任何犯罪案件都具有差异性，这就决定了侦查思维必须具有创造性。它要求侦查人员在分析案情时，必须以一般规律为依托，针对每个案件的具体情况，善于打破思维常规，大胆涉奇探异，另辟蹊径，寻求发现识别犯罪的方法。最后，具有案情分析的综合性思维。侦查思维具有综合性，这就要求侦查人员在分析案情时，在对每个具体情节、具体事物分析的基础上，善于把案件各个部分、各个方面和各种因素联系起来进行思考；不仅要看到具体事物自身的特征，而且要看到它们的相互联系。

（二）抢劫案件案情分析实训考核要点

表 2－3　抢劫案件案情分析考查内容主要类别和具体评价要点

主要类别	具体评价要点
团队表现	实训态度端正，组织有序
	小组团结协作
	记录全面客观
	报告有理有据
角色评价	案情熟悉程度（抢劫案件现场的设计内容、抢劫案件现场勘查重点、拦路抢劫案件中关联现场的意义）
	角色扮演真实
	案件信息的捕捉、解读、研判能力
	逻辑思维、语言表达、速记等能力
	所学相关知识的掌握及运用能力
	学生汇报能力
	案情分析的掌控能力
	文书制作规范

第三节 杀人案件案情分析实训操作手册及资料

一、教师实训指导手册

本手册供实训指导教师使用。

（一）实训总体思路

1. 基本案情

2010年5月4日7时左右，家住浦东新区栖霞路的张某到儿子家，准备送孙女去学校上学，当张某打开儿子家的门锁进房后，发现儿媳吕某和其孙女赵某已死于家中。张某立即拨通“110”报案。公安机关接到报案后，迅速派员赶赴现场，实施现场勘查。现场勘查从上午8时开始。

现场勘查的基本情况：现场位于浦东新区栖霞路13号的一栋坐南朝北五层老式楼房的302室，房屋结构为一室一厅的套房。现场的门窗完好，无破坏痕迹。被害人吕某呈横向仰卧在卧室的床上，其手脚分别被白色、红色绸带捆绑着，嘴里塞着电视机的套子，头被棉被捂着，头顶部有3处凹陷性挫裂创，颅骨呈粉碎性骨折，颅内有大量出血。其上身部位共有20余处锐器形成的开放性创口，损伤形态均为线型浅表性创口，损伤位置无规律。被害人赵某，死于外间的三人沙发上，其口中塞有毛巾，双手被180厘米长的纱绳捆绑着，颈部有明显的指甲痕迹及3处锐器形成的开放性创口，损伤形态均为线型浅表性创口，损伤位置无规律。被害人吕某和赵某二人的衣着完整，无被强奸迹象。卧室靠床右侧床头柜内的笔记本中发现一张纸条，纸条内容为“我还会来看你的”。室内的衣柜、抽屉等处有明显的翻动迹象，但不零乱。勘验发现，死者吕某随身佩戴的和田玉手镯不知去向。此手镯是吕某结婚时的陪嫁物。家具、铁门等均有被揩拭的痕迹。现场勘查未发现其他有价值的痕迹物证。

尸检发现：被害人吕某和赵某的尸僵已高度发展，尸斑指压能部分褪色，角膜中度浑浊；胃内饭粒、蔬菜及肉类食物的外形比较完整，乳液较少，十二指肠内只有少量的食物进入。

2. 实训整体设计

实训小组按20~25人安排。根据每次实训内容安排学生参与实训教学活动。实训案例为杀人案件的案情分析。根据实训内容，学生分为设计组和侦查组，按照案情分析实训要求分配各组人数，各设组长1人。实训整体设计思路如下。

（1）采用情景展开式实训模式，学生模拟案件中的各个角色。根据具体案件情况分设计组和侦查组模拟角色。

（2）案情分析实训分三步进行：

第一步，案件现场模拟还原案情。设计组根据所给案件基本材料模拟还原案件现场情况。首先，根据案件基本材料布置还原现场，由设计组根据提供的案例资料布置杀人案件现场。杀人案件现场的布置设计包括尸体、实施犯罪遗留的各种痕迹物证以及其他与案件有关的信息。案件现场的设计由设计组成员按各自承担的工作内容协同完成。其次，运用PPT及视频展示案件现场和现场周围情况、被害人情况，以及犯罪嫌疑人在实施犯罪过程中所遗留的各种痕迹物证，并由承担角色的学生陈述基本情况。

第二步，案件信息的获取。侦查组根据设计组还原的案件现场实施现场勘查，获取案件现场勘查情况。现场勘查包括实地勘验、现场访问以及现场外围的搜索（视案件具体情况而定）。侦查组根据设计组展示的案件内容获取实地勘验和现场访问的有关信息。实训案例为杀人案件，侦查组要明确该类案件现场勘查的重点，从而有针对性地获取案件信息，为正确分析案情打下基础。侦查人员应当根据案件侦查的需要追问案件信息，案例实训采取"不问不说"的方式，以便让学生掌握所学知识的灵活运用。

第三步，案情分析会展示。由侦查指挥员（侦查组组长）组织侦查组成员开展案情分析活动。首先，汇集实地勘验和调查访问所获得的信息。由担任不同侦查人员角色的学生汇报各自实地勘验和现场访问中获得的信息，参会侦查人员应做好记录。其次，每一个侦查人员对汇集的信息进行分析研究，提出自己的分析意见，分析意见应当有理有据，不能仅有分析结论。最后，侦查指挥员要充分听取每一个侦查人员的分析意见，集思广益，在此基础上统一认识，形成案情分析的结论以及后续侦查工作的部署。

需要特别强调的是，案情分析应当分多次进行，要透过现象认识本质，要注意排除假象和识别伪装，既要全面，又要突出重点。

（3）对于涉及的现场勘查、技术检验等工作，学生可提出工作计划，由指导教师直接告诉学生现场勘查、技术检验等获得的结果。

（4）在学生实训过程中，指导教师不介入，但应做好发现问题的记录，并鼓励学生在实训中遇到问题时要相互讨论、查阅文献资料，寻求解决问题的方法。

（5）实训结束后，组织安排全班学生进行汇报总结。顺序依次为组内自评、小组互评以及未实际参与实训的学生补充发言，最后由指导教师对此次实训中存在的问题及学生表现进行点评。

（二）实训组织工作

1. 实训的准备工作

（1）案件现场重建。具体准备工作包括：杀人案件现场的选择、杀人案件现场设计需要的各种痕迹物品，如捆绑被害人的绳子、留有字迹的纸条等。设计组根据案件基本情况准备所需物品等。

（2）侦查组根据设计组还原的案件现场实施现场勘查，获取案件现场勘查情况。实训案例为杀人案件，侦查组要明确该类案件现场勘查的重点，从而有针对性地获取案件信息，为正确分析案情打下基础。具体准备工作包括：实训勘查器材准备，如刑事照相器材、犯罪现场勘查箱、痕迹物证勘查箱、印泥等；实训文书材料的准备，如受案登记表、受案回执、立案决定书、现场勘查记录、报案人陈述、询问通知书、询问笔录、证人诉讼权利义务告知书等。

2. 实训学生分组

（1）本实训案例为杀人案件，根据实训需要，将本次参训学生分为设计组和侦查组，建议设计组10～12人，侦查组10～13人，可根据需要进行调整。

（2）指导教师在实训前一周指定设计组和侦查组组长，并要求组长提示本组学生对本次实训的知识点进行回顾。

（3）设计组和侦查组各自根据实训要求在对知识点进行回顾后，准备需要的物品、相关器材、文书供实训使用。

（4）指导教师应当事前明确学生角色分配并交代相关注意事项。设计组和侦查组的工作安排由组长指定安排或采取其他方式安排，设计组和侦查组组长要明确组内成员的具体任务及要求。

3. 实训任务安排

（1）实训案例所需角色及人数安排。

① 设计组。具体实训案例所需角色及人数安排如下：

报案人，1 人；

被害人，2 人；

被害人吕某邻居，1 人；

被害人吕某同事，1 人；

设计组组长，1 人；

设计组组长助理，1 人；

现场布置、PPT 及视频制作人员，3 ~5 人。

② 侦查组。具体实训案例所需角色及人数安排如下：

侦查组组长（侦查指挥员），1 人；

实地勘验人员，3 ~5 人；

现场访问人员，3 ~4 人；

侦查组组长助理，1 人；

其他人员，2 人。

（2）具体任务安排。

① 设计组。

报案人：根据案件基本信息完成任务，负责陈述所见事实情况（以案件基本信息为基础），其陈述内容需侦查人员提问才能作出。

被害人：根据案件基本信息完成任务，扮演角色。

被害人吕某邻居：根据案件基本信息完成任务，对资料上的内容不问不答。

被害人吕某同事：根据案件基本信息完成任务，被害人吕某同事负责陈述所见事实情况（以案件基本信息为基础），对资料上的内容不问不答。

设计组组长：需由指导教师指定，组长确定负责人员的角色、工作安排及设计组工作的组织实施，将设计组的工作情况及时向指导教师汇报。

现场布置、PPT 及视频制作人员：需由组长确定，按照具体分工分别负责案件现场的布置、还原案件现场的 PPT 及视频的制作。

② 侦查组。

侦查组组长（侦查指挥员）：由指导教师指定，负责现场勘查实施以及案情分析会的组织，要充分听取每一个侦查人员的分析意见，集思广益，在此基础上统一认识，形成案情分析的结论，为下一步侦查工作的实施打下基础。

现场勘查侦查人员：包括实地勘验和现场访问的侦查人员，由侦查组组长确定。现场勘查侦查人员负责案件现场的实地勘验、现场访问等具体工作。侦查人员应将杀人案件现场勘查工作情况以及获得的信息根据侦查指挥员的要求在案情分析会上汇报，参会侦查人员根据案情分析会上占有的汇报信息对案件有关情况进行分析判断，案情分析应当有根有据。

侦查组组长助理：由组长确定，对实训情况、过程及参加实训人员情况进行全面记录。该记录将作为实训成绩评价依据之一。

其他人员：在现场勘查中承担见证人角色。

4. 案情分析实训教学事项

（1）案情分析的组织实施。

① 按教学实训要求，将案例的各部分信息以由设计组模拟还原案件的方式，让不同角色的侦查人员获取信息（实地勘验和现场访问）。

② 侦查指挥员主持案情分析会。

③ 由各侦查人员分别介绍获取的案件相关情况，对案件有关情况进行分析判断，形成案情分析报告，并在此基础上确定侦查方向和侦查范围，制定初步的侦查措施，开展侦查活动。

（2）实训展开方式。

① 学生分组进行，由设计组和侦查组进行对抗性实训。

② 由侦查指挥员组织案情分析会。

③ 各小组在充分讨论的基础上形成案情分析报告。

④ 各小组汇报及指导教师点评。

（3）指导教师在实训中的职责。

① 在实训过程中，由学生自行完成案情分析工作，指导教师不介入但应当做好发现问题的记录。

② 讨论中如果出现争议性问题，影响讨论进度，指导教师可作适当引导。

③ 注意特殊情况的处理（如冷场、讨论偏离主题等，建议指导教师只作引导，不以讲解代替学生实训）。

④ 案情分析总结。先由各小组学生代表谈体会和存在的不足。指导教师对自己发现的实训中存在的问题及学生表现等进行点评。

（4）其他注意事项。

① 指导教师对于实训过程中应注意的相关安全事项要提前告知，并予以具体说明和指导。

② 指导教师要遵循相应的程序规范，以最为贴近实务部门的标准来指导实训。

③ 与教务处协调上课的形式与实训地点。实训教学可能在校园外展开，但案情设计时要尽可能地安排在校园内。

④ 关于侦查文书的管理，未经允许不准对提供的空白侦查文书进行复制，实训结束后侦查文书资料全部收回，领取文书的学生应当登记签名。

⑤ 实训其他要求。第一，指导教师实训前应组织设计组还原案件现场，通过侦查组的现场勘查活动收集与案件有关的信息。指导教师应将案件现场的有关情况分别告知报案

人、被害人邻居、被害人同事。第二，未承担角色的学生可以就办案中存在的问题或工作建议向组长提出，由组长助理记录在案，视为参与实训。其他未参与实训的学生在实训结束后需要提交1000字以上的实训报告。

（三）实训考查内容

1. 设计组实训考查的主要内容

根据实训教学中所给案件资料，设计组还原案件事实的设计能力主要表现为对案情的基本信息内容、逻辑关系、反常情形、隐含信息、干扰信息等在案件设计中的编排，以及案件事实的展示效果等。实训案例为杀人案件，案件现场的设计要符合杀人案件现场的特点，案件现场所设计的痕迹物证以及各种信息之间应与案件存在联系。

2. 侦查组实训考查的主要内容

（1）考查学生汇报能力，主要考查对杀人案件现场勘查重点内容的汇报。

（2）考查学生对案件信息的捕捉、解读、研判能力。

（3）考查学生对所学相关知识的掌握及运用能力，如现场勘查的实施。

（4）考查学生的逻辑思维、语言表达、速记等能力。

（5）考查侦查指挥员的组织协调能力和工作部署能力。

二、实训小组组长手册

本手册供实训小组组长使用。

1. 实训小组组长注意事项

（1）本次实训教学内容为杀人案件案情分析，结束于案情分析报告的作出。

（2）由指导教师指定各小组组长，并告知其主要的职责。设计组和侦查组组长根据各自工作确定职责内容。

（3）实训小组组长应当组织协调实训工作，并注意向全体学生阐明各项工作内容和工作要求，记录办案过程中未承担角色学生的建议，向全体实训人员和未承担角色学生阐明工作计划，并指定专门人员负责考勤和记录实训内容。

（4）指导教师告知实训角色扮演的学生人数，不具体分配角色。实训小组的分工由小组自行进行，指导教师不介入或者仅针对个别问题提示操作。

（5）告知承担具体角色的学生不能擅自向其他任何人透露其知晓的案情内容，特别是材料中指定的内容；告知未承担角色的学生应仔细观察办案过程中的活动情况，针对办案中存在的问题，可以提出自己的建议及依据，该学生视为实际参与实训；其余未承担角色且没有在实训中提出建议的学生，需要撰写1000字以上的实训报告。

（6）对实训中存在的疑问积极思考、查阅相关资料。

（7）指导教师不干预学生实训，仅做观察记录和提供相关文书资料，不解答案件办理中的疑问。

（8）学生应当准备书写工具及其他记录材料。指导教师不得主动提供文书材料。领取文书材料应主动说明，并在指导教师处领取。指导教师发放材料时应在相关材料上签名并注明日期。实训结束后，各小组应提交案情分析环节的相关书面文书材料。严格侦查文书的管理，未经允许不得复制或截留，领取侦查文书的学生应当登记签名。

（9）需要进行校外调查的项目或需要其他技术支持的项目，请学生提出书面要求，交由指导教师协调并反馈结果。

（10）实训结束后，需要根据安排进行总结。先由各小组以 PPT 的形式进行汇报总结，特别注意应以在实训过程中未实际参与相关实训的学生为主要发言人；各小组组织发言完毕后，进行小组互评；最后由指导教师对自己发现的实训中存在的问题及学生表现等进行点评。

2. 实训的组织纪律

（1）实训过程中各小组成员之间要有团结协作意识，在实训活动中要注意安全，共同完成任务。

（2）各小组之间要独立完成任务，不允许私下互相打听掌握的情况。

（3）鼓励学生积极参与角色扮演任务，扮演者要尽可能贴近角色。

（4）实训过程中无论是否承担角色，必须全员在场，并做好考勤记录，无故不到者视为旷课。

（5）其他未尽事宜由各小组自行拟定。

3. 角色注意事项

（1）各个角色要尽可能还原案件实况，注意杀人案件实训中不同角色在提供陈述时的心理状态特点。

（2）某些角色针对侦查人员提问才能回答的问题，要做到不问不答。

（3）资料内容未尽事宜，可自行进行合理补充，但要注意事实前后的逻辑关联性。

三、报案人资料

1. 张某报案时陈述的内容

今天早上 7 点左右，我到我儿子家，准备送我孙女去学校上学。我用钥匙打开儿子家的门锁进房后，发现儿媳和孙女已死于家中。我马上打了“110”报案。

2. 侦查人员提问才回答的内容

（1）报案人情况：张某，女，60 岁，上海某企业退休职工。家住上海浦东新区栖霞路 14 号，其住处离死者家步行 5 分钟的路程。张某与死者的关系：死者吕某是张某的儿媳，死者赵某是张某的孙女。

（2）房门是否完好：张某是用钥匙打开房门的，房门完好，没有发现异常。

（3）是否进入现场：张某进入现场，先发现孙女赵某死在外屋，后看到儿媳吕某死在卧室。没有动过室内物品。张某说不清楚在现场行走的路线。

（4）张某是否每天都接送被害人赵某上学：张某每天早上到其儿子家接送孙女赵某去学校上学。

（5）家中是否有财物丢失：张某说不清楚。

（6）张某提供的其他有关情况。

被害人吕某基本情况：吕某，女，35 岁，工商银行大名营业所职员。案发前一周左右，吕某告诉张某：“今天有一个叫何鹤亭的瘸腿老头又带了几个人来家讨过债。来人声称赵某某（吕某的丈夫，张某的儿子）欠何鹤亭 30 万元一直未归还，而何鹤亭的钱又是向他人借的，所以不断来家中讨债。”

被害人赵某基本情况：赵某，女，8 岁，吕某之女，张某之孙女，上海浦东新区某小学二年级学生。

吕某丈夫赵某某的基本情况：赵某某，男，38 岁，自由职业。吕某的丈夫赵某某 2009 年 9 月因做生意欠下多笔债务后离家外出，至今不知去向。赵某某离家期间，时常有人上门找吕某讨债。

四、实地勘验资料

1. 案件现场基本情况

现场位于浦东新区栖霞路 13 号的一栋坐南朝北五层老式楼房的 302 室，房屋结构为一室一厅的套房。现场的门窗完好，无破坏痕迹。被害人吕某呈横向仰卧在卧室的床上，其手脚分别被白色、红色绸带捆绑着，嘴里塞着电视机的套子，头被棉被捂着。被害人赵某死于外间的三人沙发上，其口中塞有毛巾，双手被 180 厘米长的纱绳捆绑着。

2. 实地勘验获得的情况

卧室靠床右侧床头柜内发现一张手写的纸条，纸条内容为“我还会来看你的”，纸条卡在床头柜一台笔记本内。室内的衣柜、抽屉等有明显的翻动迹象，但不零乱。勘验发现，死者吕某的和田玉手镯不知去向，此手镯是吕某结婚时的陪嫁物。家具、铁门等均有被揩拭的痕迹。现场勘查未发现其他有价值的痕迹物证。

3. 现场环境基本情况（侦查人员提问时才回答）

（1）通过查阅地图、实地勘验以及现场访问等活动掌握案件现场基本情况。

（2）通过地图软件等及时了解掌握案件现场的方位情况，包括案件现场的具体位置、案件现场周边的道路情况、建筑物情况（尤其是标志性建筑物）、地形地貌情况、人流车流情况、视频监控情况以及道路、建筑物、地形地貌、视频监控、人流车流反映出的相互关系。

（3）通过地图软件等及时了解掌握案件中心现场位置情况，包括房屋结构、进出案件现场的路线、灯光照明情况、视频监控情况等。

五、法医检验情况

被害人吕某头顶部有 3 处凹陷性挫裂创，颅骨呈粉碎性骨折，颅内有大量出血。其上身部位共有 20 余处锐器形成的开放性创口，损伤形态均为线型浅表性创口，损伤位置无规律。被害人赵某死于外间的三人沙发上，其口中塞有毛巾，双手被 180 厘米长的纱绳捆绑着，颈部有明显的指甲痕迹及 3 处锐器形成的开放性创口，损伤形态为线型浅表性创口，损伤位置无规律。被害人吕某和赵某二人的衣着完整，无被强奸迹象。尸检发现：被害人吕某和赵某的尸僵已高度发展，尸斑指压能部分褪色，角膜中度浑浊；胃内饭粒、蔬菜及肉类食物的外形比较完整，乳液较少，十二指肠内只有少量的食物进入。

六、调查访问资料

1. 吕某邻居资料

陆某某，男，47 岁，上海某贸易公司职员，被害人吕某邻居。

陆某某反映：5 月 3 日晚 8 点左右，听到有人在敲吕某家的房门，并听到一个男人与吕某的说话声，接着是开关铁门的声音，其后也未听到吕家有异常的声音。

2. 吕某同事资料

陈某某，女，33 岁，工商银行大名营业所职员，被害人吕某同事，与吕某关系较好。陈某某反映：吕某平时作风正派，为人谦和，与外界的交往极少。

七、视频资料

此类案件的视频资料可分为两部分：现场方位中视频的分布情况；中心现场的视频分布情况。案情设置中只有红绿灯交通位置有视频摄像头，其余位置均无视频摄像头。由于案件中心现场为老式房屋，单元进出口、楼梯过道均无视频摄像头。

第四节　盗窃案件案情分析实训操作手册及资料

一、教师实训指导手册

本手册供指导教师使用。

（一）实训总体思路

1. 基本案情

2016 年 5 月 20 日 18 时 10 分，烟台市公安局牟平分局接到报案：宁海镇马家泊村张某江家被盗，犯罪嫌疑人将张某江家的保险柜盗走。据张某江报案称，保险柜内存有价值 470 余万元的黄金（18000 余克）、人民币 2 万余元。公安机关接到报案后迅速赶赴现场实施勘查。

（1）实地勘验情况。案件现场位于宁海镇马家泊村东北部张某江家。张某江家共 8 间平房，位于胡同东尽头。平房南侧及西侧各有一座平房，住着张某江家的两户邻居。平房西侧胡同口安装着大铁门。由于案发后有部分人员进出过张某江家，使现场受到了一定程度的破坏。

现场西侧胡同口的大铁门为双扇铁皮门，靠西侧的一扇铁门上开有一小门，此小门呈关闭状态，弹子门锁完好。铁门南侧有攀登痕迹，大铁门内侧的门锁被撬落于地上。张某江居住在第四间房，该房有东西耳房、南道厅，南为厨房，北为炕屋。东二、三间为客厅，西间为卧室，案发时西耳房内靠西墙南北向放有三屉桌、板箱等，靠东墙处放有大衣柜，被盗保险柜位于大衣柜南侧。保险柜存放位置十分隐蔽，上有皮箱，前面有杂物遮拦，一眼看去，不留意很难发现此处放有一个保险柜。从此处至院内、街门外有拖动保险柜时保险柜轮子形成的擦划痕迹和脱落的漆片。原来保险柜上的皮箱被移到地上，皮箱挂锁被撬开，皮箱上的卫生纸被移到板箱上面。

其余几个房间的房门均被相同工具撬开，室内箱柜亦被撬开，均有翻动搜寻财物迹象，衣物散乱于室内地面。

现场共发现 12 枚不同花纹特征的足迹。经对现场遗留下的 12 枚足迹甄别、分析后，有 10 枚足迹为张某江及其他进入现场人员所留，剩余的 2 枚足迹均为胶鞋印，其中有一枚足迹特征较完整，鞋印长度27cm，另一枚足迹不完整。

遗留在锁体上的痕迹，前端宽0.8cm，卡口长3.5cm。

（2）现场访问情况。张某江陈述：张某江，男，43岁，现住宁海镇马家泊村，个体采金业主。1989年开始，他先后在牟平高陵镇、刘家市镇、乳山市等地采金，是当地小有名气的采金者。5月20日7时，张某江与妻子将铁门锁上后到黄金模具首饰店上班，17时50分回家后发现家中被撬，保险柜被盗走。

据调查，被盗走的保险柜为青岛产“琴牛”牌5号保险柜，规格为72cm×42cm×37cm，银灰色，重约70千克。

访问中得知，20日11时许，张某江的舅舅吴某（据说有痴呆症）到过张某江家，发现张某江家的大门开着，但室内无人，便走了。

张某江家西邻的邻居甲（一位妇女）陈述：11时在家听见张某江家铁门有响声，并听到有汽车的声音。

张某江家的邻居乙陈述：20日上午我们都没有使用过汽车拉客或拉货。

张某江家的邻居丙陈述：11时左右见到有一男子从张某江家出来走出胡同口，只看到男子的背影。

2. 实训整体设计

实训小组按20~25人安排。根据每次实训内容安排学生参与实训教学活动。实训案例为盗窃案件的案情分析。根据实训内容，学生分为设计组和侦查组，按照案情分析实训要求分配各组人数，各设组长1人。实训整体设计思路如下。

（1）采用情景展开式实训模式，学生模拟案件中的各个角色。具体根据案件情况分设计组和侦查组模拟角色。

（2）案情分析实训分三步进行：

第一步，案件现场模拟还原案情。设计组根据所给案件基本材料模拟还原案件现场情况。首先，根据案件基本材料布置还原现场，由设计组根据提供的案件材料布置盗窃案件现场。盗窃案件现场的布置设计要包括犯罪嫌疑人实施犯罪遗留的各种痕迹物品以及其他与案件有关的信息。案件现场的设计由设计组成员按各自承担的工作任务协同完成。其次，运用PPT及视频展示案件现场和现场周围情况、被害人情况，以及犯罪嫌疑人在实施犯罪过程中所遗留的各种痕迹物证，并由承担角色的学生陈述基本情况。

第二步，案件信息的获取。侦查组根据设计组还原的案件现场实施现场勘查，获取案件现场勘查情况。现场勘查包括实地勘验、现场访问以及现场外围的搜索（视案件具体情况而定）。侦查组根据设计组展示的案件内容获取实地勘验和现场访问的有关信息。实训案例为盗窃案件，侦查组要明确该类案件现场勘查的重点，从而有针对性地获取案件信息，为正确分析案情打下基础。侦查人员应当根据案件侦查的需要追问事实，采取“不问不说”的方式，以便于让学生掌握所学知识的灵活运用。

第三步，案情分析会展示。由侦查指挥员（侦查组组长）组织侦查组成员开展案情分析活动。首先，汇集实地勘验和调查访问所获得的信息。由担任不同侦查人员角色的学生汇报各自实地勘验和现场访问中获得的信息，参会侦查人员应做好记录。其次，每一个侦查人员对汇集的信息进行分析研究，提出自己的分析意见，分析应当有理有据。最后，侦查指挥员要充分听取每一个侦查人员的分析意见，集思广益，在此基础上统一认识，形成案情分析的结论以及后续侦查工作的部署。

案情分析需要分多次进行，要透过现象认识本质，要注意排除假象和识别伪装，既要全面，又要突出重点。

（3）对于涉及的现场勘查、技术检验等工作，学生可提出工作计划，由指导教师告诉学生现场勘查、技术检验等获得的结果。

（4）在学生实训过程中，指导教师不介入，但应做好发现问题的记录，并鼓励学生在实训中遇到问题时要相互讨论、查阅文献资料，寻求解决问题的方法。

（5）实训结束后，组织安排全班学生进行汇报总结。顺序依次为组内自评、小组互评以及未实际参与实训的学生补充发言，最后由指导教师对此次实训中存在的问题及学生表现进行点评。

（二）实训组织工作

1. 实训的准备工作

（1）案件现场模拟还原。具体准备工作包括：案件现场的选择、现场需要的各种痕迹物品，如现场的破坏工具痕迹、脱落的锁、保险柜移动痕迹、脱落的漆片、攀登痕迹、鞋印等（根据案件基本信息设计）。设计组根据案件基本情况准备所需物品等。

（2）侦查组根据设计组还原的案件现场实施现场勘查，获取案件现场勘查情况。实训案例为入室盗窃案件，侦查组要明确该类案件现场勘查的重点，从而有针对性地获取案件信息，为正确分析案情打下基础。具体准备工作包括：实训勘查器材准备，如刑事照相器材、犯罪现场勘查箱、痕迹物证勘查箱、印泥等；实训文书材料的准备，如受案登记表、受案回执、立案决定书、现场勘查记录、报案人陈述、询问通知书、询问笔录、证人诉讼权利义务告知书等。

2. 实训学生分组

（1）本实训案例为盗窃案件，根据实训需要，将本次参训学生分为设计组和侦查组，建议设计组 10 ~ 12 人，侦查组 10 ~ 13 人，可根据需要进行调整。

（2）指导教师在实训前一周指定设计组和侦查组组长，并要求组长提示本组学生对本次实训的知识点进行回顾。

（3）设计组和侦查组各自根据实训要求在对知识点进行回顾后，准备需要的物品、相关器材、文书供实训使用。

（4）指导教师应当事前明确学生角色分配并交代相关注意事项。设计组和侦查组的工作安排由组长指定安排或采取其他方式安排，设计组和侦查组组长要明确组内成员的具体任务及要求。

3. 实训任务安排

（1）实训案例所需角色及人数安排。

① 设计组。具体实训案例所需角色及人数安排如下：

张某江（报案人），1 人；

吴某（事主的舅舅），1 人；

事主邻居甲，1 人；

事主邻居乙，1 人；

事主邻居丙，1人；
设计组组长，1人；
设计组组长助理，1人；
现场布置、PPT及视频制作人员，3~5人。
② 侦查组。具体实训案例所需角色及人数安排如下：
侦查组组长（侦查指挥员），1人；
实地勘验人员，3~5人；
现场访问人员，3~4人；
现场外围搜索人员，3人（由实地勘验和现场访问人员兼任）；
侦查组组长助手，1人；
其他人员，2人。

（2）具体任务安排。

① 设计组。

张某江（报案人）：根据案件基本信息完成任务，陈述所见事实情况（以案件基本信息为基础），陈述内容采取不问不答的方式。

吴某（事主的舅舅）：根据案件基本信息完成任务。指导教师向其强调资料中不问不答的内容。

事主邻居甲：根据案件基本信息完成任务，陈述所见事实情况（以案件基本信息为基础）。指导教师向其强调资料中不问不答的内容。

事主邻居乙：根据案件基本信息完成任务，陈述所见事实情况（以案件基本信息为基础）。指导教师向其强调资料中不问不答的内容。

事主邻居丙：根据案件基本信息完成任务，陈述所见事实情况（以案件基本信息为基础）。指导教师向其强调资料中不问不答的内容。

设计组组长：由指导教师指定，负责其他角色的确定、工作安排及设计组工作的组织实施，应当将设计组的工作情况及时向指导教师汇报。

现场布置、PPT及视频制作人员：由组长确定，依据具体分工分别负责案件现场的布置、还原案件现场的PPT及视频的制作。

② 侦查组。

侦查组组长（侦查指挥员）：由指导教师指定，负责现场勘查实施以及案情分析会的组织，侦查指挥员应善于充分听取每一个侦查人员的分析意见，集思广益，在此基础上统一认识，形成案情分析的结论，为下一步侦查工作的实施打下基础。

现场勘查侦查人员：包括实地勘验和现场访问的侦查人员，由侦查组组长确定。现场勘查侦查人员负责案件现场的实地勘验、现场访问等具体工作。侦查人员应根据不同分工将现场勘查工作情况以及获得的信息根据侦查指挥员要求在案情分析会上汇报，参会侦查人员根据案情分析会上占有的信息对案件有关情况进行分析判断。侦查人员对案件有关情况的分析应有根有据。

侦查组组长助手：需由组长确定。负责记录实训情况、过程及参加实训学生情况，该记录作为实训成绩评价依据之一。

其他人员：在现场勘查中承担见证人角色。

4. 案情分析实训教学事项

（1）案情分析的组织实施。

① 按教学实训要求，将案例的各部分信息以由设计组模拟还原案件的方式，让不同角色的侦查人员获取信息（实地勘验和现场访问）。盗窃案件现场勘查的重点是犯罪嫌疑人遗留在现场的各种痕迹物证（尤其注意微量物证）、财产的损失情况（注意赃物对侦查的价值）。

② 侦查指挥员主持案情分析会。

③ 由各侦查人员分别介绍获取的案件相关情况，对案件有关情况进行有理有据的分析判断，形成案情分析报告，并在此基础上确定侦查方向和侦查范围，制定初步的侦查措施，开展侦查活动。

（2）实训展开方式。

① 学生分组进行，由设计组和侦查组进行对抗性实训。

② 由侦查指挥员组织案情分析会。

③ 各小组在充分讨论的基础上形成案情分析报告。

④ 各小组汇报及指导教师点评。

（3）指导教师在实训中的职责。

① 在实训过程中，由学生自行完成案情分析工作，指导教师不介入，但应当做好发现问题的记录。

② 讨论中如果出现争议性问题，影响讨论进度，指导教师可作适当引导。

③ 注意特殊情况的处理（如冷场、讨论偏离主题等，建议指导教师只作引导，不以讲解代替学生实训）。

④ 案情分析总结。先由各小组学生代表谈体会和存在的不足。指导教师对自己发现的实训中存在的问题及学生表现等进行点评。

5. 实训其他要求

（1）指导教师实训前应组织设计组还原案件现场，通过侦查组的现场勘查活动收集与案件有关的信息。指导教师应将案件现场的有关情况分别告知报案人（事主）、事主邻居、事主亲戚（事主舅舅）。

（2）未承担角色的学生可以就办案中存在的问题或工作建议向组长提出，由组长助理记录在案，视为参与实训。其他未参与实训的学生在实训结束后需要提交1000字以上的实训报告。

（3）指导教师对实训过程中应注意的相关安全事项要提前告知，并予以具体说明和指导。

（4）指导教师要遵循相应的程序规范，以最为贴近实务部门的标准来指导实训。

（5）与教务处协调上课的形式与实训地点。实训教学可能在校园外展开，但案情设计时应尽可能地安排在校园内。

（6）关于侦查文书的管理，未经允许不准对提供的空白侦查文书进行复制，实训结束后侦查文书资料全部收回，领取文书的学生应当登记签名。

（三）实训考查内容

1. 设计组实训考查的主要内容

根据实训教学中所给案件资料，设计组还原案件事实的设计能力主要表现为对案情的基本信息内容、逻辑关系、反常情形、隐含信息、干扰信息等在案件设计中的编排，以及案件事实的展示效果等。实训案例为入室盗窃案件，案件现场的设计要符合入室盗窃案件的现场特点，案件现场所设计的痕迹物证以及各种信息之间应与盗窃案件存在联系。

2. 侦查组实训考查的主要内容

（1）考查学生汇报能力，主要考查对盗窃案件现场勘查重点内容的汇报。

（2）考查学生对案件信息的捕捉、解读、研判能力。

（3）考查学生对所学相关知识的掌握及运用能力，如现场勘查的实施。

（4）考查学生的逻辑思维、语言表达、速记等能力。

（5）考查侦查指挥员的组织协调能力和工作部署能力。

二、实训小组组长手册

本手册供实训小组组长使用。

1. 实训小组组长注意事项

（1）本次实训教学内容为盗窃案件案情分析，结束于案情分析报告的作出。

（2）由指导教师指定各小组组长，并告知其主要的职责。设计组和侦查组组长根据各自工作确定职责内容。

（3）实训小组组长应当组织协调实训工作，并注意向全体学生阐明各项工作内容和工作要求，记录办案过程中未承担角色学生的建议，向全体实训人员和未承担角色学生阐明工作计划，并指定专门人员负责考勤和记录实训内容。

（4）指导教师告知实训角色扮演的学生人数，不具体分配角色。实训小组的分工由小组自行进行，指导教师不介入或者仅针对个别问题提示操作。

（5）告知承担具体角色的学生不能擅自向其他任何人透露其知晓的案情内容，特别是材料中指定的内容；告知未承担角色的学生应仔细观察办案过程中的活动情况，针对办案中存在的问题，可以提出自己的建议及依据，该学生视为参与实训；其余未承担角色且在实训中没有提出建议的学生，需要撰写1000字以上的实训报告。

（6）对实训中存在的疑问积极思考、查阅相关资料。

（7）指导教师不干预学生实训，仅做观察记录和提供相关文书资料。

（8）学生应当准备书写工具及其他记录材料。指导教师不得主动提供文书材料。领取文书材料应主动说明，并在指导教师处领取。指导教师发放材料时在相关材料上签名并注明日期。实训结束后，各小组应提交案情分析环节的相关文书材料。严格侦查文书的管理，未经允许不得复制或截留，领取侦查文书的学生应当登记签名。

（9）需要进行校外调查的项目或需要其他各项技术支持的项目，请提出书面要求，交由指导教师协调并反馈结果。

（10）实训结束后，需要根据安排进行总结。先由各小组以PPT的形式进行汇报总结，特别注意应以在实训过程中未实际参与相关实训的学生为主要发言人；各小组组织发言完毕后，进行小组互评；最后由指导教师对自己发现的实训存在的问题及学生表现等进行点评。

2. 实训的组织纪律

（1）实训过程中各小组成员之间要有团结协作意识，在实训活动中要注意安全，共同完成任务。

（2）各小组之间要独立完成任务，不允许私下互相打听掌握的情况。

（3）鼓励学生积极参与角色扮演任务，扮演者要尽可能贴近角色。

（4）实训过程中无论是否承担角色，必须全员在场，并做好考勤记录，无故不到者视为旷课。

（5）其他未尽事宜由各小组自行拟定。

3. 角色注意事项

（1）各个角色要尽可能还原案件实况，注意盗窃案件实训中不同角色在提供陈述时的心理状态特点。

（2）某些角色针对侦查人员提问才能回答的问题，要做到不问不答。

（3）资料内容未尽事宜，可自行进行合理补充，但要注意事实前后的逻辑关联性。

三、报案人资料

1. 事主张某江报案陈述内容

今天（5月20日）17时50分回到家时发现家中门锁被撬，大铁门内侧的门锁被撬落于地上，保险柜被盗走，随后我马上打电话报案。

2. 侦查人员提问才回答的内容

（1）报案人情况：张某江，男，43岁，现住宁海镇马家泊村，个体采金业主。

（2）房门是否完好：（5月20日）17时50分，我回到家时发现家中门锁被撬，大铁门内侧的门锁被撬落于地上。

（3）是否进入现场：我进入过现场，案发后至现场勘查之前有邻居和亲戚进入过现场，且在家中的活动范围较广。

（4）张某江的工作、生活规律：因开有黄金首饰店，我每天都和妻子去首饰店上班。5月20日7时，我和妻子将铁门锁上后到黄金模具首饰店上班，17时50分回家后发现家中被撬，保险柜被盗走。

（5）家中是否有财物丢失：保险柜丢失，保险柜内存有价值470余万元的黄金（18000余克）、人民币2万余元。保险柜为青岛产“琴牛”牌5号保险柜，规格为72cm×42cm×37cm，银灰色，重约70千克。保险柜中的黄金均为金条，规格多为50克、100克、200克、300克。

四、实地勘验资料

1. 汇报人主动陈述内容

案件现场位于宁海镇马家泊村东北部张某江家。张某江家共8间平房，位于胡同东尽头。平房南侧及西侧各有一座平房，住着张某江家的两户邻居。平房西侧胡同口安装着大铁门。由于案发后有部分人员进出过张某江家，使现场受到了一定程度的破坏。

现场西侧胡同口的大铁门为双扇铁皮门，靠西侧的一扇铁门上开有一小门，此小门呈关闭状态，弹子门锁完好。铁门南侧有攀登痕迹，大铁门内侧的门锁被撬落于地上。张某江居住在第四间房，该房有东西耳房、南道厅，南为厨房，北为炕屋。东二、三间为客厅，西间为卧室，案发时西耳房内靠西墙南北向放有三屉桌、板箱等，靠东墙处放有大衣柜，被盗保险柜位于大衣柜南侧。保险柜存放位置十分隐蔽，上有皮箱，前面有杂物遮拦，一眼看去，不留意很难发现此处放有一个保险柜。从此处至院内、街门外有拖动保险柜时保险柜轮子形成的擦划痕迹和脱落的漆片。原来保险柜上的皮箱被移到地上，皮箱挂锁被撬开，皮箱上的卫生纸被移到板箱上面。

其余几个房间的房门均被相同工具撬开，室内箱柜亦被撬开，均有翻动搜寻财物迹象，衣物散乱于室内地面。

现场共发现 12 枚不同花纹特征的足迹。经对现场遗留下的 12 枚足迹甄别分析后，有 10 枚足迹为张某江及其他进入现场人员所留，剩余的 2 枚足迹均为胶鞋印，其中有一枚足迹特征较完整，鞋印长度 27cm，另一枚足迹不完整。

遗留在锁体上的痕迹，前端宽 0. 8cm，卡口长 3. 5cm。

2. 提问才回答的现场环境资料

（1）现场环境基本情况可由侦查人员通过查阅地图、实地勘验以及现场访问等活动掌握。

（2）通过地图软件等及时了解掌握案件现场的方位情况，包括案件现场的具体位置、案件现场周边的道路情况、案发现场的房屋结构、地形地貌情况、人流车流情况、视频监控情况，以及道路、建筑物、地形地貌、视频监控、灯光照明情况、人流车流反映出的相互关系。

（3）通过地图软件等及时了解掌握案件主体现场位置情况，进出案件现场的道路、灯光照明情况，视频监控情况，植被密集情况等。

（4）本案为入室盗窃案件，因主体现场房屋较多，房屋结构复杂，现场无视频设施可供利用，因此，现场环境资料应尽可能通过地图、现场照相、现场绘图等进行掌握，如用现场方位、现场全貌、现场中心位置的展示，使侦查人员能较快熟悉现场环境情况。

五、吴某资料

1. 吴某（事主张某江舅舅）资料

吴某，男，60 岁，农民，现住宁海镇马家泊村，据说有痴呆症。

2. 侦查人员提问才回答的内容

20 日 11 点多，我路过张家，发现张家的大门开着，我就进去了，我喊张某江，没人回我，我到屋里但屋内无人，我就走了。

六、邻居甲资料

1. 基本情况

邻居甲，女，45 岁，家庭主妇，现住宁海镇马家泊村。

2. 反映情况

我 11 点在家听见张某江家铁门有响声，并听到有汽车的声音。因为我家的厨房靠近张某江家的大铁门，我 11 点会在厨房做饭。

七、邻居乙资料

1. 基本情况

邻居乙，男，邻居甲的丈夫，个体运输人员，现住宁海镇马家泊村。

2. 反映情况

20 日上午，我们都没有使用过汽车拉客或拉货。

八、邻居丙资料

1. 基本情况

邻居丙，男，33 岁，个体经营者。

2. 反映情况

我 11 点左右从外面回家，看见有一男子从张某江家出来走出胡同口，只看到男子的背影。

3. 侦查人员提问才回答的问题

侦查人员追问该男子特征时，才陈述所见男子人身形象、背影特征，该人身形象、背影特征以自己生活中观察到的 40 岁左右男子的特征进行描述。

九、视频资料

此类案件的视频资料可分为两部分：现场方位中视频的分布情况、中心现场的视频分布情况。案情设置中注意小区和沿小闸门到学校道路之间是否有视频摄像头、视频摄像头的分布情况、视频摄像头的使用情况。实训中，主要考查侦查人员在实地勘验活动中对视频相关情况的掌握。

本案中案发现场及现场周围未使用视频摄像头，该案发现场未能提取到视频监控资料。

第五节　抢劫案件案情分析实训操作手册及资料

一、教师实训指导手册

本手册供实训指导教师使用。

（一）实训总体思路

1. 基本案情

2019 年 3 月 4 日晚 11：24，西南政法大学某学院学生王某（男）和其女友张某在天高鸿苑小区北坡 45 栋旁阶梯小道的转弯处突然遭到迎面走来的三个男子抢劫，被抢物品有手机、现金及张某的首饰。案发后，王某、张某到学校保卫处报案。接到报案后，侦查机关迅速赶赴现场展开现场勘查工作。

主体现场位于天高鸿苑小区北坡45栋旁阶梯小道由下往上的第二转弯处，两侧有密集的植被，光线较弱，沿阶梯小道往下经过一小闸门是天高鸿苑小区北坡，往上是通往西政校园的一条小路，小路往上前行左侧为西政的运动场，右侧为两江中学的运动场和校舍，整个小路照明昏暗。实地勘验发现，主体现场往下走三个台阶的路上有遗留的烟头2个，靠近北坡闸门的绿化带中有空矿泉水瓶1个，闸门的栏杆上有踩踏的痕迹。现场搜索发现，在北坡45栋与变电房之间的路上有一个空钱包和手提包。

据被害人陈述，案发当晚23点左右，被害人王某和张某在天高鸿苑小区门口的万州烤鱼店吃完饭后，欲经小区大门沿北坡朝阶梯小道步行回宿舍。在行至阶梯小道转弯处时，迎面有三人往下走，他们停下让行。当三人中的第二个人经过时，突然对他们进行了抢劫。被抢财物有张某手提包一个，内装有苹果手机一部、钱包等，以及王某的三星手机一部和随身携带的现金500余元。因为当时天黑，被害人均未能看清三人的长相，三人身上的酒气味明显。

2. 实训整体设计

实训小组按20～25人安排。根据每次实训内容安排学生参与实训教学活动。实训案例为抢劫案件的案情分析。根据实训内容，学生分为设计组和侦查组，按照案情分析实训要求分配各组人数，各设组长1人。实训整体设计思路如下。

（1）采用情景展开式实训模式，学生模拟案件中的各个角色。根据具体案件情况分设计组和侦查组模拟角色。

（2）案情分析实训分三步进行：

第一步，案件现场模拟还原案情。设计组根据所给案件基本材料模拟还原案件现场情况。首先，根据案件基本材料布置还原现场，由设计组根据提供的案件资料布置抢劫案件现场。抢劫案件现场的布置包括犯罪嫌疑人对被害人的人身侵害和财物抢劫行为所形成的损伤、痕迹，实施犯罪遗留的各种痕迹，尤其应注意对赃物信息的设计。案件现场的设计由设计组成员按各自承担的工作内容协同完成。其次，运用PPT及视频展示案件现场和现场周围情况、被害人情况，以及犯罪嫌疑人在实施犯罪过程中所遗留的各种痕迹物证，并由相关人员陈述基本情况。

第二步，案件信息的获取。侦查组根据设计组还原的案件现场实施现场勘查，获取案件现场勘查情况。现场勘查包括实地勘验、现场访问以及现场外围的搜索（视案件具体情况而定）。侦查组根据设计组展示的案件内容获取实地勘验和现场访问的有关信息。实训案例为抢劫案件，侦查组要明确该类案件现场勘查的重点，从而有针对性地获取案件信息，为正确分析案情打下基础。侦查人员应当根据案件侦查的需要追问事实，采取“不问不说”的方式，以便让学生掌握所学知识的灵活运用。

第三步，案情分析会展示。由侦查指挥员（侦查组组长）组织侦查组成员开展案情分析活动。首先，汇集实地勘验和调查访问所获得的信息。由担任不同侦查人员角色的学生汇报各自在实地勘验和现场访问中所获得的信息，参会侦查人员应做好记录。其次，每一个侦查人员对汇集的信息进行分析研究，提出自己的分析意见，分析意见应当有理有据。最后，侦查指挥员要充分听取每一个侦查人员的分析意见，集思广益，在此基础上统一认识，形成案情分析的结论以及后续侦查工作的部署。

需要特别注意的是，案情分析应分多次进行，要透过现象认识本质，要注意排除假象和识别伪装，既要全面，又要突出重点。

（3）对于涉及的现场勘查、技术检验等工作，学生可提出工作计划，由指导教师告诉学生现场勘查、技术检验等获得的结果。

（4）在学生实训过程中，指导教师不介入，但应做好发现问题的记录，并鼓励学生在实训中遇到问题时要相互讨论、查阅文献资料，寻求解决问题的方法。

（5）实训结束后，组织安排全班学生进行汇报总结。顺序依次为组内自评、小组互评以及未承担实训角色的学生补充发言，最后由指导教师对此次实训中存在的问题及学生表现进行点评。

（二）实训组织工作

1. 实训的准备工作

（1）案件现场模拟还原。案情设计组根据所给案件基本材料模拟还原案件现场情况。根据案件基本材料布置还原现场，运用 PPT 及视频展示案件现场及其现场周围情况、被害人情况，以及犯罪嫌疑人在实施犯罪过程中所遗留的各种痕迹物证。具体准备工作包括：案件现场的选择、现场需要的各种痕迹物品，如被害人的手包、矿泉水瓶、烟头、栏杆上的鞋印等。设计组根据案件基本情况准备所需物品等。

（2）侦查组根据设计组还原的案件现场实施现场勘查，获取案件现场勘查情况。现场勘查包括实地勘验、现场访问以及现场外围的搜索（视案件具体情况而定）。侦查组根据设计组展示的案件内容获取实地勘验和现场访问的有关信息。实训案例为抢劫案件，侦查组要明确该类案件现场勘查的重点，从而有针对性地获取案件信息，为正确分析案情打下基础。具体准备工作包括：实训勘查器材准备，如刑事照相器材、犯罪现场勘查箱、痕迹物证勘查箱、印泥等；实训文书材料的准备，如受案登记表、受案回执、立案决定书、现场勘查记录、报案人陈述、询问通知书、询问笔录、证人诉讼权利义务告知书等。

2. 实训学生分组

（1）本实训案例为抢劫案件，根据实训需要，将本次参训学生分为设计组和侦查组，建议设计组 10 ~ 12 人，侦查组 10 ~ 13 人，可根据需要进行调整。

（2）指导教师在实训前一周指定设计组和侦查组组长，并要求组长提示本组学生对本次实训的知识点进行回顾。

（3）设计组和侦查组各自根据实训要求在对知识点进行回顾后，准备需要的物品、相关器材、文书供实训使用。

（4）教师应当事前明确学生角色分配并交代相关注意事项。设计组和侦查组的工作安排由组长指定安排或采取其他方式安排，设计组与侦查组组长要明确组内成员的具体任务及要求。

3. 实训任务安排

（1）实训案例所需角色及人数安排。

① 设计组。具体实训案例所需角色及人数安排如下：

报案人（被害人），2 人；

小区巡逻保安，1 人；

小区业主，1 人；

设计组组长，1 人；

设计组组长助理，1 人；

现场布置、PPT 及视频制作人员，4 ~6 人。

② 侦查组。具体实训案例所需角色及人数安排如下：

侦查组组长（侦查指挥员），1 人；

实地勘验人员，3 ~4 人；

现场访问人员，3 ~5 人；

现场外围搜索人员，3 人（由实地勘验人员和现场访问人员兼任）；

侦查组组长助手，1 人；

其他人员，2 人。

（2）具体任务安排。

① 设计组。

报案人（被害人 1）：根据案件基本信息完成任务，以案件基本信息为基础，陈述所见事实情况。指导教师需向其强调对资料中特定内容不问不答。

报案人（被害人 2）：根据案件基本信息完成任务，扮演角色。

小区巡逻保安：根据案件基本信息完成任务。指导教师向其强调对自己知晓的内容不问不答。

小区业主：根据案件基本信息完成任务，以案件基本信息为基础，陈述所见事实情况。指导教师向其强调对特殊内容不问不答。

设计组组长：需由指导教师指定，组长确定人员角色、工作安排及设计组工作的组织实施，将设计组的工作情况及时向指导教师汇报。

现场布置、PPT 及视频制作人员：由组长确定，负责案件现场的布置、还原案件现场的 PPT 及视频的制作。

② 侦查组。

侦查组组长（侦查指挥员）：由指导教师指定，负责现场勘查实施以及案情分析会的组织，要充分听取每一个侦查人员的分析意见，集思广益，在此基础上统一认识，形成案情分析的结论，为下一步侦查工作的实施打下基础。

现场勘查侦查人员：包括实地勘验和现场访问的侦查人员，由侦查组组长确定。现场勘查侦查人员根据不同分工，负责案件现场的实地勘验、现场访问等具体工作。侦查人员应将现场勘查工作情况以及获得的信息根据侦查指挥员的要求在案情分析会上汇报，参会侦查人员根据案情分析会上占有的信息对案件有关情况进行有理有据的分析判断。

侦查组组长助手：需由组长确定，负责记录实训情况、过程及参加实训学生情况，该记录将作为实训成绩评定依据之一。

其他人员（兼）：在现场勘查中承担见证人角色。

4. 案情分析实训教学事项

（1）案情分析的组织实施。

① 按教学实训要求，将案例的各部分信息以由设计组模拟还原案件的方式，让不同角色的侦查人员获取信息（实地勘验和现场访问）。实训案例为拦路抢劫案件，现场勘查要在对主体现场进行勘查的同时，重点加强对关联现场的勘验。同时，现场访问中注意对

被害人陈述情况的甄别，防止谎报拦路抢劫情形的发生。

② 侦查指挥员主持案情分析会。

③ 由各侦查人员分别介绍获取的案件相关情况，对案件有关情况进行分析判断，形成案情分析报告，案情分析判断应当有理有据。在此基础上，确定侦查方向和侦查范围，制定初步的侦查措施，开展侦查活动。

（2）实训展开方式。

① 学生分组进行。

② 由侦查指挥员组织案情分析会。

③ 各小组在充分讨论的基础上形成案情分析报告。

④ 各小组汇报及指导教师点评。

（3）指导教师在实训中的职责。

① 在实训过程中，由学生自行完成案情分析工作，指导教师不介入，但应当做好发现问题的记录。

② 讨论中如果出现争议性问题，影响讨论进度，指导教师可作适当引导。

③ 注意特殊情况的处理（如冷场、讨论偏离主题等，建议指导教师只作引导，不以讲解代替学生实训）。

④ 案情分析总结。先由各小组学生代表谈体会和存在的不足。指导教师对自己发现的实训中存在的问题及学生表现等进行点评。

5. 实训其他要求

（1）指导教师实训前应组织设计组还原案件现场，通过侦查组的现场勘查活动收集与案件有关的信息。指导教师应将案件现场的有关情况分别告知报案人、小区巡逻保安、小区业主。

（2）未承担角色的学生可以就办案中存在的问题或工作建议向组长提出，由组长助理记录在案，视为参与实训。其他未参与实训角色的学生在实训结束后需要提交1000字以上的实训报告。

（3）指导教师对实训过程中应注意的相关安全事项要提前告知，并予以具体说明和指导。

（4）指导教师要遵循相应的程序规范，以最为贴近实务部门的标准来指导实训。

（5）与教务处协调上课的形式与实训地点。实训教学可能在校园外展开，但案情设计时应尽可能地安排在校园内。

（6）关于侦查文书的管理，未经允许不准对提供的空白侦查文书进行复制，实训结束后侦查文书资料全部收回，领取文书的学生应当登记签名。

（三）实训考查内容

1. 设计组实训考查的主要内容

根据实训教学中所给案件资料，设计组还原案件事实的设计能力主要表现为对案情的基本信息内容、逻辑关系、反常情形、隐含信息、干扰信息等在案件设计中的编排，案件事实的展示效果等。实训案例为拦路抢劫案件，案件现场的设计要符合拦路抢劫案件的现场特点，案件现场所设计的痕迹物证以及各种信息之间应与拦路抢劫案件存在联系。

2. 侦查组实训考查的主要内容

（1）考查学生汇报能力，主要考查拦路抢劫案件现场勘查的重点内容汇报。

（2）考查学生对案件信息的捕捉、解读、研判能力。

（3）考查学生对所学相关知识的掌握及运用能力，如现场勘查的实施。

（4）考查学生的逻辑思维、语言表达、速记等能力。

（5）考查侦查指挥员的组织协调能力和工作部署能力。

二、实训小组组长手册

本手册供实训小组组长使用。

1. 实训小组组长注意事项

（1）本次实训教学内容为拦路抢劫案件案情分析，结束于案情分析报告的作出。

（2）由指导教师指定各小组组长，并告知其主要的职责。设计组和侦查组组长根据各自工作确定职责内容。

（3）实训小组组长应当组织协调实训工作，并注意向全体学生阐明各项工作内容和工作要求，记录办案过程中未承担角色学生的建议，向全体实训人员和未承担角色学生阐明工作计划，并指定专门人员负责考勤和记录实训内容。

（4）指导教师告知实训角色扮演的学生人数，不具体分配角色。实训小组的分工由小组自行进行，教师不介入或者仅针对个别问题提示操作。

（5）告知承担具体角色的学生不能擅自向其他任何人透露其知晓的案情内容，特别是材料中指定的内容；告知未承担角色的学生应仔细观察办案过程中的活动情况，针对办案中存在的问题，可以提出自己的建议及依据，该学生视为参与实训；其余未承担角色且没有在实训中提出建议的学生，需要撰写 1000 字以上的实训报告。

（6）建议对实训中存在的疑问积极思考、查阅相关资料。

（7）指导教师不干预学生实训，仅做观察记录和提供相关文书资料。

（8）学生应当准备书写工具及其他记录材料，指导教师不得主动提供文书材料。领取文书材料应主动说明，并在指导教师处领取。指导教师发放材料时在相关材料上签名并注明日期。实训结束后，各小组应提交案情分析环节的相关文书材料。严格侦查文书的管理，未经允许不得复制或截留，领取侦查文书的学生应当登记签名。

（9）需要进行校外调查的项目及其他各项技术支持项目，请提出书面要求，交由指导教师协调并反馈结果。

（10）实训结束后，需要根据安排进行总结。先由各小组以 PPT 的形式进行汇报总结，特别注意应以在实训过程中未实际参与相关实训的学生为主要发言人；各小组组织发言完毕后，进行小组互评；最后由指导教师对自己发现的实训存在的问题及学生表现等进行点评。

2. 实训的组织纪律

（1）实训过程中各小组成员之间要有团结协作意识，在实训活动中要注意安全，共同完成任务。

（2）各小组之间要独立完成任务，不允许私下互相打听掌握的情况。

（3）鼓励学生积极参与角色扮演任务，扮演者要尽可能贴近角色。

（4）实训过程中无论是否承担角色，必须全员在场，并做好考勤记录，无故不到者视为旷课。

（5）其他未尽事宜由各小组自行拟定。

3. 角色注意事项

（1）各个角色要尽可能还原案件实况，注意抢劫案件实训中不同角色在提供陈述时的心理状态特点。

（2）某些角色针对侦查人员提问才能回答的问题，要做到不问不答。

（3）资料内容未尽事宜，可自行进行合理补充，但要注意事实前后的逻辑关联性。

三、报案人资料

1. 报案时的陈述内容

今天晚上（2019 年 3 月 4 日晚 11：24），我和我女朋友张某在天高鸿苑小区北坡 45 栋旁的阶梯小道转弯处，突然遭到抢劫，被抢走手机、现金及张某的首饰等物品。被抢后，我和张某到学校保卫处报案。

2. 侦查人员提问才回答的内容

（1）报案人（被害人）情况：王某，男，20 岁，西南政法大学某学院在校本科生；张某，女，20 岁，西南政法大学某学院在校本科生。

（2）王某与张某关系：恋爱关系。

（3）被害人是否有财物丢失：张某手提包一个（内装有苹果手机一部、钱包等），张某的项链一条；王某三星手机一部和随身携带的现金 500 余元。具体说明丢失财物的种类、数量和特征等情况。

（4）被害人身体是否有损伤：被害人王某手背有明显的抵抗伤。

（5）犯罪嫌疑人的人数：三人。

（6）犯罪嫌疑人的人身形象：男性，面貌特征看不清楚，三人身上的酒气味明显。

（7）案发地点：天高鸿苑小区北坡 45 栋旁的阶梯小道转弯处。

四、实地勘验资料

1. 现场勘验基本情况

主体现场位于天高鸿苑小区北坡 45 栋旁阶梯小道由下往上的第二转弯处，两侧有密集的植被，光线较弱，沿阶梯小道往下经过一小闸门是天高鸿苑小区北坡，往上是通往西政校园的一条小路，小路往上前行左侧为西南政法大学的运动场，右侧为两江中学的运动场和校舍，整个小路照明昏暗。实地勘验发现，主体现场往下走三个台阶的路上有遗留的烟头 2 个，靠近北坡闸门的绿化带中有空矿泉水瓶 1 个，闸门的栏杆上有踩踏的痕迹。现场搜索发现，在北坡 45 栋与变电房之间的路上有一个空钱包和手提包。

2. 提问时才回答的内容

（1）现场环境基本情况可由侦查人员通过查阅地图、实地勘验以及现场访问等活动掌握。

（2）通过地图软件等及时了解掌握案件现场的方位情况，包括案件现场的具体位置、案件现场周边的道路情况、建筑物情况（尤其是标志性建筑物）、地形地貌情况、人流车流情况、视频监控情况，以及道路、建筑物、地形地貌、视频监控、灯光照明情况、人流车流反映出的相互关系。

（3）通过地图软件等及时了解掌握案件主体现场位置情况，进出案件现场的道路、灯光照明情况，视频监控情况，植被密集情况等。

（4）本案中应特别注意从学校小路往下经小闸门至北坡后出入口的位置、管理状况、可通往的区域范围等。

五、小区巡逻保安资料

1. 保安甲基本情况

保安甲，男，50 岁，天高鸿苑凯美物业管理处保安。

2. 侦查人员提问时才回答的内容

（1）保安甲，男，50 岁，天高鸿苑凯美物业管理处保安。

（2）保安甲陈述：3 月 4 日晚上是我值班。晚 10 点开始夜间巡逻，晚 10 点 50 分至 11 点 10 分从北坡 45 栋沿 44 栋道路在北坡巡查，未发现可疑人员和异常情况。

（3）巡逻行走的路线：从小区大门上坡，沿 45 栋道路行走，靠 44 栋左转顺路巡逻检查。

六、小区业主资料

1. 基本情况

男，45 岁，天高鸿苑北坡 × 栋住户。

2. 侦查人员提问才回答的内容

（1）3 月 4 日晚上我在北坡遛狗，大约晚 11 点多（具体时间记不清楚），我看见有三个人从北坡小闸门的栏杆处翻出来，快步朝三期高层方向走去，因路灯坏了，看不清楚人的长相。

（2）关于“为何晚 11 点才出来遛狗?”，回答：家里的狗每天都要出门，3 月 4 日因有朋友来家，晚上 10 时 50 分后才走。朋友走后不久我就牵狗出门了，快到小闸门处看见有三个人从北坡小闸门的栏杆处翻出来，快步朝三期高层方向走去。

七、视频资料

此类案件的视频资料可分为两部分：现场方位中视频的分布情况；中心现场的视频分布情况。案情设置中注意小区和沿小闸门到学校道路之间是否有视频监控、视频监控的分布情况、视频监控的使用情况。实训中，主要考查侦查人员在实地勘验活动中对视频相关情况的掌握。

本案中小区北坡视频监控因检修未使用，从小闸门至学校的道路上部分路段有视频监控，案发现场未提取到视频监控资料。

第三章　侦查方向与侦查范围的确定

第一节　侦查方向和侦查范围知识重点及实训目的

一、侦查方向和侦查范围的知识重点

（一）侦查方向与侦查范围的概念

1. 侦查方向

侦查方向即侦查工作应在哪些人员中排查犯罪嫌疑人，其实质是人员范围的划定。

2. 侦查范围

广义的侦查范围不仅涵盖了侦查方向（人员范围），也包括了地域范围、职业范围。而狭义的侦查范围则仅指开展侦查工作的地域范围、职业范围。

（二）确定侦查方向与侦查范围的意义

1. 有利于制订侦查计划

侦查计划是根据案件的实际情况，在分析判断案情的基础上，对整个案件侦破工作所做的总体规划。侦查计划的生命和灵魂在于其切实可行性，而要保证侦查计划的切实可行性，关键是准确确定侦查方向和侦查范围。

2. 有利于选择侦查途径

不同的案件有不同的侦查途径，同一案件也可能有多条侦查途径。但无论选择哪条侦查途径开展侦查工作，都应该符合准确有效这一基本要求。能否选择准确有效的侦查途径，在很大程度上取决于侦查方向和侦查范围确定得是否正确。

3. 有利于提高侦查效益

最大限度地节省有限的司法资源，提高侦查效益，是侦查工作追求的重要目标。正确地确定侦查方向和侦查范围，有助于及时查获犯罪嫌疑人，使侦查工作少走弯路，避免浪费大量的人力、物力、财力。

（三）确定侦查方向的依据

1. 根据案件性质确定

案件性质不同，侦查方向也就不同。比如，奸情杀人的侦查方向不同于报复杀人的侦查方向，前者应该从与被害人或者其配偶有不正当的两性关系的人员中去排查犯罪嫌疑人；而后者应从与被害人素有积怨、矛盾的人员中去排查犯罪嫌疑人。有鉴于此，在侦查工作中应认真分析案情，力求对案件性质作出较为准确的判断。案件性质判断失误，将很

难准确确定侦查方向。

2. 根据犯罪条件和犯罪嫌疑人的个人特点确定

每一起刑事案件都有其特定的犯罪条件，如时空条件、特殊技能条件、知情条件等。而这些条件又充分反映于犯罪现场及作案的全过程。如投毒杀人，说明犯罪嫌疑人懂得或了解有关毒物的知识，并具备获取此毒物的条件，而这种条件又往往在现场得以体现，应该以此作为确定侦查方向的依据。

犯罪嫌疑人的个人特点也常在作案过程中暴露出来，根据现场勘查和调查询问所获得的情况，可以对犯罪嫌疑人的人身形象进行大致的刻画，并由此展开摸排工作。事实上，这也就确定了侦查方向。

3. 根据犯罪嫌疑人的行踪、动向确定

有些案件，在现场勘查等侦查活动中，发现犯罪嫌疑人作案后逃跑时间不长，逃跑方向、路线明确，犯罪嫌疑人的人身形象或所携带物品特征显著，或借助潜逃的车辆类型、外形、装饰、牌号等特征明显，可据此采取追缉堵截等措施对其予以缉拿。有些案件，经案情分析后认为是流窜犯作案，可根据其流窜路线及落脚点进行跟踪追击。无论上述追缉堵截还是跟踪追击，都带有明显的方向性，即直接指向侦查目标，因而也视为侦查方向的确定。

（四）确定侦查范围的依据

1. 根据犯罪嫌疑人对现场情况是否知情确定

如作案目标准确，现场翻动面小，遗留痕迹物证相对较少，通常为熟悉现场情况的人员所为。

2. 根据现场地理环境和当时当地的治安状况确定

一般而言，地处偏远，外来人员少，不易藏身，极易暴露踪迹，则侦查范围较小且易于确定。相反，建筑物密集，交通便利，犯罪嫌疑人既便于藏身，又易于潜逃，因而侦查范围较大且难以确定。

了解和把握现场附近的治安状况（如发案率、破案率、案件类型及构成关系、案件高发地段等），加强对刑嫌人员的监控，及时全面掌握其活动状况，对于准确确定案件的侦查范围也有重要意义。

3. 根据犯罪嫌疑人的人身形象特征确定

犯罪嫌疑人的人身形象特征，主要是指通过犯罪嫌疑人的年龄、身高、体态、面貌、服饰、装饰等各方面情况所反映出来的综合显著特征。由于犯罪嫌疑人的人身形象具有相对稳定性，不易改变，因此，只要犯罪嫌疑人的人身形象在作案过程中有所暴露，就必能为确定侦查范围提供可靠的依据。

4. 根据现场遗留物确定

犯罪嫌疑人遗留在现场的种种物品，通常可以反映出犯罪嫌疑人的职业身份、居住的地域范围等，因而通过现场遗留物的调查分析，可以确定侦查范围。应该注意的是，有些现场遗留物是犯罪嫌疑人故意丢弃在现场，借以扰乱侦查视线的。因此，侦查人员必须认真分析，去粗取精，去伪存真，以免侦查工作误入歧途。

5. 根据现场痕迹确定

现场的足迹、血迹、工具痕迹、车辆痕迹等在一定程度上可以反映出犯罪嫌疑人的居住范围和行业范围，据此可为侦查范围的确定提供依据。例如，有的现场足迹或血迹不仅显示了犯罪嫌疑人潜逃的方向，而且可延伸到犯罪嫌疑人的居住区域和落脚点，若以此为依据确定侦查范围，可迅速破案，抓获犯罪嫌疑人。

6. 根据作案工具确定

遗留在现场的作案工具，可通过其新旧程度、完整程度、附着物特征，开展调查和刑事技术鉴定工作，借以确定作案工具的来源、质地、制作方法及水准，生产、销售和使用的范围，特定的使用环境，以及犯罪嫌疑人操作工具的熟练程度等，从而判明犯罪嫌疑人的职业身份、居住地，明确侦查范围。

7. 根据作案手段、方法确定

作案手段和方法常常能反映出犯罪嫌疑人的职业特点，可据此确定在哪些行业、单位中开展摸排，发现犯罪嫌疑人。

8. 根据赃款、赃物的可能去向确定

在抢劫、盗窃、诈骗等侵犯财产类犯罪案件中，犯罪嫌疑人的作案目标是公私财物，并具有非法占有的目的。一旦作案得逞，他们就会将赃款、赃物转移、储存、销售、维修或掩埋，而这些活动可能有明显的方向性和地域性，因而要从现场勘查和调查询问中判断赃款、赃物的可能去向，并根据案件情况确定相应的侦查范围。

（五）确定侦查方向与侦查范围的方法

1. 全面收集案件材料并客观分析案情

侦查方向和侦查范围确定的准确与否，很大程度上依赖于收集的案件材料是否全面以及分析案情是否客观。如果案件材料欠缺，未达到一定的质和量，侦查方向和侦查范围就难以或者无法确定；如果分析案情先入为主、主观臆断，侦查方向和侦查范围往往就会定错，甚至造成冤假错案。因此，全面收集案件材料与客观分析案情是确定侦查方向和侦查范围的首要环节和基本要求。

2. 突出重点且兼顾一般

一起案件的侦查方向往往存在可能性不同的几种判断，这时应把可能性最大的一种判断列为侦查的重点，但绝不可忽视或放弃可能性较小的判断。在确定侦查方向时，既要突出重点，又要兼顾一般，防止片面性，以便在情况发生变化时采取相应措施，及时调整侦查方向，使侦破工作迅速回到正确的轨道上来。

3. 先大后小且不断修正

先大后小且不断修正是确定侦查范围的基本方法。确定侦查范围，要尽可能准确，但在侦查的初级阶段，由于诸多因素的制约，不可能确定得很准确。因而，在开始侦查时，为了把犯罪嫌疑人“网”进来，不致漏掉，最好将侦查范围划得大一些。随着侦查工作的不断深入，新情况、新材料的不断发现和收集，可逐渐缩小侦查范围，不断地进行调整和修正。这样既有利于节约人力、物力和财力，又有利于及时查获犯罪嫌疑人。

二、侦查方向与侦查范围的实训目的

（1）掌握侦查方向与侦查范围的联系与区别。

（2）了解侦查方向与侦查范围的确定在侦查活动中的作用。

（3）熟练掌握确定侦查方向的方法与依据。
（4）熟练掌握确定侦查范围的方法与依据。

第二节　侦查方向与侦查范围实训考查内容及要点

本章实训考查内容的主要类别和具体要点如表 3-1 所示。

表 3-1　考查内容的主要类别和具体评价要点

考查内容的主要类别	具体评价要点
（1）实地勘验	①现场地点与现场中心情况及分析
	②现场车内物品分布情况及分析
	③现场车内血迹分布情况及分析
	④尸体检验情况及分析
（2）调查访问	①访问对象的选择
	②询问的程序规范性
	③询问方法与内容的适当性
（3）侦查方向的确定	①事件性质与案件性质的确定
	②犯罪动机的分析判断
	③犯罪条件的分析判断
	④犯罪嫌疑人特征的分析判断
（4）侦查范围的确定	①现场地理环境的分析判断
	②现场可疑情况的分析判断
	③现场遗留工具的分析判断
	④作案手段、方法的分析判断
（5）团队表现	①团队协作程度
	②成员参与程度
（6）角色评价	①案情熟悉程度
	②确定侦查方向与侦查范围依据的充分性
	③判断侦查方向与侦查范围的合理性
（7）PPT 展示	①PPT 内容与形式丰富
	②展示语言的流畅性

第三节　侦查方向与侦查范围实训操作手册及资料

一、教师实训指导手册

（一）实训总体思路

1. 考查要点

（1）本次实训考查的内容是确定本案的侦查方向与侦查范围。

（2）在确定侦查方向与侦查范围时，首先需要判断事件性质，其次需要进行案情分析。侦查方向与侦查范围的确定是侦查计划的重要内容。本次实训需要突出指导确定侦查方向和侦查范围的前期基础工作：

① 通过现场勘查与尸检结果的可疑或反常情况，分析判断事件性质；

② 通过现场勘查与调查访问的情况，逐项分析案件材料；

③ 案情分析的汇报流程与分析方法运用：现场勘查与调查访问的程序规范性与目的明确性；侦查人员分析现场与询问知情人的仔细程度与工作流程；侦查人员对现场遗留物证的使用意识。

（3）确定侦查方向依据的寻找与运用，如犯罪动机；犯罪条件和犯罪嫌疑人的个体特征；犯罪嫌疑人的动向、行踪等。

（4）确定侦查范围依据的寻找与运用，如犯罪时间，犯罪嫌疑人与犯罪现场的关系；犯罪嫌疑人的穿戴、语言、遗留的随身物品；犯罪手段、方法。

2. 基本案情

2013 年 7 月 6 日 8：00，C 市 D 区公安局指挥中心接到电话报警称：有一辆货车侧翻在 D 区新华乡龙洞湾的公路堡坎下，车内有一男子受伤严重。公安机关接到报案后，迅速派员赶赴现场，实施勘查。后确认车内受伤男子为谢某，谢某经抢救无效死亡。

（1）现场勘查情况。

① 现场地点：D 区新华乡石钟村五组（小地名：龙洞湾）。现场所处地理位置偏僻，有一条乡道公路通过该路段，路面坑洼不平，碎石较多，公路东北方向通往新华乡，西北方向通往金溪、D 区城区；现场南侧是山坡，北侧坎下是一片乱石堆（长有杂草），乱石堆北侧坎下是稻田。

② 现场中心情况：该路段为小斜坡，坡度约为 7 度，东高西低。公路北侧堡坎高度约 2. 5m。白色凯马货车（CH18758）侧翻于公路堡坎北侧的乱石堆，车头向西（D 区城区方向），前挡风玻璃及副驾驶位置玻璃损坏，其中车头右前部分损坏严重。

③ 现场车内物品分布情况：前挡风玻璃碎裂，车内仪表台变形，仪表台下线路呈裸露状态，在仪表台下暖风机表面发现一铁锤。驾驶位坐垫及靠背位置自然，右侧副驾驶位靠背向前倾斜。车内后排坐垫斜靠在车顶篷及车内横杆上；右后车门靠近地板处有撬胎棍及摇杆、千斤顶等物。其中撬胎棍长 111cm，大头直径 2. 4cm，小头一端扁平，宽 1. 2cm，在大头位置及棍身多处黏附血迹；摇杆直径 1. 2cm，长 107cm；千斤顶表面黏附血迹。车内前排与后排之间有一隔断，隔断距地板高度为 39cm。在隔断与副驾驶靠背间有一黏附油污及血迹的编织袋，内有扳手、套筒等工具。

④ 车内血迹分布情况：车辆驾驶室和副驾驶室发现少量黏附血迹，大量的血迹位于车辆后排；现场车辆呈右侧翻状态，左前挡泥板背侧、左后门脚踏蹬的血流柱有垂直向下的流淌痕迹；左车门下部、右车门立柱中段形成两处较大范围血泊，血泊周围伴有由中心向四周发散的血点。

⑤ 尸体检验情况：死者的损伤主要集中在头部，头部多处挫裂创口，右颞部及枕部较大面积皮下出血，顶枕部帽状腱膜下广泛出血，双侧颞肌出血，颅骨多处粉碎性凹陷性骨折，硬脑膜破裂，蛛网膜下腔广泛出血，大脑左顶枕叶及左小脑挫伤伴出血，以上损伤可以致命，而面部及胸前均未受伤。检验意见为死者系被他人用钝器多次打击头部致重度

颅脑损伤死亡。

（2）现场访问情况。

① 死者谢某，男，小学文化，货车司机。

② 死者妻子陶某：无业，与死者于1996年结婚，并育有两女，大女儿谢某华（16岁），二女儿谢某丽（14岁）。2006年左右两人感情破裂，后分居（未领离婚证）。两个女儿均与陶某一起生活。

③ 陶某邻居反映：有一叫王某东的中年男子与陶某关系密切，常到其家中，且不止一次听到陶某的二女儿喊王某东为“干爸”。

④ 大女儿谢某华反映：事发前一天其父开自己的CH18758货车从新华乡老家送她和妹妹回D区。

谢某华还提到，曾听其母陶某说，前几年其父谢某在D区新华乡与陶某共有的土地上修了八间门面并卖掉，其父独占了所得钱财。

⑤ 二女儿谢某丽反映：“干爸”王某东对她和姐姐都很好，每次到家中来都要给她们带些东西。2个月前，王某东还骑了他新买的摩托车过来。

谢某丽还提到，之前在其母衣柜抽屉找东西时，无意间发现陶某给谢某购买的意外伤害和重大疾病保险。

⑥ 张某（谢某的朋友）反映：谢某与其妻关系一直不好。他还听说谢某与王某东之间有钱款往来。

3. 实训整体设计

（1）本次实训分为两个主要模块：第一个模块为情景模拟与角色扮演；第二个模块为PPT展示与汇报总结。

（2）受案、调查访问、案情分析、侦查方向与侦查范围的确定等内容采用情景展开式实训模式，学生角色扮演。实地勘验部分则根据指导教师提供的资料加以分析讨论。

（3）学生根据案情简要模拟受案、立案、案情分析等环节，展示确定侦查方向与侦查范围的思路、方法。依据重点展示内容包括：

① 通过现场勘查与尸检结果的可疑或反常情况，分析判断事件性质；

② 通过现场勘查与调查访问的情况，逐项分析案件材料；

③ 确定侦查方向的依据与方法；

④ 确定侦查范围的依据与运用。

（4）情景模拟与角色扮演分三步进行。

① 模拟还原案件现场情况。

学生根据案件基本材料布置还原现场，运用PPT及视频展示案件现场及其现场周围情况、被害人情况，以及犯罪嫌疑人在实施犯罪过程中所遗留的各种痕迹物证。由相关人员陈述基本情况。

② 模拟调查措施的运用。

学生根据案情及指导教师提供的现场照片还原案件现场，实施现场勘查，获取实地勘验和现场访问的有关信息。本案为杀人案件，学生需明确该类案件现场勘查的重点，从而有针对性地获取案件信息，为确定侦查方向和侦查范围寻找依据。

③ 案情分析会展示。

由侦查指挥员组织侦查组成员开展案情分析活动。首先，汇集实地勘验和调查访问所获得的信息，参会侦查人员应做好记录。其次，每一个侦查人员对汇集的信息进行分析研究，提出自己的分析意见。最后，侦查指挥员要充分听取每一个侦查人员的分析意见，集思广益，在此基础上统一认识，确定侦查方向和侦查范围以及后续侦查工作的部署。

（5）对于学生展示案件侦查或制作侦查文书中需要的案件材料或采取技术侦查等措施获取的结果，由指导教师指定角色扮演的学生进行汇报。

（6）在学生实训过程中，指导教师不主动介入，但应做好发现问题的记录，并鼓励学生在实训中遇到问题时要相互讨论、查阅文献。

（7）对于涉及的现场勘查、技术检验等工作，学生可提出工作计划，由指导教师向学生提供现场勘查、技术检验等获得的结果。

（8）实训结束后，组织安排全班学生进行汇报总结。顺序依次为组内自评、小组互评以及未实际参与实训的学生补充发言，最后由指导教师对此次实训中存在的问题及学生表现进行点评。

（二）实训的准备与开展

1. 指定小组组长

（1）指导教师在实训前一周指定小组组长（模拟侦查指挥决定、工作安排及主管领导审批等），担任本次实训小组组长的学生应当具备以下条件：

① 具有较强的组织能力。

② 熟练掌握案件受理程序与要求。

（2）指导教师向实训小组组长发放本次实训组长手册。强调组长的主要职责：

① 扮演侦查指挥员，负责案件现场指挥。

② 根据案件办理的需要，临时指派未承担任务的学生接受某项办案任务，向接受任务的学生提出要求，被指派任务的学生也可以向组长提出工作建议。

③ 组织小组学生就某些问题进行集体讨论，各参与讨论的学生应积极阐述自己的看法。

④ 汇集多数学生意见，向办案人员及未承担角色学生阐明工作计划并阐述理由。

⑤ 负责办案中需要审批或作出决定的事项。

⑥ 按规定对有关文件签字。需要盖章的地方，用红色圆圈表示。

⑦ 审查指导记录员对实训情况的记录工作。

⑧ 为了小组总结汇报和 PPT 制作，小组组长可以自行决定或者根据小组组员建议，指派具有某些特长（写作能力、视频编辑、PPT 制作等）的学生专门负责某项具体工作。

⑨ 小组组长应当事前准备至少 2 台笔记本电脑。

2. 实训学生分组

（1）建议每组 15 人左右。指导教师指定组长后，向组长提供本次实训组长手册，并要求组长提醒组员对该次实训的知识点进行回顾。其他角色扮演学生采取在组长处自愿报名的方式，指导教师向组长以外的其他角色扮演的学生分别提供案件资料。

（2）指导教师可依据本案案情资料指定学生扮演特定角色，并向所有学生强调不允许私下向角色扮演者打听案情内容。

（3）要求实训小组在回顾知识点后，准备侦查阶段相应的文书资料供实训使用。

（4）尽量实现每个小组成员都有角色安排，没有角色安排的学生可负责 PPT 制作、视频拍摄剪辑、专门的侦查文书立卷等工作。

3. 提前告知事项

（1）指导教师应当告诉全体学生，本次实训的重点内容是侦查方向与侦查范围的确定。

（2）对需扮演调查访问对象的学生，特别强调其中不问不答的注意事项。

（3）如有学生未参与角色扮演，应告知其以第三方视角观察、记录立案与侦查活动，对侦查人员在侦查活动与侦查措施运用、侦查方向与侦查范围确定方面的漏洞和不足之处，主动向侦查指挥员（小组组长）进行汇报并阐述理由，也可在实训结束后的点评中指出。

（4）告诉各小组组长扮演主管局长一职，职责是按规定对有关文件签字及盖章（凡是需要盖章的地方，用红色圆圈表示），向办案人员及未承担角色学生阐明工作计划，听取未承担角色学生的意见。

（5）需要其他有关部门给予支持的，应当提交书面请求，交由指导教师予以协调和回复。

（6）凡是需要外出校园处理的事务，均提出书面理由和要求，交给指导教师协调。

（7）凡是需要领取有关文书的到指导教师处领取，但必须指明需要什么文书材料，指导教师不主动提供。实训结束后，各小组应提交调查访问工作的相关书面文书材料。

（8）相关学生准备相应记录工具。

（9）要求学生在规定时间内，完成相关调查、侦查文书和 PPT 制作以及汇报工作。

4. 实训任务安排

小组组长，1 人（负责现场勘查指挥、侦查人员的确定、工作安排及模拟主管领导审批）；

组长助手，1 人（负责记录实训情况、过程及参加人员情况）；

向陶某（谢某妻子）调查访问的侦查人员，1 人（使用资料所提供的姓名及身份）；

向谢某华（谢某大女儿）调查访问的侦查人员，1 人（使用资料所提供的姓名及身份）；

向谢某丽（谢某二女儿）调查访问的侦查人员，1 人（使用资料所提供的姓名及身份）；

向陶某邻居调查访问的侦查人员，1 人（使用资料所提供的姓名及身份）；

向张某（谢某朋友）调查访问的侦查人员，1 人（使用资料所提供的姓名及身份）；

现场实地勘验侦查人员，2 人（负责汇报实地勘验情况）；

法医，1 人（负责汇报法医检验结果）；

立卷人，2 人（使用真实姓名）。

5. 实训其他要求

（1）学生的任务分配。强调学生应运用现场勘查、现场访问等措施，分析判断事件性质、案件性质，并确定侦查方向与侦查范围。

在实训中参与角色扮演、视频制作或 PPT 制作，但没有参与文书写作和卷宗制作的学生，需在实训结束后提交 500 字以上的实训报告，就办案过程中文书制作与卷宗制作存在的问题或工作建议向小组组长提出。

在实训中没有参与角色扮演、视频制作或 PPT 制作，也没有参与文书写作和卷宗制作的学生，需在实训结束后提交 1000 字以上的实训报告，就办案过程中文书制作与卷宗制作存在的问题或工作建议向小组组长提出。

（2）指导教师对于实训过程中应注意的相关安全事项需提前告知，并予以具体说明和指导。

（3）指导教师要遵循相应的程序规范，以最贴近实务部门的标准予以指导。

（4）与教务处协调上课的形式与实训地点。实训教学可能在校园外展开，但侦查文书制作与 PPT 展示应在校园内进行。

（5）侦查文书的管理。未经允许不准对提供的空白侦查文书进行复制，实训结束后侦查文书资料全部收回，领取文书的学生应当登记签名。

二、实训小组组长手册

实训小组指导手册向本次实训小组组长提供。

1. 小组组长实训前告知小组成员的事项

（1）小组组长在实训前告知小组成员应注意的主要问题。

① 本次实训内容为侦查方向与侦查范围的确定，要求在案情分析的基础上，进一步分析确定案件的侦查方向和侦查范围，提交侦查方向与侦查范围的分析报告。

② 承担角色的学生不能擅自向其他任何人透露其知晓的案情内容，特别是材料中指定的内容。

③ 建议学生对实训中存在的疑问积极查阅相关规范。

④ 实训过程中，指导教师不干预学生实训，不解答案件办理中的疑问。

⑤ 凡是需要有关文书材料的，到指导教师处领取，但必须指明需要什么文书材料，指导教师不主动提供。指导教师发放材料时在相关材料上签名并注明日期。

实训结束后，各小组应提交立案环节的相关文书材料。严格侦查文书的管理，未经允许不得复制或截留，领取文书的学生应当登记签名。

⑥ 需要其他有关部门给予支持的，应当提交书面请求，交由指导教师予以协调和回复。凡是需要外出校园处理的事务，均需提出书面理由和请求，交给指导教师协调并回复。

⑦ 在实训中参与角色扮演、视频制作或 PPT 制作，但没有参与文书写作和卷宗制作的学生，需在实训结束后提交 500 字以上的实训报告。

在实训中没有参与角色扮演、视频制作或 PPT 制作，也没有参与文书写作和卷宗制作的学生，需在实训结束后提交 1000 字以上的实训报告。

⑧ 各实训小组的分工由小组自行进行，指导教师不介入。

⑨ 需要进行校外调查的项目或其他各项技术支持项目，请提出书面要求，交由指导教师协调并反馈结果。

⑩ 分组实训结束后的总结时段，先由各小组学生代表总结心得体会和存在的不足。实训过程中未实际参与相关实训的学生应尽量多发言。实训课全体教师分别对实训存在的问题及学生表现等进行点评。

（2）小组组长在实训前告知小组成员实训的基本要求。

① 实训过程中各小组成员之间要注意团结协作、注意安全、共同完成任务。

② 鼓励学生积极参与角色扮演。

③ 学生应当准备书写工具及其他记录材料。

④ 各小组之间不许私下互相打听掌握的案件情况，应独立完成任务。

⑤ 实训过程中学生无论是否承担角色，必须在场，小组组长做好考勤记录，无故不到者视为缺课。

（3）小组组长在实训前告知角色扮演者的注意事项。

① 各个角色要尽可能地还原案件真实情况，注意各个角色合理的心理发展过程。

② 针对侦查人员提问才回答的问题，应不问不答。

③ 案情资料内容未尽事宜，可自行进行合理补充，但要注意事实前后的逻辑关联性。

2. 小组组长在实训过程中自身应注意的事项

（1）办案中全部决策事项需要由办案人员集体讨论确定。讨论中，鼓励办案人员阐述各自主张的理由或根据。

（2）向承担任务的办案人员强调注意相关办案程序规范要求及文书制作规范。

（3）与承担任务的办案人员一起分析研究，确定完成任务的方法、步骤和要领。

（4）要求记录人员对办案过程进行同步记录，记录内容作为考核依据和办案总结依据。

（5）带领办案人员对办案过程中存在的问题进行自查，并研究分析完善措施。同时，对自查与完善措施进行记录。

（6）对办案进程进行全面跟踪，确定需要采取的措施，并迅速指派相应办案人员执行。

（7）办案进程中应当主动听取办案人员或者其他未承担任务学生的建议，对应当及时采取措施的情形，迅速作出决定并指派相应办案人员。

（8）及时组织学生进行办案情况总结，制作汇报 PPT。

三、现场勘查指挥员资料

报案情况：报案人×××于2013年7月6日8：00，步行至C市D区新华乡石钟村五组（小地名：龙洞湾）时，发现有一辆货车侧翻在D区新华乡龙洞湾的公路堡坎下，车内有一男子受伤严重，随即打电话报警。

接警后，局领导（本次实训小组组长）与支队领导（现场勘查指挥员）迅速带领干警于7月6日8：20到达现场，根据现场情况分别成立了现场实地勘验小组、现场访问组、现场保护小组、法医与物证技术小组与机动小组等。

四、现场实地勘验侦查人员1资料

现场地点：D区新华乡石钟村五组（小地名：龙洞湾）。现场所处地理位置偏僻，有一条乡道公路通过该路段，路面坑洼不平，碎石较多，公路东北方向通往新华乡，西北方向通往金溪、D区城区；现场南侧是山坡，北侧坎下是一片乱石堆（长有杂草），乱石堆北侧坎下是稻田。

现场中心情况：该路段为小斜坡，坡度约为7度，东高西低。公路北侧堡坎高度约2.5m。白色凯马货车（CH18758）侧翻于公路堡坎北侧的乱石堆，车头向西（D区城区方向），前挡风玻璃及副驾驶位置玻璃损坏，其中车头右前部分损坏严重。

汇报时可以制作 PPT 或者投影展示图3－1。

图 3-1 现场概览照相

五、现场实地勘验侦查人员 2 资料

汇报时可以制作 PPT 或者投影展示图 3-2、图 3-3 和图 3-4。

现场车内物品分布情况：前挡风玻璃碎裂，车内仪表台变形，仪表台下线路呈裸露状态，在仪表台下暖风机表面发现一铁锤。驾驶位坐垫及靠背位置自然，右侧副驾驶位靠背向前倾斜。车内后排坐垫斜靠在车顶篷及车内横杆上；右后车门靠近地板处有撬胎棍及摇杆、千斤顶等物。其中撬胎棍长 111cm，大头直径 2.4cm，小头一端扁平，宽 1.2cm，在大头位置及棍身多处黏附血迹；摇杆直径 1.2cm，长 107cm；千斤顶表面黏附血迹。车内前排与后排之间有一隔断，隔断距地板高度为 39cm。在隔断与副驾驶靠背间有一黏附油污及血迹的编织袋，内有扳手、套筒等工具。

车内血迹分布情况：车辆驾驶室和副驾驶室发现少量黏附血迹，大量的血迹位于车辆后排；现场车辆呈右侧翻状态，左前挡泥板背侧、左后门脚踏蹬的血流柱有垂直向下的流淌痕迹；左车门下部、右车门立柱中段形成两处较大范围血泊，血泊周围伴有由中心向四周发散的血点。

图 3-2 现场细目照相（一）

图3－3 现场细目照相（二）

图 3-4　现场细目照相（三）

六、法医检验资料

汇报时可以制作 PPT 或者投影展示图 3－5。

尸体检验情况：死者的损伤主要集中在头部，头部多处挫裂创口，右颞部及枕部较大面积皮下出血，顶枕部帽状腱膜下广泛出血，双侧颞肌出血，颅骨多处粉碎性凹陷性骨折，硬脑膜破裂，蛛网膜下腔广泛出血，大脑左顶枕叶及左小脑挫伤伴出血，以上损伤可以致命，而面部及胸前均未受伤。检验意见为死者系被他人用钝器多次打击头部致重度颅脑损伤死亡。

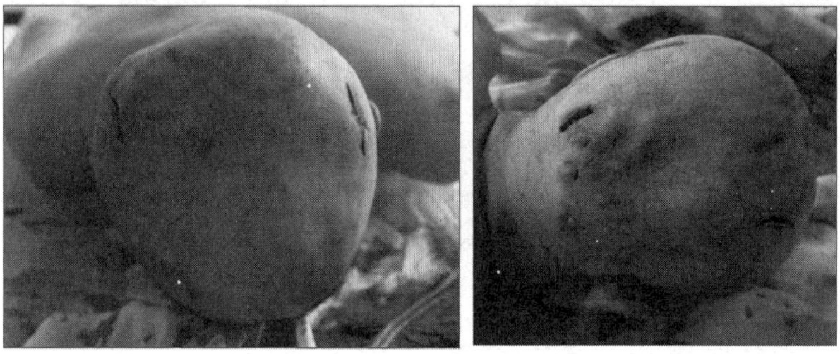

图 3－5　死者头部损伤

七、刑事技术人员资料

1. 痕迹物证提取情况

（1）铁锤 1 把；

（2）撬胎棍及摇杆各 1 个；

（3）千斤顶及扳手、套筒等车内修车工具；

（4）在车内地板、顶篷、前后沙发靠背，左右中门立柱、车内横杆、左右车门内侧、方向盘、挡位杆等位置提取血迹、DNA 擦拭物若干。

2. 发现疑点

（1）车辆侧翻，被害人却独自一人位于车辆的后排；

（2）车辆驾驶室靠仪表台的缝隙中有一把带血的铁锤；

（3）车辆驾驶室和副驾驶室只发现少量黏附血迹，大量的血迹位于车辆后排；

（4）现场车辆呈右侧翻状态，但左前挡泥板背侧、左后门脚踏蹬的血流柱有垂直向下的流淌痕迹；

（5）左车门下部、右车门立柱中段形成两处较大范围血泊，血泊周围伴有由中心向四周发散的血点。

3. 技术分析初步意见

本部分内容为现场分析结论，是技术人员根据掌握材料进行的现场分析得出的结论。现场勘查指挥员应当组织相应技术人员进行现场初步分析，形成书面初步分析意见并根据要求进行汇报。

根据《公安机关刑事案件现场勘验检查规则》第 74 条的规定，现场分析的内容包括：

(1) 侵害目标和损失;
(2) 作案地点、场所;
(3) 开始作案的时间和作案所需要的时间;
(4) 作案人出入现场的位置、侵入方式和行走路线;
(5) 作案人数;
(6) 作案方式、手段和特点;
(7) 作案工具;
(8) 作案人在现场的活动过程;
(9) 作案人的个人特征和作案条件;
(10) 有无伪装或者其他反常现象;
(11) 作案动机和目的;
(12) 案件性质;
(13) 是否系列犯罪;
(14) 侦查方向和范围;
(15) 其他需要分析解决的问题。

八、向陶某调查访问的资料

死者妻子陶某:无业,与死者于1996年结婚,并育有两女,大女儿谢某华(16岁),二女儿谢某丽(14岁)。2006年左右两人感情破裂,后分居(未领离婚证)。两个女儿均与陶某一起生活。

九、向陶某邻居调查访问的资料

陶某邻居反映:有一叫王某东的中年男子与陶某关系密切,常到其家中,且不止一次听到陶某二女儿喊王某东为“干爸”。

十、向谢某华调查访问的资料

死者大女儿谢某华反映:事发前一天其父开自己的CH18758货车从新华乡老家送她和妹妹回D区。曾听其母陶某说,前几年其父谢某在D区新华乡与陶某共有的土地上修了八间门面并卖掉,其父独占了所得钱财。

十一、向谢某丽调查访问的资料

死者二女儿谢某丽反映:“干爸”王某东对她和姐姐都很好,每次到家中来都要给她们带些东西。2个月前,王某东还骑了他新买的摩托车过来。之前在其母衣柜抽屉找东西时,无意间发现其母陶某给其父谢某购买的意外伤害和重大疾病保险。

十二、向张某调查访问的资料

张某(谢某的朋友)反映:谢某与其妻关系一直不好。他还听说谢某与王某东之间有钱款往来,但不清楚其中的具体细节。

第四章　侦查途径的选择与侦查计划的制订

第一节　侦查途径和侦查计划知识重点及实训目的

一、侦查途径和侦查计划知识重点

（一）侦查途径的选择

侦查途径是指侦查人员在案情分析的基础上，分析确定案件侦查工作起点与侦查目标之间联系的实现路径，即侦查工作从何入手，以及发现嫌疑线索、获取证据、揭露犯罪和揭发犯罪嫌疑人的工作路径。由于犯罪侦查是一种对抗活动，侦查途径的选择往往颇为复杂，在一起案件的侦查过程中侦查途径的选择常常反复多次。选择侦查途径是一种复杂的思维活动，选择侦查途径所依据的案情也千变万化，影响因素较多。

1. 选择侦查途径的依据

侦查途径的选择必须建立在案情的客观基础上。犯罪行为所引起的各种物质变化形态及所产生的各种犯罪现象是我们分析判断案情、正确选择侦查途径的客观依据。

选择侦查途径的关键是找到案件侦查工作起点与侦查目标之间的联系。犯罪行为虽然是以隐蔽方式进行的，但犯罪嫌疑人在一定的时空条件下实施犯罪时，必然要和各种人、物、事发生联系，从而使这些人、物、事产生相应的变化。这些变化反映出案件的具体状态，承载着大量的犯罪信息，并以各种各样的方式呈现在我们面前。在侦查工作中，通过现场勘验检查、调查访问等工作，收集这些与犯罪相关的人、物、事，就可以通过分析、研究，找出它们和犯罪之间的内在联系，再用回溯求源的方法寻找这些联系的实现路径，就可以顺利选择侦查途径。各种案件在发生后所存在的实际状况都是客观的，不管我们是否了解它、认识它，它都以某种形式存在着。因此，我们必须深刻认识选择侦查途径的两个方面的客观依据：一方面，案件构成要素和要素之间的联系；另一方面，我们要广泛、全面收集与案件相关联的各种事实，了解、掌握案件的具体情况，并进行去伪存真，深入细致地分析研究，才能为选择出正确的侦查途径奠定基础。

2. 选择侦查途径的基本原则

选择侦查途径应当遵循针对性原则、最优性原则、灵活性原则和多重性原则。

（1）针对性原则，即选择侦查途径必须根据案件的具体情况和侦查工作的基础情况，有的放矢地进行。

（2）最优性原则，即在每一个案件中侦查途径并不是唯一的，往往都存在着若干侦查途径，但若干侦查途径中却存在着价值最佳的侦查途径。侦查途径的选择，就是在若干侦查途径中选出最佳途径。

（3）灵活性原则，即在侦查过程中所选择的侦查途径并不是一成不变的。随着侦破工作的逐步深入，新的情况和线索会不断出现，要根据案件侦破中发现的新情况、新问题，对侦查途径及时进行必要的调整。各种案件的实际状况纷繁复杂，这决定了侦查过程是曲折的，侦查工作应当不断适应出现的情况变化，做到“随机应变”，有效地推进侦查进程。

（4）多重性原则，即在选择侦查途径时，应当充分注意选择侦查途径的主观性特征，要对案件中联系的多种可能性有明确认识。在存在多种途径的情况下，虽然要求做出最优的选择，但在确定一种侦查途径的时候，应对其他途径中的有利因素也要充分予以吸收。

在选择侦查途径时必须同时顾及以上原则，在突出针对性的同时，还要注意事态的发展，考虑其灵活性和多重性。此外，选择侦查途径时，还需要兼顾侦查工作的人文背景、侦查人员的能力素质等情况。

由于选择侦查途径时所依据的材料和着眼的角度不同，侦查目标的选择一般围绕“人、事、物”三个方面的联系进行。

3. 侦查途径的选择方法

（1）从侦查途径的“三要素”特征入手把握侦查途径选择的基本思维。首先应当明确具体案件中侦查途径的“三要素”：侦查工作起点是什么？侦查工作需要实现的目标是什么？侦查工作起点与侦查工作目标的联系在哪里？

（2）深入剖析侦查工作起点与侦查工作目标之间联系的实现方式。首先，确定并准确描述侦查工作起点与侦查工作目标之间的联系；其次，判断侦查工作起点与侦查工作目标之间联系的具体实现路径或方式；再次，确定实现侦查工作起点与侦查工作目标之间联系的现有条件是否具备；最后，判断侦查工作起点和侦查工作目标之间联系的不同实现方式的价值。

（3）预判与侦查途径相关的下一个侦查工作目标，并推演其对案件侦查全局的意义。

（二）侦查计划的制订

侦查计划是在侦查工作的一般规律指导下，从具体案件的实际情况出发，在分析判断案情的基础上制定的侦查工作实施方案。侦查计划是在分析判断案情的基础上，明确侦查方向和侦查范围以及侦查途径的前提下制定的。

1. 制订侦查计划的重要性及基本要求

侦查工作的任务在于查明犯罪事实，有效地收集和固定足以揭露犯罪和揭发犯罪嫌疑人的一切证据，为起诉、审判做好准备。为完成这种艰巨复杂的任务，侦查工作必须有秩序、有条理地进行。因此，对于每一起犯罪案件的侦查，制订侦查计划都是必要的。有了侦查计划，指挥人员可以按照计划组织和使用侦查力量，确定必要的侦查措施，避免盲目性，从而推动侦查工作的顺利进行；侦查人员在执行侦查任务时，因侦查计划有明确的工作要求，有利于发挥其主观能动性。

制订侦查计划要求客观全面、切实可行、操作性强，充分运用侦查谋略。侦查计划的制订要明确侦查工作的出发点、调查取证工作的重点等多方面的问题，反映侦查人员基于现有侦查结果对案件作出的初步分析，所以制订计划本身就是侦查人员侦查意识、谋略运用的一种体现。侦查计划既要注重案件侦查工作的整体规划，又要注意从重点问题入手，对案件侦查中可能出现的问题做出预见，同时提出解决方案，并随着案件情况的不断变化调整侦查计划，这样才能充分发挥引导侦查的作用，达到提高侦查活动工作效率和准确性的目的。因此，制订侦查计划对于保证严格执法、提高办案质量、研究犯罪活动规律、总结侦查工作经验教训等，都具有十分重要的意义。

2. 侦查计划的内容

根据侦查实践经验，侦查工作方案应当包括以下内容：

（1）对案情的初步分析和判断，包括对线索来源可靠程度和涉嫌范围的测定；

（2）侦查方向和侦查范围；

（3）为查明案情需要采取的措施；

（4）侦查力量的组织和分工；

（5）需要有关方面配合的各个环节如何紧密衔接；

（6）侦查所必须遵循的制度和规定；

（7）对预谋犯罪案件还应当提出制止现行破坏和防止造成损失的措施。

侦查计划是在对具体案件全面开展侦查以前，侦查人员根据对案件的初步认识制定出来的，这种计划能否达到揭露犯罪和揭发犯罪嫌疑人的目的，还有待于侦查实践的检验。在执行侦查计划的过程中，如果出现事先未曾预料到的复杂情况，应及时根据新的情况，部分甚至全部地调整侦查计划。

二、侦查途径和侦查计划实训目的

（1）理解侦查途径的意义。

（2）掌握侦查途径选择的过程和基本方法。

（3）掌握侦查计划的内容和制订侦查计划的基本要领。

（4）理解制订侦查计划与现场勘查、案情分析等前期基础工作的联系。

（5）掌握相关法律文书及其制作方法。

第二节　侦查途径和侦查计划实训操作要求及评价

一、实训操作要求

（一）实训设计要求

1. 参加实训学生的组成

指挥员1名，角色为A县（区）级公安机关分管局领导；主办侦查人员2名，技术人员3名，其他侦查人员18名。实训中办案人员以真实姓名参与相关活动。

2. 实训时间安排

为了体现案件侦查工作的连续性和侦查工作多元融合的特点，尽可能地在一次实训（4 小时）中完成。如果确有必要，可拆分为实地勘验、现场访问、现场分析等若干单元分别展开实训。

3. 实训小组在实训结束后需提交的材料

（1）实训小组学生在实训中的任务分工记录表。

（2）实训小组汇报 PPT 及其支撑材料（含文件、照片或视频）。

（3）下列书面材料：现场访问材料、刑事案件现场勘验检查工作记录、现场分析意见书、侦查工作措施书面材料。

（4）将现场勘查的相关信息录入模拟信息系统。

（5）对现场勘查中提取的痕迹物证进行检验鉴定的相关文书材料。

（6）案情分析与侦查计划的相关资料。

4. 考核重点

主要包括现场指挥、实地勘查、现场访问、现场分析、制订侦查计划、检验鉴定、笔录制作、串并研判、现场汇报等内容。

（1）现场指挥。本项重点考查临场指挥人员履行其任务职责能力，如组织侦查技术人员到达现场、实地勘查和材料制作等案侦全过程的组织协调工作；指挥得当、指令清楚、任务明确、责任落实、配合协调、行动迅速、紧张有序；勘查工作高效有序地进行；严格遵守勘查纪律等。

（2）实地勘查。本项重点考核是否严格按照《公安机关刑事案件现场勘验检查规则》的要求进行现场勘查，现场勘查发现的犯罪信息应尽可能地全面采集，要从平面化现场勘查向全时空、立体式勘查拓展，既要发现、固定、提取指纹、掌纹、足迹、生物、微量等痕迹物证，也要采集互联网、视频、基站通信等信息，实现“信息必采”。

（3）现场访问。本项重点考核现场访问的工作方法、情况研判和捕捉战机的能力。如是否找到相应报案人、发现人、被害人及其亲属、其他知情人或者目击者；是否详细了解案件现场的有关情况；是否详细了解案件发现和发生的时间、地点、详细经过，现场保护情况、知情人所见、有无可疑人在场和有无反常情况；对犯罪嫌疑人的人数、性别、年龄、口音、身高、体态、相貌、衣着打扮、携带物品及特征，来去方向、路线，以及物品损失等调查是否详细；是否做了现场访问笔录，访问记录的内容、程序是否符合法律规范；对未成年人访问的注意事项；等等。

（4）现场分析。重点考核依据实地勘查、检验鉴定和现场访问等信息资料对现场进行综合分析的能力，要求分析依据充分、项目全面、结果准确，特别是对犯罪过程的分析。分析内容一般包括侵害目标及损失，犯罪地点、场所，开始犯罪的时间和犯罪所需要的时间，犯罪嫌疑人出入现场的位置、侵入方式和行走路线，犯罪嫌疑人人数，犯罪方式、手段和特点，犯罪工具，犯罪嫌疑人在现场的活动过程，犯罪嫌疑人的个人特征和犯罪条件，有无伪装或者其他反常现象，犯罪动机和目的，案件性质，是否系列犯罪，侦查方向和范围，是否需要进一步勘验、检查现场，以及处理现场的意见。

（5）制定侦查措施。重点考核所采取的侦查措施是否得当、及时和具有针对性、实效性，思路是否清晰；是否善于抓住侦查破案的关键问题；制定和实施过程是否注意措施之间的衔接严密性；能否合理使用网络查询和侦查技术手段等。

（6）检验鉴定。重点考核对发现、提取的痕迹物证是否及时准确地提出检验鉴定需求，委托鉴定的目的、要求是否明确，是否最大限度地利用科学实证手段为破案提供技术支撑，是否上交检验鉴定结果清单。

（7）笔录制作。重点考核制作现场勘验检查记录（笔录、绘图、照相以及录像）的能力和水平。现场勘查笔录一律使用现场勘验检查工作记录，要求规范、准确；至少完成现场方位平面示意图、中心现场平面展开比例图各一张，要求使用绘图软件，做到名称统一、绘图比例准确、布局合理、物证标划定位准确；现场照相和录像包括方位、概貌、重点部位和细目等内容。考核现勘系统录入质量。

（8）串并研判。刑事技术现场勘查的信息是刑事案件的重要信息，重视现勘信息的研判汇总，注重指纹、DNA、视频、足迹和勘查信息的综合应用，通过现场勘查实现案件的串并或直接比中犯罪嫌疑人。

（9）现场汇报。本项主要考核汇报是否符合要求，汇报内容是否清晰、完整、有序，重点是否突出，多媒体制作情况等。

（10）侦查计划的制订。根据前述侦查计划内容制订书面侦查计划。

（二）实训过程指导要求

本次入室盗窃案件现场勘查实训旨在继续巩固和加深对现场勘查工作机制的理解，领悟入室盗窃犯罪案件侦查的分析方法和掌握入室盗窃案件侦查的操作要点，应当体现对多发性侵犯财产案件侦办的突出效能，充分发挥现场勘查信息的综合分析和研判效能在破案中的直接引领作用。

首先，指导教师应当加强实训竞赛性的组织引导。

其次，各实训小组应当在实训展开前对与侦查途径选择与侦查计划制订的相关内容进行熟悉理解，必要时应提前展开小组讨论。

最后，各实训小组应当加强对刑事技术手段的研判串并工作的理解与实训，强化对现勘、指纹、足迹、DNA、视频和电子物证等信息系统的关联运用。

二、实训操作内容与评价要点

本实训项目具有综合实训性质，将案件受理、现场勘查与侦查计划制订等工作结合实训，实训结束于侦查计划作出。因此，实际操作中可以分多次子项目展开。

对下面表格中各项目根据实训教学时间和具体内容设定进行选择使用，即教师需要根据情况对实训教学内容进行二次设计。如果项目没有展开或者没有条件展开，则只需要在侦查计划书中对某些侦查措施有所体现，有的措施内容可以通过模拟方式完成或者安排学生将采取某项措施得到的结果进行汇报。本章实训操作内容主要类别和具体要点如表 4 - 1 至表 4 - 6 所示。

1. 现场照片评价表

表4－1 现场照片实训操作内容主要类别和具体评价要点

主要类别	具体评价要点	
现场照片编排标划规范	总要求：编排规范、严谨、承上启下、有条理。标划准确清晰、整洁一致	①细目照片必须标引出处（应由主画面标出）
		②不应出现明显与案件无关的照片
		③照片尺寸标准： A. 方位照片：宽度小于12英寸（305mm） B. 痕迹物证照片：一般小于6英寸
		④照片粘贴位置规范： A. 形状相同的上下两张照片粘贴时左右边侧对齐，不得斜向排列粘贴 B. 细目照片主体方向应与主画面一致（工具等） C. 普通足迹照片足尖向上，普通指纹照片指尖向上
		⑤标划线条规范： A. 线条颜色：黑色或红色，宽度小于0.7mm B. 照片标划：不应斜向标划，不应交叉标划，标划线折弯不应大于2处
		⑥使用图例符号应符合规范
		⑦照片文字说明规范如下： A. 无口语、俗语词，无猜测、夸张词，无“同上”“同左”等字词 B. 说明应以打印字体标示。文字说明应居中于照片下方或右侧，距离5～10mm C. 计量单位统一用阿拉伯数字和英文字母，如5mm（无计量单位时可用中文） D. 使用检验照相技法的照片应有注明
照片质量规范	方位照片	应能准确反映现场所在地理位置及其周围景物关系 A. 取景范围要足够大（拍照位置高、远） B. 回转拼接照相技法规范、准确 C. 应有永久性标示物（允许多张图片之间的标引）
	概貌照片	全面反映现场中各部分的状况和联系，较完整地揭示案件性质，犯罪手段、特点和犯罪过程等信息 A. 构图规范、画面清晰（重要物证图像无重叠、无遮挡、无严重畸变） B. 概貌照片内容完整 易遗漏的画面：大楼正、背面全貌照片各一张；现场楼层走廊相对方向照相两张（用自然光或多次闪光使光照效果均匀）
	重点部位照相	反映现场中心部位、痕迹物证及其周围情况 A. 清晰、逼真、无畸变 B. 无强烈反光光斑（闪光反射拍照时易出现）
	细目照相	突出反映痕迹物证的原始状态，清晰表现其外在特征情况。如工具、伤口、遗留物等 A. 拍摄足迹和凶器等物证时应放置比例尺 B. 使用的比例尺应整齐、不变形，无褶皱，无强烈反光光斑，长度足够 C. 脱影照片不应使用手工扣剪方法

2. 现场绘图评价表

表 4－2 现场绘图实训操作内容主要类别和具体评价要点

主要类别	具体评价要点
现场方位示意图	标题准确（“年月日” ＋地点＋受害人姓名＋性质＋图的属性）
	完整反映现场的位置、范围
	画面整洁
	布局合理、标识规范
	物证标识完整、位置准确
	指北针位置、方向准确
	注明图例
	注明绘制人、绘图单位、时间
现场平面示意图	标题准确（“年月日” ＋地点＋受害人姓名＋性质＋图的属性）
	完整反映现场的位置、范围
	画面整洁
	布局合理、标识规范
	物证标识完整、位置准确
	指北针位置、方向准确
	注明图例
	注明绘制人、绘图单位、时间
现场立体示意图	标题准确（“年月日” ＋地点＋受害人姓名＋性质＋图的属性）
	完整反映现场的位置、范围
	画面整洁
	布局合理、标识规范
	物证标识完整、位置准确
	指北针位置、方向准确
	注明图例
	注明绘制人、绘图单位、时间

3. 现场勘验检查笔录评价表

表 4－3 现场勘验检查笔录实训操作内容主要类别和具体评价要点

主要类别	具体评价要点
标　　题	发案日期上有引号、“三录” 的标题应规范一致
前　　言	发报案情况
	现场保护人情况
	指挥人员、参加人员
	见证人情况
	勘查起止时间、天气等

续表

主要类别	具体评价要点	
现场描述	现场地点、方位环境	
	勘查所见	语言条理性强
		空间描述按顺序介绍（顺时针）
结　　尾	痕迹物证提取情况（数量、位置、提取方法、提取人等与正文对应情况）	填写提取痕迹、物证登记表
	见证人签名、盖章	
	勘查指挥人员、勘查人员签名、盖章	
	盖公章（注明亦可）	

4. 现场痕迹物证包装送检登记评价表

表 4－4　现场痕迹物证包装送检登记实训操作内容主要类别和具体评价要点

主要类别	具体评价要点		
	数量	送检要求	包装情况（是否分类包装；是否规范的包装袋；是否填写规范的案件编号，提取的时间、地点，提取人等）
手电筒		DNA	
手提包		DNA	
		显现手印	
身份证		DNA	
		显现手印	
银行卡		DNA	
		显现手印	
文件袋		DNA	
		显现手印	
烟头		DNA	

5. 现场勘验检查和实施侦查措施情况汇报评价表

表 4－5　现场勘验检查和实施侦查措施实训操作内容主要类别和具体评价要点

主要类别	具体评价要点
勘验情况汇报	多媒体演示全面、简练、清晰与汇报同步
	接报案情况（简要）
	汇报条理清晰流畅、用语准确、语言精练
勘查实施情况	保护情况
	组织人员及分工情况
	现场勘验实施方式、方法

续表

主要类别	具体评价要点
勘验结果	勘验情况（痕迹、物证提取情况）
	访问情况
现场分析	侵害目标及损失
	犯罪地点、场所
	开始犯罪的时间和犯罪所需要的时间
	犯罪嫌疑人出入现场的位置、侵入方式和行走路线
	犯罪嫌疑人人数（2 人）
	犯罪方式、手段和特点
	犯罪工具
	犯罪嫌疑人在现场的活动过程
	犯罪嫌疑人的个人特征和犯罪条件
	伪装或者其他反常现场
	犯罪动机和目的
	案件性质
	侦查方向和范围
	现场物证的保管
	是否需要进一步勘验检查现场，现场处置意见
运用侦查措施是否全面	摸底排队
	调查访问
	物证调查
	控制销赃
	并串案侦查
	是否要求查询违法犯罪记录系统
	是否要求查询大要案分析系统
	是否要求查询综合查询系统
	是否要求查询旅馆业信息系统
	是否要求查询案件系统
	是否要求查询指纹自动识别系统
	是否要求查询 DNA 信息系统
	是否要求查询电子围栏
	是否要求查询鞋底样本信息系统
	侦查措施的运用是否有针对性

6. 现场访问材料评价表

表 4－6　现场访问实训操作内容主要类别和具体评价要点

主要类别	具体评价要点
巡防民警陆晓健	①两人出警 ②何时到达现场 ③到达现场采取保护现场和调查访问措施 ④物品情况

续表

主要类别	具体评价要点
事主张立	①财物损失结果 ②案发前后活动情况 ③留有大额现金情况说明 ④日常现金使用情况 ⑤发现被盗过程
事主王芸	①财物损失结果 ②发现被盗情况 ③陪同取款情况 ④保安情况 ⑤日常现场使用与保管情况
运输部江波	①梯子情况 ②钳子等物品识别情况
报案人吴伟	①发现被盗情况 ②安保情况及工作人员介绍 ③大额现金说明
保安员李刚	①同行情况 ②活动内容
保安员张杰	①同行取款人员 ②取款过程 ③以前取款情况 ④发现被盗情况 ⑤值班情况
保安员刘扬	①发现被盗和报警过程 ②案发前后活动情况 ③值班巡视情况 ④对被盗财物知晓情况 ⑤睡觉情况
保安部部长刘勇	介绍中心情况、治安良好、人员可靠、排除内部人员
是否立案	①制作受理案件登记表 ②向受害人提供回执 ③立案决定书
是否调取监控	①制作调取证据通知书 ②调取证据清单
是否调取电子围栏	①采取技侦手段 ②利用情报系统查询 ③采取网侦措施
询问是否符合法律规定、规范	①应有 8 份笔录 ②是否制作并使用询问通知书和权利与义务告知书

第三节　侦查途径和侦查计划实训操作手册及资料

一、教师实训指导手册

1. 指导教师携带文件目录

（1）实训指导工作指南。

（2）指导教师应准备的物品清单。

（3）布置现场示意图。

（4）现场痕迹物证布置提纲。

（5）临场指导评价表。

（6）模拟专业实验室评价表（多种检材使用一张委托书和确认书即可）。

（7）模拟信息中心评价表。

（8）现场勘验和实施侦查措施情况汇报评价表。

（9）现场痕迹物证包装送检登记表。

（10）现场访问回答要点（9份）。

（11）现场可疑人员图像技术处理评价表。

（12）指纹卡片7张。

（13）空白指纹卡片3张。

2. 实训指导工作要点

（1）熟悉模拟犯罪现场基本案情和评价方法。

（2）根据案情发展，科学安排工作进程。

（3）明确分工。对现场勘查组织指挥、模拟调查访问、模拟专业实验室和信息查询等各项实训活动过程，应当指派学生进行全程记录。

（4）遵守“问什么答什么”的回答规则，不得有任何引导或提示，认真、耐心、保持原意地做好回答工作。

（5）对现场访问情况，应该做到有问即有答。对模拟专业实验室的检验鉴定情况和模拟信息查询检索的情况，必须在当日中午12点以后回复。

（6）精心做好模拟现场布置工作。指定一名适龄男生具体负责遗留现场痕迹。布置现场后即对房门加锁贴封条。布置现场完成时间应当在实训当天早上7点30分之前。

（7）根据评价规则做好临场评价工作。

（8）注意核对和回收相关材料。

（9）记录实训中发现的共性问题，对学生实训中遇到的具体问题，鼓励学生共同探讨，不建议指导教师直接给出解决方案。

（10）实训指导教师需要事先确定学生（不透露各学生扮演的身份信息）：

组长，1名；

负责模拟信息中心侦查人员，1名；

现场布置学生，2名；

事主张立，1 名；

事主王芸，1 名；

报案人吴伟，1 名；

巡防民警陆晓健，1 名；

保安员李刚，1 名；

保安员张杰，1 名；

运输部经理江波，1 名；

保安部部长刘勇，1 名；

保安员刘扬，1 名。

其余侦查人员及负责物证包装送检登记的技术人员由小组组长根据参训学生意愿确定。

(11) 指导教师单独向由其确定的角色扮演者及负责现场布置的学生说明身份、要求及提供相关身份的材料，并强调不对任何人暴露扮演角色和内容。

3. 指导教师应准备的物品清单

(1) 已捺印的十指指纹卡片（由指导教师模拟张立、王芸、吴伟捺印十指指纹和掌纹）7 份，空卡片 3 份；

(2) 新的乳胶手套 1 副；

(3) 新钳子 1 把；

(4) 新螺丝刀 1 把；

(5) 新简易小挎包 1 个；

(6) 手电筒 1 个，2 号电池 2 节；

(7) 锁鼻及挂锁（包括锁钉）2 副；

(8) 血迹（用红墨水代替）；

(9) 必备勘验器材：

① 痕迹类器材主要有：勘查箱（包括指纹显现用粉末、茚三酮、502 胶水、物证袋、物证包装箱等）；便携式多波段光源、足迹勘查灯、强光搜索灯、紫外观察照相系统；足迹勘查箱、足迹检测卡；提取工具痕迹所需物品（硅橡胶或打样膏）；防护器材（手套、脚套、头套、口罩等）；警戒带、警戒带柱、告示牌。

② 照相录像类器材主要有：单反数码照相机；摄像机；脚架；比例尺；指数 32 以上的电子闪光灯。

③ 生物检材提取类：棉签、纯净水、纸质物证袋。

(10) 模拟现场所需其他物品。包括 2 米高的梯子、乳胶手套、红色印油、背包、钳子、螺丝刀、用过的黄色胶带等。

4. 现场痕迹物证布置提纲

先将室内彻底清扫干净（尤其是现场原来的和考核组人员遗留的指纹、足迹等），然后参考《现场物证布置示意图》（图 4－1）布置以下现场痕迹物品。

(1) 室外现场。

① 在模拟财务部的窗户正下方地面上，靠墙立放一块整砖。

② 在财务部窗外靠墙立放一个 2 米高的梯子（如实训学生问及，不论现场实地情况

如何，均告知犯罪嫌疑人是从此攀爬进室），攀爬后在墙面和地面留下梯子两端印痕，然后将梯子移动放倒在距窗 10m 左右的地面；布置现场人员将乳胶手套右手中指处纵向划一条 1cm 长口子，从手套内侧向该指注入几滴红液体，重新戴上手套，在梯子正放状态时的右侧立柱上形成 2 处（2cm × 3cm）手套擦蹭血迹。在该梯子旁放置背包（内有撬过木柜子的钳子、螺丝刀及用过的黄色胶带各一个）。

③ 在梯子印痕旁 1m 左右的地面上，人工模拟一个手提金柜从高处坠落于地面形成的印压痕（长 40cm，宽 25cm，高 20cm）。

（2）室内现场。

按照普通财务办公室布置。

① 布置 1 个双层木柜、2 张办公桌、2 个台式电脑、2 把椅子、1 组沙发、1 个茶几、1 个纸篓、1 个扫把。

② 开启窗扇的窗台上有一枚左前掌脚尖朝里的灰尘鞋印（犯罪嫌疑人所留），室内窗台地面附近有 5 枚不完整足迹；窗台至木柜有朝向柜子的 4 枚直线成趟足迹；木柜旁有散乱的 5 枚足迹。以上足迹花纹均相同。

③ 选择现场窗扇，或者另用一个旧窗扇模拟。左手戴手套，右手赤裸，手撕黄色胶带 30cm 长，“米”字形粘在玻璃中间，胶带及窗扇右端均留下右手拇指、食指指纹，然后用包裹着的肘部撞击玻璃至破碎为止。在窗台上或玻璃框上留下黄胶带、散落的碎玻璃，碎玻璃片上遗留有手套拿摸时擦蹭的血迹，此破碎窗扇呈开启状。

④ 在木柜的上下层门上和桌子抽屉上均安装板吊和挂锁。用带去的螺丝刀和钳子先将木柜上层门板吊和挂锁撬拧坏，然后撬拧坏下层门上的，在木柜门框正面自然留下螺丝刀撬压痕，在板吊和挂锁上留下钳子夹持痕；将已脱落的板吊、挂锁均弃于地面；上下柜门均呈开启状，右侧门外框均有 $1cm^2$ 的血手套触摸痕迹；在下层柜木板上画个手提金柜置放印（长 40cm，宽 25cm）。

⑤ 在紧靠木柜正面的地面上，放置手电筒 1 个，在其圆玻璃上留下右手拇指的半个中心花纹和上部外围线；在圆筒壁上留下小指甲大的擦蹭血迹，在其内置的 2 节电池上，留下右手拇指、食指、中指装电池时形成的指印。

⑥ 会计张立在自己桌子靠过道正面留下其右手支撑身体时的 1 处手印，在室内门把手上留下右手拇指指印。

⑦ 出纳王芸在自己桌子靠过道正面留下其左手支撑身体时的 1 处手印，在木柜两层右门框外面各留下右手食指、中指、环指指印。

（3）注意事项。

① 室内外现场不遗留与案件无关的痕迹和物证；

② 实训展开当天 8 时至 12 时，在勘查现场的过程中，在模拟现场室外及各屋的墙面明显处粘贴有“现场勘查中”字样的 A4 纸。

（4）现场物证布置示意图。

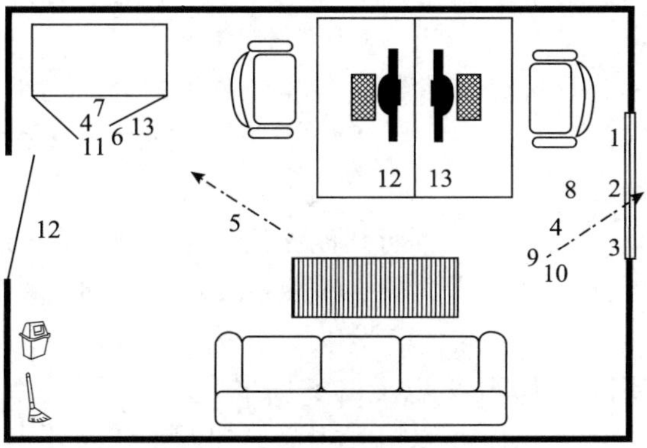

图 4－1　现场物证布置示意图

图中序号分别反映的是：

1——窗台上有一枚较清晰的左前掌加层足迹；

2——一些破碎的玻璃板上有少许擦蹭血迹；

3——4 条黄色胶带上端、右侧端均有右手拇指、食指指印；

4——窗台下、木柜前地面上各有 5 枚散在的灰尘加层足迹；

5——窗台至木柜地面有朝向木柜的 4 枚直线成趟足迹；

6——木柜上下层右侧门框边中部均有 1 处不超过 $1cm^2$ 的擦蹭血迹；

7——遗留的手电筒，其圆玻璃外留右手拇指半个中心花纹及上部外围线；在圆筒壁上留下小指甲大的擦蹭血迹，在其内置的 2 节电池上，留下右手拇指、食指、中指指印；

8——破碎玻璃的窗扇呈开启状态，内侧右框中部有擦蹭血迹；

9——窗外第一层窗户正中地面靠墙壁立放一整块红砖；

10——窗外正对地面倒放一个 2m 左右长的梯子，梯子正放时右侧立柱上有 2 处擦蹭血迹；

11——用螺丝刀和钳子先后撬坏木柜上的挂锁吊扣，将板吊和挂锁弃于地面，使木柜门均呈开启状态，在下层木板上用粉笔画上手提金柜外框；

12——张立手印；

13——王芸手印。

二、实训小组组长手册

本手册供实训小组组长使用。

1. 实训内容

本次实训内容重点为侦查途径选择与侦查计划制订。要求在实训教学活动结束时，实训小组应当形成案件侦查工作开展至书面侦查计划作出以前的整套侦查文书，特别是书面侦查计划。

2. 实训要求

（1）由指导教师指定各小组组长，并告知其扮演主管局长一职，职责是按规定对有关文件签字及盖章（凡是需要盖章的地方，用红色圆圈表示）。

（2）本实训项目指导教师可能根据内容、进度进行拆分，再分阶段展开实训。因此，实训小组组长每次实训展开前应当询问指导教师具体实训内容的起止进度安排，以及案件办理相关的资料要求。

（3）实训小组组长应当组织协调全部侦查工作，向全体学生阐明各项工作内容和工作要求，听取办案过程中未承担角色学生的建议，向全体学生阐明工作计划，指定专门人员负责考勤和记录实训内容。

（4）指导教师告知实训所需角色人数。各实训小组的分工由小组自行安排，指导教师不介入或者仅针对个别问题提示操作。案件办理中，有针对调查对象的查找，因此需要在办理案件过程中不断发现线索。

（5）承担具体角色的学生不能擅自向其他任何人透露其知晓的案情内容，特别是材料中指定的内容；未承担角色的学生可以仔细观察办案过程中的活动情况，针对办案中存在的问题，可以提出自己的建议及依据，该学生可以视为参与实训；未承担角色且实训中没有提出建议的学生，需要撰写1000字以上的实训报告。

（6）对实训中存在的疑问积极查阅相关规范，如调查访问要点、文书制作要求、现场勘查要求等，并梳理尚未掌握或者理解的难点，待整理后向指导教师请教。

（7）指导教师不干预学生实训，仅仅做观察记录和提供相关文书资料。

（8）学生应当准备书写工具及其他记录材料。凡是需要领取有关文书的，到指导教师处领取，但必须写明需要什么文书材料，指导教师不主动提供。指导教师发放材料时在相关材料上签名并注明日期。实训结束后，各实训小组应提交调查访问环节的相关书面文书材料。严格侦查文书的管理，未经允许不得复制或截留，领取文书的学生应当登记签名。

（9）需要进行校外调查的项目及其他各项技术支持项目，请提出书面要求交由指导教师协调并反馈结果。

（10）实训结束后，需要根据指导教师要求安排全班学生统一回到教室（临时通知）进行总结。先由各实训小组以案卷或者PPT的形式进行汇报总结，特别注意应以在实训过程中，未实际参与相关实训的学生为主要发言人；各小组组织发言完毕后，再进行小组互评；最后由指导教师对自己发现的实训存在的问题及学生表现等进行点评。

（11）各个角色要尽可能还原案件实况，注意各个角色合理的心理发展过程。

（12）侦查人员需要认真分析、思考材料线索，特别是调查访问等措施中，可能存在侦查人员没有问到的情况，或者被询问人没有陈述清楚的问题。学生应当努力主动发现和还原案件事实真相，而不是消极等待其他人员主动提供材料。

（13）其他未尽事宜由各实训小组自行拟定。

三、事主张立资料

实训开始前向指导教师询问所承担的角色内容。

侦查人员提问才回答的问题如下。

1. 个人基本情况

张立，男，今年32岁，大专文化程度，保利商务公司财务部会计，来公司工作已经4年。

2. 陈述内容

今天早晨7点30分，我同出纳员王芸（女）在公司门口相遇后一同到财务部，小王用钥匙打开屋门，刚进屋就发现窗玻璃坏了，接着发现双层木柜均被撬坏了，柜门敞开着，放在柜子下层的手提金柜不见了。小王说：“别进去了，肯定出大事了，赶快向总经理报告吧。”我们从门口退出，我在走廊立即用手机向吴总经理报告：“财务部可能被盗了。”吴总跑到财务部门口一看，就一边骂我们和保安，一边用手机拨打110报警。

昨天上午，单位出纳员王芸领着保安员李刚、张杰一同从银行取回20万元现金（根据当地实际情形，选择陈述是哪一个需要乘车前往的银行及银行所在地点），当日支出5万元，余下15万元原定今天经理带走用作合同预付款的。平时取钱是我、出纳和保安部部长三人。公司在这里办公2年多了，保安部有7人，24小时有保安值班，6人待岗，一直很安全的。财务部一般每日存款额在3万至5万元，每个月有一两次超额存放款的时候。因为财务部有安全门，门口有保安，觉得很安全，所以余下的15万元就放在手提金柜中了。手提金柜长40cm，宽25cm，高20cm。被盗走人民币现金15万元，都是百元旧票面的。办公桌抽屉完好无损，桌上的两个台式计算机没动。

近期，我与公司2～3个人说过我想辞职换个工作，主要因为是单位领导重用亲信，工作很累，待遇不高。

我分析这是熟人、知情人犯罪，没有可疑线索提供。

四、事主王芸资料

实训开始前向指导教师询问所承担的角色内容。

1. 主动陈述的内容

我来公司工作已经3年多了。我认为这是知情人犯罪，甚至可以说是内部人犯罪。我觉得张立挺反常的，近来他说过几次想辞职离开公司，今天他面色特别难看，好像没睡好觉，挺疲劳的，说话很不自然。

2. 侦查人员提问才回答的问题

（1）王芸，女，今年26岁，大专文化程度，保利商务公司财务部出纳员。

（2）今天早晨7点30分，我与会计张立在公司门口相遇后一同到财务部，我用钥匙打开屋门，刚进屋就发现窗玻璃坏了，接着发现双层木柜均被撬坏了，柜门敞开着，放在柜子下层的手提金柜不见了。我说：“别进去了，肯定出大事了，赶快向总经理报告吧。”我吓得浑身发抖，我们从门口退出，张立在走廊立即用手机向吴总经理报告：“财务部可能被盗了。”吴总跑到财务部门口一看就知道出事了，他很生气，立即用手机拨打110报警。

昨天上午9点多，我打电话到公司保安部要求派人陪同我去银行取款（根据当地实际情形，选择陈述是哪一个需要乘车前往的银行及银行所在地点），保安部刘勇部长派公司保安员李刚、张杰与我一同从银行取款，10点10分左右就取钱回来了。取了20万元现金，面值都是旧百元，当日支出5万元，余下15万元，原定今天经理带走用作合同预付款的。平时是我、出纳和保安部部长三人取钱。公司在这办公2年多了，保安部有7人，24小时有保安值班，值班室就在办公楼大门口，晚上楼门上锁，1个保安值班，6人待岗，一直很安全的。财务部一般每日存款额在3万至5万元，每个月有一两次超额存放款的时候。昨天下班前我对张会计说：“这么多现金放在这儿不保险吧？”张说：“谁知道啊，谁敢干啊，放这儿没事。”于是我就把余下的15万元放在手提金柜中了。手提金柜长40cm，宽25cm，高20cm，重30kg。办公桌抽屉完好无损，桌上的两个台式计算机没动。

（3）昨天晚上6点下班，张立走后，我锁好木柜，锁好抽屉。然后，我习惯性地对办公室地面进行清扫、拖地后，将窗户关闭好，把安全门锁好后离开公司。

（4）我、张会计和吴伟总经理只在财务部门口，没有进到现场里面去。

五、报案人吴伟资料

1. 角色内容确定

实训开始前向指导教师询问所承担的角色内容。

2. 主动陈述的内容

（1）吴伟，男，今年44岁，大学本科文化程度，保利商务公司总经理。

（2）今天早晨7点多我就上班了，我在经理室审阅一份合同材料。7点30分左右，财务部的张立会计特紧张地给我打手机说："吴经理，不好了，财务部可能被盗了，您快来看看怎么办。"我放下电话就跑到财务部，在门口看到财务部窗玻璃被打坏了，柜子被撬，柜里的手提金柜没影了，手提金柜里边还有今天我准备带走的15万元预付款。我心想肯定出事了，把他们会计、出纳、保安一顿臭骂，立即用手机拨打110报警，并对现场做了保护。约7点50分，驻地派出所社区民警陆晓健等赶到了，向我们询问发案和现场的情况。

3. 侦查人员提问才回答的问题

（1）昨天上午，我告诉财务部去银行提20万元现金，昨天批准支出5万元，余下15万元。公司规定去银行取大额款必须由会计、出纳和保安部部长去办。为了确保安全，我配了7个专职保安，24小时有保安值班，值班室就在办公楼内大门口旁，要求其他保安待岗，公司在这办公2年多了，一直很安全的。平时大量存放现金几乎没有过，大额款一般在下午3点前存入银行。这次是急着今天一早就要签一个大合同，怕银行关门取不出钱来误事，我就没有与财务部特别强调安全的事。平常这样的情况不多，是我太大意了。

（2）财务部会计张立被聘到公司已经4年了，业务能力强，性格内向，有时挺难了解的，最近财务部部长位置空着没用他，他在闹情绪，还对内部人员说想辞职换个公司。出纳员王芸来公司3年多，业务精，为人好，做账从没有出过错。

（3）公司从10年前开始营业。我是总经理，3个副总经理，内部设6个部门，共200多人。发案前，没有发现什么异常情况。我外甥刘扬也在公司当保安，表现还不错。

六、巡防民警陆晓健资料

实训开始前向指导教师询问所承担的角色内容。

1. 个人基本情况

陆晓健，男，驻地派出所社区民警。

2. 侦查人员提问才回答的问题

（1）今天早晨7点40分，我们接到市局指挥中心指令，称："你管区保利商务公司发生被盗案，请速派员到现场进行保护和调查。"接到指令，我和民警李俊15分钟后即赶到现场，并向当事人了解发案情况。

（2）经初步调查，发生案件是事实。梯子旁的背包及里面的钳子、螺丝刀、黄色胶带不是该公司的，可能是犯罪嫌疑人犯罪后遗弃在那里的。

（3）目前还没有什么重要线索。

七、保安员李刚资料

实训开始前向指导教师询问所承担的角色内容。

1. 个人基本情况

李刚，男，今年 25 岁，初中文化，保利商务公司保安部保安员。原籍系福田市福祺村人，初中毕业后在家务农，在外省没有违法犯罪记录，今年 3 月被本公司招聘到保安部当保安。

2. 侦查人员提问才回答的问题

（1）昨天上午 9 点，公司财务部出纳员王芸打电话到保安部，要求派人陪同她去银行取款（根据当地实际情形，选择陈述是哪一个需要乘车前往的银行及银行所在地点）。保安部刘勇部长让我和张杰陪同王出纳取钱。张杰开面包车，我们三人一同到银行营业厅，出纳具体取多少钱我不知道，应该有十几万元人民币。取钱后，大概 10 点多钟我和张杰将出纳和钱一直送到公司财务部后，就马上回保安部了。以前也取过 2 次款，3 万至 5 万元不等。这次王芸把钱放到财务部什么地方、怎么用，我们都不知道。今天早上不到 8 点，听刘部长说总经理正在骂人，昨天取的钱都被盗了，告诉我们保安谁也别离开。

（2）我昨天午饭后在宿舍睡到下午 4 点，然后出去转了一圈，走着去离公司 6 公里远的“大众超市”买了点日用品（拿出购物小票证明），又走路回来。晚 6 点回到保安部吃晚饭。晚上 7 点到凌晨 0 点在公司大楼门口值班，我一直很精神，很负责，23 点 50 分刘部长来查岗，我陪他在院内和楼前楼后都转了一圈。我交给保安刘扬接班后就回宿舍睡觉了，大家可以证明。我值班期间肯定没出事，不信你们问刘部长。刘扬值班时间是从晚上 12 点到第二天早上 8 点。

八、保安员张杰资料

实训开始前向指导教师询问所承担的角色内容。

1. 个人基本情况

张杰，男，今年 24 岁，初中文化，保利商务公司保安部保安员，河北省石家庄市南村人。初中毕业后一直待业，今年 3 月被本公司招聘到保安部当保安。

2. 侦查人员提问才回答的内容

（1）昨天上午 9 点，公司财务部出纳员王芸打电话到保安部，要求派人陪同她去银行取款（根据当地实际情形，选择陈述是哪一个需要乘车前往的银行及银行所在地点）。保安部刘勇部长让我和李刚陪同出纳取钱。我开面包车，我们三人一同到银行营业厅，我听出纳跟银行营业员说取 20 万元人民币，实际取多少我不敢胡说，至少得十几万元。取钱后，10 点多钟我和李刚将出纳和钱一直送到公司财务部后，就马上回保安部了。以前也取过 3 次款，2 万至 5 万元不等。这次出纳把钱放到财务部什么地方、怎么用的，我不知道。今天早上 7 点 50 分左右，我听刘部长说总经理正在发火骂人，昨天取的钱都被盗了。

（2）我是 16 日中午 12 点开始在公司值班室值班，一直到晚上 7 点。晚上 6 点食堂按规定送饭菜到值班室。我因头有点痛，下班后立即回到保安部宿舍睡觉，一直睡到今天早上 8 点才被他们吵醒，大家都可以证明。

九、运输部经理江波资料

实训开始前向指导教师询问所承担的角色内容。

1. 个人基本情况

江波，男，今年43岁，保利商务公司运输部经理。

2. 侦查人员提问才回答的内容

（1）财务部窗前的梯子是我们运输部的，今年年初，我们运输部装修房屋，装修工人留下了2米高的梯子，一直放在运输部的门前，昨天下班时梯子还在门口倒放着，本来想处理掉，但工作太忙一直没顾上，没想到会让犯罪嫌疑人钻空子。

（2）梯子旁的背包及里边的钳子、螺丝刀、黄色胶带不是我部的，不知道是谁扔在那里的。

十、保安部部长刘勇资料

实训开始前向指导教师询问所承担的角色内容。

1. 个人基本情况

刘勇，男，今年40岁，复员军人，7年前从部队转业分配到公司保安部当部长，对工作一直认真负责。

2. 侦查人员提问才回答的内容

（1）昨天上午9点，公司财务部出纳员王芸打电话到保安部，叫我陪同她去银行取款。因管区民警正在与我介绍技术防范与工作措施，不好脱身，我就安排李刚和张杰两人陪同王芸取钱。张杰开车去的。他们10点多就取钱回来了，取多少钱我不知道。以前取钱，多数是我亲自领人陪同去的，有时取2万元，有时取5万元，一年中取10万元、20万元大额有个六七次。一般小额款存在财务部手提金柜里，超过1万元按规定必须送到银行或派出所保管。今天早上七点半多，吴总经理打电话骂我说财务部被盗了，丢了15万元，我细问后才知道具体情况。如果知道这么大额肯定不同意存放在财务部，要么安排几个人死看着，怎么也不会出这事。

（2）我昨天中午至晚上11点钟，给公司领导写“关于加强技术防范工作的请示”，随后看了半个多小时电视。不到12点，专门去办公楼值班室转了转，李刚还拿着手电筒陪我围着办公楼在院墙内至院门口看了看，一切正常。刘扬刚接班，我叮嘱他几句就回保安部睡觉了。今天早上7点多起来，刚洗漱完就接到吴总打来的电话。

（3）保安部7个人，大家集中住宿、就餐、训练，6个人表现不错，挺老实，也挺负责，平时没少进行教育，管得也挺严格的。昨天下午和上半夜我一直在部里值班，天黑以后我敢肯定所有保安没有出去，他们都没有犯罪时间、犯罪条件和犯罪动机。

为方便工作，公司给保安部每人补贴300元集中购买手机，手机是500元一部。

我的手机号是×××××××××××；

刘扬的手机号是×××××××××××；

李刚的手机号是×××××××××××；

张杰的手机号是×××××××××××；

王小永的手机号是×××××××××××；

李大伟的手机号是×××××××××××；

李战的手机号是×××××××××××。

（4）我再认真想想，说实话，我对刘扬有点不放心，他是吴总经理的外甥，4 年前招聘到保安部的。开始还不错，最近两年在保安部明显不合群，工作也不太负责，几次查岗发现他晚班值班睡觉，本想处理他，但碍于吴总面子，我就没做处理。他在社会上还交了几个不三不四的朋友。

十一、保安员刘扬资料

实训开始前向指导教师询问所承担的角色内容。

1. 个人基本情况

刘扬，男，今年 26 岁，高中文化，保利商务公司保安部保安员，辽宁省沈阳市人。高中毕业后开过两年出租车。4 年前被公司招聘到保安部当保安，是公司吴总经理的外甥，一直表现不错，在社会也没什么复杂交往。

2. 侦查人员提问才回答的内容

（1）今天早上 7 点整打开的公司院门。7 点 20 分来的第一批上班人员。7 点 30 分左右，我在值班室听到二楼挺乱的。不一会儿，吴总经理叫保安部长和我立即到二楼，到了财务室部口听王芸说手提金柜没了，15 万元现金丢了。我说，“不可能吧”，吴总狠狠踢我几脚，指着刘勇骂：“要你们这群废物有什么用。”我吓傻了，吴总随即向公安局报了案。

（2）财务部存放这么多钱，我不知道。我是昨天白天休班，中午 11 点出去到商场、书店转，午饭在外边吃的。我昨天下午 2 点回来后就在宿舍看新买的《网络原创小说集》，晚饭后一直看到 23 点 50 分。不到 12 点去值班室接班，当时刘部长和李刚在。李刚走后，刘部长叮嘱我“精神点”后就走了。凌晨 1 点我拿手电筒出去检查了一圈，查看院大门关着，沿围墙和几处房子走了一圈。回到办公楼，锁上大门，对楼内 6 层全巡视了一圈，都正常。待了一会儿，感到挺困的，在桌子上趴了一会儿。凌晨 2 点 30 分左右，隐约听到“咚”的一声异常响动，我起来在楼内转了一圈，然后出办公楼大门，站在外边听了听，没有听到什么动静。我走到前院、西院用手电筒四处照了照，也没有异常情况，还以为自己误听到什么。回到办公楼锁上门，没有再睡，嗯……不对，凌晨 4 点左右睡了有一个小时，之后再也没有睡。

（3）我个人有两种分析，一是这个案件不是我值班期间发生的；二是别人都不知道财务部有钱，钱如果真丢了，肯定是财务部的人监守自盗或报的假案。

第五章　侦查措施的运用

第一节　侦查措施知识重点及实训目的

一、侦查措施知识重点

侦查措施是指侦查机关在刑事案件侦查过程中，为了查明案情、收集证据和查获犯罪嫌疑人，依据法律采取的各种侦查方法。

侦查措施的种类繁多，主要有两种划分体系。第一种体系是将侦查措施分为公开措施、秘密措施、综合性侦查措施；第二种体系是将侦查措施分为常规措施、内线措施、外线措施、技术侦查措施。

侦查措施的实施主要以我国的刑事诉讼法为依据。侦查措施的运用不得违反相关程序规定，手段要具有合理性。

本章实训内容为法定侦查措施的运用，包括调查访问、侦查辨认、侦查实验、搜查、扣押等。

（一）调查访问

1. 调查访问知识要点提示

调查访问是侦查机关为了查明案件基本情况、发现侦查线索、查清犯罪事实、取得证人证言、甄别犯罪嫌疑人供述真伪的一项侦查措施。调查访问是一项最基本的侦查措施，它贯穿刑事案件侦查的始终，也是其他侦查措施的基础。调查访问对象的广泛性要求侦查人员在熟悉案情的前提下，针对不同的对象、案件类型采取相应的策略方法。调查访问既要及时、全面，又要深入、细致。对调查访问材料要进行综合分析研判，梳理出案件事实的脉络。

2. 调查访问实务要点提示

（1）调查访问应遵循的一般原则包括：

① 调查访问必须有计划、有准备地进行；

② 调查访问应及时、全面、深入、细致；

③ 调查访问应坚持实事求是；

④ 对调查访问材料要进行认真分析、综合判断。

（2）调查访问应遵循的策略方法包括：

① 调查访问前，要熟悉案情、明确调查访问的目的、了解访问对象和制订访问计划；

② 调查访问中，要同被访问人建立良好的心理接触，允许被访问人自由陈述，侦查人员可以辅助提问，对可疑情节要进行诘问；

③ 针对不同的对象要有不同的策略方法；

④ 调查访问后，要及时形成相应的调查访问记录，手续齐全、操作流程规范。

（二）侦查辨认

1. 侦查辨认知识要点提示

侦查辨认是侦查机关组织安排有关人员对人、物、场所、尸体进行识别的一项侦查取证措施。侦查辨认的主要任务就是确定侦查方向和范围，发现案件线索，及时查明案件事实，查明犯罪嫌疑人。在实务中，我们要注意辨认的程序规范，针对不同辨认对象采取不同的辨认方法和策略。辨认过程中要注意相关文书格式的制作规范，要如实全面地反映案件的情况。

2. 侦查辨认实务要点提示

（1）侦查辨认应遵循的一般原则包括：

① 个别辨认，即针对同一辨认对象存在几个辨认人时，辨认应该分别单独进行。一个辨认人面对多个辨认对象时，也应该让辨认人进行分别单独的识别。

② 混杂辨认是主要针对人和物品的辨认，即对人和物品进行辨认时，应当将辨认对象混杂在若干与其相似但无关的人或物品中间。

③ 自由辨认，即侦查人员在辨认人进行辨认的过程中，不得进行任何方式的暗示或诱导。侦查人员可以进行必要的帮助、解释，但必须保持客观的态度。

④ 辨认展开前，侦查人员应当向辨认人详细询问被辨认人的具体特征，禁止辨认人见到被辨认人，并告知故意作假辨认应负的法律责任，制作询问笔录。

⑤ 应当明确告知辨认人，犯罪嫌疑人有可能不在列队里或照片之中，从而使辨认人觉得自己不一定必须要认出某一个。

⑥ 在列队或照片里不应该相对突出犯罪嫌疑人。

（2）侦查辨认应遵循的策略方法包括：

① 在辨认前向辨认人了解有关情况，确认辨认的时间和地点，制定辨认的实施方案。

② 针对人、物品、场所、尸体要遵循不同的辨认规则。

③ 辨认结束后及时制作辨认笔录，手续齐全，操作流程规范。

（三）侦查实验

1. 侦查实验知识要点提示

侦查实验是为确定对案件侦查有意义的某一事件或现象是否存在，或者在某种条件下能否发生，参照事件原有条件或现象加以再现的一种侦查措施。侦查实验对于分析判断案件和事件的性质，以及分析案件中关键言词证据的真实性与可靠性具有重大意义。在实务中，要求侦查人员在案情分析的基础上，注意分析侦查实验在案件侦查中的作用和可行性，包括侦查实验的适用条件以及在实施中的策略方法。

2. 侦查实验实务要点提示

（1）侦查实验应遵循的一般原则包括：

① 经县级以上公安机关负责人批准；

② 进行侦查实验时，禁止一切足以造成危险、侮辱人格或者有伤风化的行为；

③ 侦查实验由侦查人员进行，并应当邀请见证人在场，在必要的时候也可以聘请具有专门知识的人参加；

④ 针对侦查实验的经过和结果，应当制作侦查实验笔录，由参加侦查实验的人员签名或盖章。

（2）侦查实验应遵循的策略方法包括：

① 侦查实验前，明确实验任务，确定实验的内容和实施的方案，确定实验的时间和地点，以及参加实验的人员；

② 侦查实验中，应先将实验的任务告诉每个实验参与者。侦查人员始终是组织指挥者，不应让见证人去执行；

③ 不得将自己的分析判断记录进去，只能记录客观的实验过程和结果。

（四）搜查、扣押

1. 搜查、扣押知识要点提示

搜查是公安机关、人民检察院的侦查人员依法对犯罪嫌疑人以及可能隐藏犯罪证据的人身、物品、住所和其他有关地方进行搜索、检查的一项侦查措施。扣押是侦查机关依法向持有人强制提取、留置同案件有关的物品或文件的侦查措施。基于这两项侦查措施的关联性和强制性，要求侦查人员在实际的侦查工作中一定要严格遵守相关的法律规定，一旦在侦查过程中适用不当，极有可能造成侵权。所以，遵循搜查、扣押规则是其适用的重点。

2. 搜查、扣押实务要点提示

（1）搜查应遵循的一般原则包括：

① 只能由侦查人员进行，不得少于两人；

② 必须出示搜查证（紧急情况例外）；

③ 任何单位都有义务服从公安机关和人民检察院的要求；

④ 应当有被搜查人或者他的家属、邻居或其他见证人在场；

⑤ 搜查妇女的身体，应当由女性工作人员进行；

⑥ 应当制作笔录，由被搜查人签名或盖章。

（2）搜查应遵循的策略方法包括：

① 在搜查前要明确搜查的目的，了解被搜查人及搜查现场环境，确定参加搜查的人员及分工，做好搜查工作的物质器材，准备好相应的搜查文书；

② 在搜查过程中，针对不同的搜查对象灵活采取相应的方法。

（3）扣押应遵循的策略方法包括：

① 由两名以上的侦查人员进行；

② 扣押范围仅限于与案件有关的各种物品、文件；

③ 当场开列清单，由被扣押人签名或盖章；

④ 侦查机关实施扣押时有妥善保管的义务。

二、侦查措施实训目的

本次实训内容为侦查措施的运用。通过本章实训，要求学生：

（1）理解侦查措施的含义；
（2）掌握侦查措施的内容、原则、方法；
（3）熟练掌握侦查措施的运用；
（4）掌握侦查措施相关法律文书的制作。

第二节 侦查措施实训操作要求及评价

本章实训考查内容主要类别和具体评价要点如表 5－1 所示。

表 5－1 考查内容主要类别和具体评价要点

主要类别	具体评价要点
（1）报案询问笔录	①有无制作报案询问笔录及笔录制作是否规范
	②询问的内容、方法是否得当（与事件性质、审查目的的一致性）
（2）调查访问	①访问对象选择的准确性与询问展开的及时性
	②询问程序的规范性
	③询问方法与内容的适当性
	④与对报案人询问措施之间的衔接
（3）措施运用的重点内容	①案发现场外围的监控布局情况、视频提取分析
	②事主等当事人的基本情况
	③走访有关知情人员
	④车辆和遗留物品地点的勘验检查
	⑤检验检查笔录、绘图、照相或录像
	⑥丢失财务及价值证明
（4）工作报告情况	①相关工作记录
	②相关工作报告
	③工作的条理性
	④开展项目的全面性
	⑤材料的完整性
（5）团队表现	①组织指挥的纪律性与积极性
	②小组成员的团结协作和参与程度
	③案件侦查工作的全面性与严谨性
	④工作汇报的专业性
（6）角色扮演	①对角色内容是否熟练与角色扮演是否真实
	②对侦查措施运用程序规范和要点把握得当
	③侦查措施运用及时、全面、细致
	④总结陈述时言语表达准确、支撑材料丰富
	⑤文书制作规范、严谨

第三节　调查访问实训操作手册及资料

一、教师实训指导手册

本手册供实训指导教师使用。

（一）实训总体思路

1. 基本案情

实训当日，西南政法大学一名学生报案称前天从两个好友 A、B 处筹借 3000 元，加上自己的积蓄 2000 余元，准备在实训当日上午去买一台新款笔记本电脑。实训当日上午同室的其他学生于早上 8 点 10 分前离开宿舍到教室上课。报案人于 10 点 30 分将钱清点后放在宿舍柜中锁好，然后离开宿舍去图书馆，中午 12 点到西南政法大学北苑一食堂就餐，约 40 分钟后报案人最早返回宿舍，发现房门虚掩，室内柜子被撬，现金被盗，随及拨打 110 报案。经现场勘查，初步认定为一人作案，撬棍工具为口径 1.7 厘米的专门撬棍。

2. 本次实训目标

（1）查明犯罪嫌疑人的身份、行动轨迹并缉拿归案。

（2）掌握调查访问的方法和要点。

（3）熟悉相关法律文书的制作。

3. 实训整体设计

（1）采用情景展开式实训模式，学生扮演案件中的各个角色。根据具体案件情况设计和模拟角色。

（2）案件实训分以下四个方面进行。

① 案件现场模拟还原。实训小组根据所给案件基本材料模拟还原案件现场情况。根据案件基本材料布置还原现场，运用 PPT、视频等形式展示案件现场及其现场周围情况，以及犯罪嫌疑人在实施犯罪过程中所遗留的各种痕迹物证。由相关人员陈述基本情况。

② 实训小组根据还原的案件现场实施现场勘查，获取案件现场勘查情况。现场勘查包括实地勘验、现场访问以及现场外围的搜索（视案件具体情况而定）。实训小组根据案件内容获取实地勘验和现场访问的有关信息。本案主题为调查访问，实训小组要明确该种侦查措施运用的要点，从而有效地获取案件信息，为查找犯罪嫌疑人和查清案件事实打下基础。

对侦查人员应当根据案件侦查需要追问的事实采取“不问不说”的方式，这个方法便于让学生对所学知识学会灵活运用。

③ 由实训小组组长组织开展案件梳理工作。首先，对每个侦查人员汇集的实地勘验和调查访问所获得的信息，记录员应做好记录。其次，侦查人员要根据所汇集的信息，提出自己的分析意见。最后，实训小组组长要充分听取每个侦查人员的分析意见，进行汇总，在此基础上达成统一共识，形成当前侦查工作分析的结论以及对后续侦查工作的部署。

④ 调查访问实训中应注意的问题。要注意该种侦查措施运用的要点，突出具体案件

中的运用重点。

(3) 对于技术检验、技术侦查等措施，学生提出工作计划，由指导教师告诉学生技术检验、技术侦查等措施获得的结果。

(4) 学生在实训过程中，指导教师不介入，但应做好发现问题的记录，并鼓励学生在实训中遇到问题时要相互讨论、查阅文献。

(5) 实训结束后，组织安排全班学生进行汇报总结。顺序依次为组内自评、小组互评、未实际参与实训的学生补充发言、指导教师对此次实训中存在的问题及学生表现进行点评。

(二) 实训组织工作

1. 实训准备工作

(1) 实训案例物品准备：口径 1.7 厘米的专门撬棍一根、宿舍内部房间示意图、西南政法大学北苑宿舍 G 栋周边环境地图等。

(2) 实训勘查器材准备：刑事照相器材、普通犯罪现场勘查箱、痕迹物证勘查箱、印泥等。

(3) 实训文书材料准备：受案登记表、受案回执、立案决定书、现场勘查笔录各一份；被害人陈述、询问通知书、被害人诉讼权利义务告知书、询问笔录、证人诉讼权利义务告知书、亲笔证词各两份。

2. 实训学生分组

(1) 本次实训主题为调查访问的运用，根据实训需要，建议 15 人左右为一个小组，可根据需要进行调整。

(2) 指导教师在实训前一周指定小组组长，并要求组长根据《实训小组组长手册》做好实训准备，小组组长提醒所在实训小组的学生对该次实训的知识点进行回顾。

(3) 各实训小组在对知识点进行回顾后，准备实训需要的物品、相关器材、文书以供实训使用。

(4) 指导教师应当事前对学生进行角色分配并交代相关注意事项。指导教师事先指定小组组长和报案人，展开调查工作的侦查人员由小组组长指定安排。剩余角色由指导教师在小组组长和侦查人员以外的学生中单独指定。确定全体人员后，指导教师与各承担任务的学生单独见面，并向其提供相应任务说明和要求。

3. 实训任务安排

(1) 实训案例所需角色及其人数分配。

① 报案人，1 人；

② 报案人朋友，2 人；

③ 报案人旁边宿舍学生，1 人；

④ 宿管人员，1 人；

⑤ 小组组长，1 人；

⑥ 小组组长助手，1 人；

⑦ 现场勘查组组长，1 人；

⑧ 侦查人员（视频侦查员等），6 人。

（2）具体任务安排。

① 报案人，陈述案件事实，对有的内容不问不答。

② 报案人朋友，对有的内容不问不答。

③ 报案人旁边宿舍学生，陈述所见案件事实，对有的内容不问不答。

④ 宿管人员，陈述所见案件事实，对有的内容不问不答。

⑤ 小组组长，负责侦查人员的确定、召集小组成员、工作安排以及模拟主管领导审批，将侦查人员的确定情况向指导教师报告。

⑥ 小组组长助手，负责记录实训情况、参加人员情况，协助撰写汇报材料和 PPT 制作。

⑦ 现场勘查组组长，负责现场勘查的指挥和临时情况的处理。

⑧ 侦查人员，负责现场的实地勘验、调查访问、视频侦查等具体侦查工作，并且应当根据小组组长要求将工作情况向实训小组报告，根据提供的资料进行回答。

4. 实训教学注意事项

（1）指导教师应当告诉全体学生，本次实训的内容是调查访问的运用。

（2）单独告知报案人报案内容以及不问不答的注意事项。

（3）单独告诉报案人朋友回答的内容以及不问不答的注意事项。

（4）告诉各小组组长，由其扮演主管局长一职，职责是按规定对有关文件签字及盖章（凡是需要盖章的地方，用一个红色圆圈表示），向全体学生阐明工作计划，听取未承担角色学生的意见。

（5）需要其他有关部门给予支持的，应当提交书面请求，交给指导教师予以协调和回复。

（6）凡是需要外出校园处理的事务，均应提交书面理由和要求，交给指导教师协调。

（7）指导教师向各实训小组提供一张案发现场示意图。

（8）指导教师不主动提供文书材料。领取文书材料应主动说明，并在指导教师处领取。实训结束后，各实训小组应提交调查访问工作的相关文书材料。

（9）相关学生应当准备书写工具。

（10）要求学生在规定时间内，完成相关调查与文书制作。

5. 其他实训要求

（1）指导教师实训前将撬棍放置于西政“案发现场”中，并将撬棍所在位置告知报案人。

（2）未承担角色的学生可以就办案中存在的问题或工作建议向小组组长提出，由小组组长助手记录在案，视为实际参与实训。其他未实际参与实训的学生在实训结束后需要提交 1000 字以上的实训报告。

（三）实训考查内容

1. 现场勘查笔录考查要点

（1）考查对现场遗留物证的使用意识；

（2）考查对相关法律文书规范的熟悉、熟练程度。

2. 询问笔录考查要点

（1）考查现场分析与询问“被害人”的仔细程度与工作流程；

（2）考查对调查访问措施要点的运用；
（3）考查对相关法律文书规范的熟悉、熟练程度。

3. 视频的发现与应用意识及能力考查要点

（1）考查查找视频的能力；
（2）考查视频分析与利用的能力。

4. 利用现场遗留的痕迹物证的考查要点

（1）通过访问报案人及仔细分析现场照片，发现可能留有的犯罪嫌疑人指纹与撬棍；
（2）考查对现场遗留物证的使用意识；
（3）考查对相关送检业务的熟悉程度；
（4）DNA 室接待站接到送检单后即告知：撬棍上未检验出脱落细胞。

（四）其他注意事项

（1）指导教师对于实训过程中应注意的相关安全事项，要提前告知并予以具体说明和指导。

（2）指导教师要遵循相应的程序规范以及用最为贴近实务部门的标准予以指导。

（3）与教务处协调上课的形式与实训地点。实训教学可能在校园外展开，但案情设计时应尽可能安排在校园内。

（4）关于侦查文书的管理，未经允许不准对提供的空白侦查文书进行复制，实训结束后将全部侦查文书资料收回，领取侦查文书的学生应当登记签名。

二、实训小组组长手册

本手册供实训小组组长使用。本次实训内容为调查访问策略和方法、调查访问规则的灵活运用，以及调查访问笔录的制作。实训活动结束于实训案例所要求的调查访问笔录的制作完成。

1. 实训小组组长注意事项

（1）由指导教师指定各小组组长，并告知其扮演主管局长一职，职责是按规定对有关文件签字及盖章（凡是需要盖章的地方，用一个红色圆圈表示）。

（2）实训小组组长应当组织协调全部侦查工作，向全体学生阐明每一项工作内容和工作要求，记录办案过程中未承担角色学生的建议，向全体学生阐明工作计划，指定专门人员负责考勤和记录实训内容。

（3）告知需要实训角色扮演的学生人数，分工由各实训小组自行进行，指导教师不介入或者仅针对个别问题提示操作。

（4）告知承担具体角色的学生不能擅自向其他任何人透露其知晓的案情内容，特别是材料中指定的内容；告知未承担角色的学生可以仔细听取和观察办案过程中的活动情况，针对办案中存在的问题，可以提出自己的建议及依据，该学生可以视为实际参与实训；未承担角色且实训中没有提出建议的学生，需要撰写 1000 字以上的实训报告。

（5）建议针对实训中存在的疑问，积极查阅相关规范，例如调查访问要点、文书制作要求、现场勘查要求等，并梳理尚未掌握或者尚未理解的难点，整理后向指导老师请教。

（6）指导教师不干预学生实训，仅做观察记录和提供相关文书资料，不解答案件办理中的疑问。

（7）学生应当准备书写工具及其他记录材料。凡是需要领取有关文书的，可到指导教师处领取，但必须写明所需文书材料，指导教师不主动提供。指导教师发放材料时在相关材料上签名并注明日期。实训结束后，各实训小组应提交调查访问环节的相关书面文书材料。严格侦查文书的管理，未经允许不得复制或截留，领取文书的学生应当登记签名。

（8）针对需要进行校外调查的项目或需要其他技术支持的项目，请提出书面要求并交由指导教师协调、反馈。

（9）实训结束后，安排全班同学统一回到教室（临时通知）进行总结。先由各实训小组以案卷或者 PPT 的形式进行汇报总结，特别注意应以在实训过程中未实际参与相关实训的学生为主要发言人；各小组组织发言完毕后，进行小组互评；最后由指导教师对自己发现的实训存在的问题及学生表现等进行点评。

2. 角色注意事项

（1）各个角色要尽可能地还原案件实况，注意角色合理的心理发展过程。

（2）针对侦查人员提问才回答的问题，特定角色应做到不问不答。

（3）资料内容未尽事宜，可自行进行合理补充，但要注意事实前后的逻辑关联性。

3. 实训组织纪律要求

（1）实训过程中各实训小组成员之间要团结协作，注意安全，共同完成任务。

（2）各实训小组之间不能私下打听掌握的情况，要独立完成任务。

（3）实训过程中无论是否承担角色，必须在场，会有专人做好考勤记录，无故不到者视为缺课。

（4）其他未尽事宜由各实训小组自行拟定。

三、报案人资料

1. 向指导教师询问相关角色信息

向指导教师询问自己承担的角色任务，并询问借钱给自己的两位同班级学生的姓名（资料中以 A、B 代称，回答侦查人员的提问时，以指导教师提供的两位朋友的真实姓名陈述）。

2. 报案时所阐述的内容

案发当日上午 10 点 30 分，我最后离开宿舍到图书馆，中午 12 点到食堂吃了点东西，约 12 点 40 分返回宿舍，发现宿舍房门虚掩，宿舍内柜子被人撬开，我放在柜子中的 5000 余元现金被盗走，还发现撬棍一根，随后检查宿舍其他地方，并未发现太大翻动痕迹，且无其他损失，之后拨打 110 报案。

3. 侦查人员提问才回答的内容

（1）报案人基本情况：姓名（自己的真实姓名），22 岁，西南政法大学刑事侦查学院职务犯罪侦查专业大四学生。

（2）柜子是否上锁：为确认今天是否有课，特意查了课表和时间，我 10 点 30 分将钱清点后放在宿舍柜中锁好，然后离开宿舍去图书馆。因为现金数量较多，下午计划去买笔记本电脑，所以暂时放于柜子，并将其锁上。

（3）撬棍来源及处理：不是我宿舍内的东西，认为应该是作案工具，我没有动过这个撬棍，心想等待公安机关来处理。

（4）关于现金的情况：现金的一部分是从我的两个朋友 A、B（指导教师指定）处借来的。我与两位朋友关系不错，于案发前两天从他们那里借来，用于购买新款笔记本电脑。因为我自己有现金 2000 余元，所以让两位朋友也给我现金。被盗前，这些钱我就放在背包里随身携带。今天，我阴差阳错地将钱从背包中取出放在柜子里了。

（5）宿舍物品丢失情况：宿舍内其他翻动痕迹不大，可能是因为我的床位紧挨着宿舍房门，被盗的概率较大，且当时室友均有事先出去了，也没有太多贵重物品放在显眼处。

（6）向朋友借钱情况：朋友 A、B 与我是关系不错的朋友，自己想买新款笔记本电脑，但因资金周转不开，于是向他们每人借了 1500 元，他们前两天将钱取出后就先后给了我，共 3000 元。

四、报案人朋友 A 资料

1. 向指导教师询问相关角色信息

向指导教师询问所承担的角色任务，并询问本案报案人姓名、所在专业与班级。

2. 侦查人员提问才回答的内容

（1）基本情况：姓名（自己的真实姓名），22 岁，西南政法大学刑事侦查学院职务犯罪侦查专业大四学生。

（2）与报案人是同班同学。

（3）与报案人系非常要好的朋友。因报案人需要购买笔记本电脑一部，但资金不足，便将钱借予报案人周转，于实训前两天将 1500 元从柜员机上取出借给了报案人。

（4）取款和款项转交报案人的具体时间：可以是实训前两天的任何时间，由陈述人灵活选择。

五、报案人朋友 B 资料

1. 向指导教师询问相关角色信息

向指导教师询问所承担的角色任务，并询问本案报案人姓名、所在专业与班级。

2. 侦查人员提问才回答的内容

（1）基本情况：姓名（真实姓名），22 岁，西南政法大学刑事侦查学院职务犯罪侦查专业大四学生。

（2）与报案人是同班同学。

（3）与报案人系非常要好的朋友。因报案人需要购买笔记本电脑一部，但资金不足，便将钱借予报案人周转，于实训前两天将 1500 元从柜员机上取出借给了报案人。

（4）取款和款项转交报案人的具体时间：可以是实训前两天的任何时间，由陈述人灵活选择。

六、报案人旁边宿舍学生资料

1. 基本情况

真实姓名，22 岁，西南政法大学刑事侦查学院（所在年级专业）学生，为报案人旁边宿舍学生。

2. 侦查人员提问才回答的内容

案发当日情况：实训当日上午 10 点 30 分左右，我准备外出办事，一出宿舍看到旁边宿舍门口蹲着一个穿着工作服的男子，旁边好像有一个工具包，像是维修东西的。之后就看到他进入了宿舍，没感觉有什么不对劲。

七、宿管人员资料

1. 向指导教师询问相关角色信息

向指导教师询问所管辖的楼栋号，该楼栋为报案人所在楼栋。

2. 向宿管人员了解宿管规则

向宿管人员询问、了解宿管一般规则。了解宿舍来访人员登记情况，并模拟制作一个来访人员登记记录本，注意使用不同人的笔迹登记。

3. 侦查人员提问才回答的内容

（1）基本情况：姓名（自己的真实姓名），43 岁，某某宿舍楼宿管人员。

（2）案发当日情况：案发当日上午 10 点 30 分左右，我正在宿舍楼值班，有一名男子要进来，说是维修宿舍水龙头，因为类似情况较多，就让他登记后进去了。到 10 点 50 分左右，他维修完后登记就走了。

（3）维修人员特征：20 岁左右，平头，身高 165 厘米左右，体态较瘦，脸色白净，重庆本地口音，身穿灰色制式服装，衣服上无特别明显标记，手里提着一个较大的工具袋，看起来装了好多东西，但并不显得很沉重。之前没见过此人，不太像是经常在宿舍维修的人员，但是也没什么能引起警觉之处。（其他具体特征可根据所观察到的维修工人特征自行进行进一步补充）

八、现场勘查人员资料

向指导教师报告承担的角色任务，完成小组组长指派的任务。

制作现场勘查的记录材料：现场勘查笔录、现场绘图和现场录像、照相。

向指导教师汇报时提供如下资料：勘验检查结果显示现场室内发现撬棍一根，已送技术人员进一步检验；撬棍上发现拇指及食指指印各一枚，经比对为报案人所留。

九、视频侦查人员资料

视频侦查人员梳理任务的内容和要求，并完成小组组长指派任务，之后向指导教师汇报并听取指令，汇报时提供以下资料。

存在请求调取宿舍事发现场楼道视频资料的情形时回复：通过该视频资料发现，实训当日上午 10 点 34 分 42 秒，一名男子拿着一个大型工具袋，停在宿舍 × × 门口，从袋中掏出工具将宿舍门打开进去，10 点 42 分 51 秒从宿舍走出并离开。

请求调取宿舍一层门口视频资料查看犯罪嫌疑人活动轨迹时回复：10 点 48 分 45 秒从宿舍楼出去，向学校小北门的方向走去。

请求调取学校小北门视频资料查看犯罪嫌疑人活动轨迹时回复：学校小北门视频显示，该男子从小北门出发，向东走去。

请求调取公路沿线视频资料查看犯罪嫌疑人活动轨迹时回复：后经沿线方向的视频查看，发现该男子进入附近的一家小区，行动轨迹至此停止，无其他方向的活动轨迹。

第四节　侦查辨认实训操作手册及资料

一、教师实训指导手册

本手册供实训指导教师使用。

（一）实训总体思路

1. 基本案情

实训当日晚上 11 点 2 分，被害人拨打 110 报警，称其当天晚上在××市××区××酒吧门外被他人抢劫并猥亵。侦查人员经调查访问和视频侦查，锁定了本案的犯罪嫌疑人，该犯罪嫌疑人长期在外流窜，无固定职业。为了进一步确定犯罪嫌疑人，侦查人员通过信息系统获取了犯罪嫌疑人的照片，组织被害人进行辨认。

2. 本次实训目标

（1）根据案件具体情况，判断是否符合侦查辨认的条件；

（2）查明犯罪嫌疑人的身份；

（3）掌握侦查辨认的方法和要点；

（4）熟悉相关法律文书的制作。

3. 实训整体设计

（1）采用情景展开式实训模式，学生进行角色扮演。根据具体案件情况设计和模拟角色。

（2）案件实训分以下四个方面进行。

① 案件现场模拟还原。实训小组根据所给案件基本材料模拟还原案件现场情况。根据案件基本材料布置还原现场，运用 PPT、视频等形式展示案件现场及其现场周围情况，以及犯罪嫌疑人在实施犯罪过程中所遗留的各种痕迹物证。由相关人员陈述基本情况。

② 实训小组根据还原的案件现场实施现场勘查，获取案件现场勘查情况。现场勘查包括实地勘验、现场访问以及现场外围的搜索（视案件具体情况而定）。实训小组根据案件内容获取实地勘验和现场访问的有关信息。本案主题为侦查辨认的运用，实训小组要明确该种侦查措施的适用条件以及运用的要点，从而有效地获取案件信息，为确定犯罪嫌疑人的身份和查清案件事实打下基础。对侦查人员应当根据案件侦查需要追问的事实采取“不问不说”的方式，这个方法便于让学生对所学知识学会灵活运用。

③ 由实训小组组长组织开展案件梳理工作。首先，对每个侦查人员汇集的实地勘验和调查访问所获得的信息，记录员应做好记录。其次，侦查人员要根据所汇集的信息，提出自己的分析意见。最后，实训小组组长要充分听取每个侦查人员的分析意见，进行汇总，在此基础上达成统一共识，形成当前侦查工作分析的结论以及对后续侦查工作的部署。

④ 侦查辨认实训中应注意的问题。针对该种侦查措施的特点，根据具体案件情况组织被害人进行辨认，要注意该种侦查措施的适用条件以及运用要点，既要全面，又要突出具体案件中的运用重点，同时要注意避免该侦查措施运用的错误方面。

（3）对于技术检验、技术侦查等措施，学生提出工作计划，由指导教师告诉学生技术检验、技术侦查等措施获得的结果。

（4）学生在实训过程中，指导教师不介入，但应做好发现问题的记录，并鼓励学生在实训中遇到问题时要相互讨论、查阅文献。

（5）实训结束后，组织安排全班学生进行汇报总结。顺序依次为组内自评、小组互评、未实际参与实训的学生补充发言、指导教师对此次实训中存在的问题及学生表现进行点评。

（二）实训组织工作

1. 实训准备工作

（1）实训案例物品准备。指导教师实训前事先准备模拟辨认照片 10 张。在学生提出需要对犯罪嫌疑人照片进行辨认且明确提出照片数量后再予以提供。还应准备辨认笔录记录纸、笔、印泥、标签或号牌等。

（2）实训文书材料准备。呈请辨认报告书、询问通知书、被害人诉讼权利与义务告知书、询问笔录、辨认笔录各一份。

（3）实训器材准备。刑事照相器材、录音录像设备等。

2. 实训学生分组

（1）本次实训主题为侦查辨认的运用，根据实训需要，建议 10 人左右为一个小组，可根据需要进行调整。

（2）指导教师在实训前一周指定小组组长，并要求组长根据《实训小组组长手册》做好实训准备，小组组长提醒所在实训小组的学生对该次实训的知识点进行回顾。

（3）各实训小组在对知识点进行回顾后，准备实训需要的物品、相关器材、文书以供实训使用。

（4）指导教师应当事前对学生进行角色分配并交代相关注意事项。指导教师事先指定小组组长和报案人，展开调查工作的侦查人员由小组组长指定安排。剩余角色由指导教师在小组组长和侦查人员以外的学生中单独指定。确定全体人员后，指导教师与各承担任务的学生单独见面，并向其提供相应任务说明和要求。

3. 实训任务安排

（1）实训案例所需角色及其人数分配。

① 报案人，1 人；

② 小组组长，1 人；

③ 小组组长助手，1 人；

④ 侦查人员，4 人。

（2）具体任务安排。

① 报案人（需由指导教师单独指定并布置任务，使用真实姓名），陈述案件事实，对有的内容不问不答。

② 小组组长（需由指导教师指定），负责侦查人员的确定、召集小组成员、工作安排及模拟主管领导审批，应当将侦查人员的确定情况向指导教师报告。

③ 小组组长助手（需由指导教师指定），负责记录实训情况、参加人员情况，协助撰写汇报材料和制作 PPT。

④ 侦查人员（需由小组组长指定），负责现场的调查访问、视频侦查、组织辨认等具体侦查工作，并且应当根据指挥员要求将工作情况向“专案组”报告结果，根据提供的资料进行回答。

4. 实训教学注意事项

（1）指导教师应当告诉全体学生，本次实训的内容是侦查辨认的运用。

（2）单独告知报案人报案内容以及不问不答的注意事项。

（3）告诉各实训小组组长，由其扮演主管局长一职，职责是按规定对有关文件签字及盖章（凡是需要盖章的地方，用一个红色圆圈表示），向全体学生阐明工作计划，听取未承担角色学生的意见。

（4）需要其他有关部门给予支持的，应当提交书面请求，交给指导教师予以协调和回复。

（5）凡是需要外出校园处理的事务，均提交书面理由和要求，交给指导教师协调。

（6）指导教师提前为各实训小组准备模拟辨认照片 10 张。

（7）告诉全组学生凡是需要领取有关文书的，到指导教师处领取，但必须指明需要什么文书材料，指导教师不主动提供。实训结束后，各小组应提交侦查辨认工作的相关文书材料。

（8）相关学生应当准备书写工具。

（9）要求学生在规定时间内，完成相关调查与文书制作。

5. 其他实训要求

（1）指导教师实训前将照片发放给小组组长，并将犯罪嫌疑人形象告知报案人。

（2）未承担角色的学生可以就办案中存在的问题或工作建议向小组组长提出，由小组组长助手记录在案，视为实际参与实训。其他未实际参与实训的学生在实训结束后需要提交 1000 字以上的实训报告。

（3）指导教师对于实训过程中应注意的相关安全事项要提前告知学生，并予以具体说明和指导。

（4）指导教师要遵循相应的程序规范，用最为贴近实务部门的标准予以指导。

（5）与教务处协调上课的形式与实训地点。实训教学可能在校园外展开，但案情设计时应尽可能地安排在校园内。

（6）关于侦查文书的管理，未经允许不准对提供的空白侦查文书进行复制，实训结束后将全部侦查文书资料收回，领取侦查文书的学生应当登记签名。

（三）实训考查内容

1. 呈请辨认报告书考查要点

（1）考查对相关侦查措施应用的熟练与灵活程度；

（2）考查对相关法律文书规范的熟悉、熟练程度。

2. 辨认笔录考查要点

（1）考查辨认的具体规则与程序；

（2）考查对相关法律文书规范的熟悉、熟练程度。

3. 询问笔录考查要点

（1）考查分析现场与询问“被害人”的仔细程度与工作流程；

（2）考查对相关法律文书规范的熟悉、熟练程度。

4. 视频的发现与应用意识及能力考查要点

（1）考查查找视频的能力；

（2）考查视频分析与利用的能力。

二、实训小组组长手册

本手册供实训小组组长使用。本次实训内容为辨认的策略和方法、辨认规则的灵活运用，以及辨认笔录的制作。实训活动结束于实训案例所要求的辨认笔录的制作完成。

1. 实训小组组长注意事项

（1）由指导教师指定各小组组长，并告知其扮演主管局长一职，职责是按规定对有关文件签字及盖章（凡是需要盖章的地方，用一个红色圆圈表示）。

（2）实训小组组长应当组织协调全部侦查工作，并注意向全体学生阐明每一项工作内容和工作要求，记录办案过程中未承担角色学生的建议、向全体学生阐明工作计划，并指定专门人员负责考勤和记录实训内容。

（3）告知需要实训角色扮演的学生人数，分工由小组自行进行，指导教师不介入或者仅针对个别问题提示操作。

（4）告知承担具体角色的学生不能擅自向其他任何人透露其知晓的案情内容，特别是材料中指定的内容；告知未承担角色的学生可以仔细听取和观察办案过程中的活动情况，针对办案中存在的问题，可以提出自己的建议及依据，该学生可以视为实际参与实训；未承担角色且实训中没有提出建议的学生，需要撰写 1000 字以上的实训报告。

（5）建议针对实训中存在的疑问，积极查阅相关规范，例如文书制作要求、现场勘查要求等，并梳理尚未掌握或者尚未理解的难点，整理后向指导老师请教。

（6）指导教师不干预学生实训，仅做观察记录和提供相关文书资料，不解答案件办理中的疑问。

（7）学生应当准备书写工具及其他记录材料。凡是需要领取有关文书的，可到指导教师处领取，但必须写明所需文书材料，教师不主动提供。指导教师发放材料时在相关材料上签名并注明日期。实训结束后，各实训小组应提交本次实训的相关书面文书材料。严格侦查文书的管理，未经允许不得复制或截留，领取文书的学生应当登记签名。

（8）针对需要进行校外调查的项目或需要其他技术支持的项目，请提出书面要求并交由指导教师协调、反馈。

（9）实训结束后，安排全班同学统一回到教室（临时通知）进行总结。先由各实训小组以案卷或者 PPT 的形式进行汇报总结，特别注意应以在实训过程中未实际参与相关实训的学生为主要发言人；各实训小组组织发言完毕后，进行小组互评；最后由指导教师对自己发现的实训存在的问题及学生表现等进行点评。

2. 角色注意事项

（1）各个角色要尽可能地还原案件实况，注意角色合理的心理发展过程。

（2）针对侦查人员提问才回答的问题，特定角色应做到不问不答。

（3）资料内容未尽事宜，可自行进行合理补充，但要注意事实前后的逻辑关联性。

3. 实训组织纪律要求

（1）实训过程中各实训小组成员之间要团结协作，注意安全，共同完成任务。

（2）各实训小组之间不能私下互相打听掌握的情况，要独立完成任务。

（3）实训过程中无论是否承担角色，必须在场，会有专人做好考勤记录，无故不到者视为缺课。

（4）其他未尽事宜由各实训小组自行拟定。

三、报案人资料

1. 向指导教师询问相关角色信息

实训开始前向指导教师询问所承担的角色内容以及案发当晚一起喝酒的朋友 A 的姓名（具体为指导教师指定学生的姓名），同时告知指导教师出事酒吧所在位置。掌握报案人的心理和语言表述特征。

2. 报案时所阐述的内容

案发当日晚上 8 点从公司下班，我和朋友 A 相约一同去××酒吧喝酒（根据实训场所周边情况，由报案人具体说明是哪一家酒吧）。晚上 10 点，朋友 A 接了一个电话，称有急事先行离开。朋友 A 离开后，我因一个人感到无聊，待了一会儿后也准备离开。刚到酒吧门口，迎面过来一年轻男子主动与我搭讪，后话不投机，男子就对我实施暴力，并将我随身携带的背包抢走，抢走包后，还对我动手动脚，一通乱摸之后离开。因当时路上没有其他行人，我很紧张，赶紧跑回家中。待我情绪安定后就赶紧报案。

3. 侦查人员提问才回答的内容

（1）报案人情况：姓名（自己的真实姓名），女，24 岁，××市××公司法务，家住××市××区××路××小区（该地点与酒吧距离不远）。

（2）有无其他人同行情况：当日晚上和朋友 A 一起去××酒吧喝酒，大约晚上 10 点朋友 A 有事先行离开。

（3）与犯罪嫌疑人是否认识：不认识，当天晚上在朋友 A 离开酒吧一会儿后，自己也准备离开，刚到酒吧门口，就过来一年轻男子与我搭讪。

（4）当时有无向附近其他人求救：当时已是晚上 10 点多，我已走出酒吧，距离酒吧有一定的距离，且当时所处位置比较偏僻，路上没有其他行人，没有可以求救的条件。

（5）当时为什么不立即报警：因为自己当时比较害怕，怕停留在那里可能再出什么事，就赶紧先回家了，回到家确认安全后才想起来报警。报警时间是 11 点 2 分。

四、视频侦查人员资料

实训开始前向指导教师询问所承担的角色内容和出事酒吧所在位置。

视频侦查人员梳理任务的内容和要求，并完成小组组长指派任务，之后向指导教师汇报并听取指令，汇报时提供以下资料。

（1）视频侦查人员请求调取酒吧沿线视频资料时，指导教师回复：该视频资料显示，案发晚上10点15分42秒，在××路中段被害人与一名男子有聊天并被暴打的现象，过程中还伴有猥亵行为，其后该男子拿着被害人的包离开。

（2）通过人像搜索和查询信息系统获取了犯罪嫌疑人吴某某的照片，吴某某无固定职业，家住××市××区××街道××小区××号。

第五节 侦查实验实训操作手册及资料

一、教师实训指导手册

本手册供实训指导教师使用。

（一）实训总体思路

1. 基本案情

实训当日上午8点10分，××公司××实验室助理A拨打110报案，称存放于该实验室办公室铁皮柜内的25台华为智能办公平板电脑（型号为HUAWEI MatePad Pro 5G，存储容量为8GB+512GB，每台价格为5199元）昨夜被盗。公安机关接到报案后迅速派员赶赴现场，经现场勘查，现场为独栋二层小楼，公司所在区域为正在建设中的小区，公司内外区域均较空旷。新建公路尚未开启路灯和监控。公司四周建有围墙，大门为进出的唯一通道。大门有保安值守，据调查，该值班保安在公司已经工作7年多，为人诚实正直，工作态度严谨。被盗地点为一楼的一间办公室，门锁被撬开，门和门框上留有撬棍撬压的痕迹，但未发现指印；办公室铁皮柜内所放文件散落在地，柜门被用相同特征的撬棍撬开；在办公桌上和铁皮柜内外均未发现遗留指印。因公司所在区域正在建设施工，在现场以外未发现有价值的痕迹。铁皮柜门上发现少量遗留纱线。在办公室地面，技术人员从现场杂乱鞋印中提取到几枚花纹清晰的鞋印。经调查走访，公司及实验室新建不久，监控设施正在调试安装过程中，监控尚未发挥作用。公司新建过程中，人流量大且人员较杂，没有发现可疑人员及线索。现场提取的鞋印花纹清晰，为新鞋形成。该批办公平板电脑采购回来后，领导指示由实验室助理A负责经手管理和发放。实验室助理A称："该批电脑送到公司后，便将其搬运到办公室，放置在办公室铁皮柜内并将柜锁好。"在实验室与门卫室反向一侧墙内发现一根3.5米的竹竿靠墙斜放，于距离竹竿1.2米的墙面处发现蹬踩痕迹，墙外侧也有类似蹬踩痕迹。

2. 本次实训目标

（1）确认犯罪嫌疑人的身份。

（2）查清基本的犯罪事实。

（3）掌握侦查实验的条件和方法、要点。

（4）学会在具体案情中作出是否使用侦查实验的判断。

（5）熟悉相关法律文书的制作。

3. 实训整体设计

（1）采用情景展开式实训模式，学生扮演条件中的各个角色。根据具体案件情况设计和模拟角色。

（2）案件实训分以下四个方面进行。

① 案件现场模拟还原。实训小组根据所给案件基本材料模拟还原案件现场情况。根据案件基本材料布置还原现场，运用 PPT、视频等形式展示案件现场及其现场周围情况，以及犯罪嫌疑人在实施犯罪过程中所遗留的各种痕迹物证。由相关人员陈述基本情况。

② 实训小组根据还原的案件现场实施现场勘查，获取案件现场勘查情况。现场勘查包括实地勘验、现场访问以及现场外围的搜索（视案件具体情况而定）。实训小组根据案件内容获取实地勘验和现场访问的有关信息。本案主题为侦查实验的运用，实训小组要明确该种侦查措施运用的要点，以及在具体案件中侦查实验的选择问题，为查清案件事实寻求突破口。对侦查人员应当根据案件侦查需要追问的事实采取“不问不说”的方式，这个方法便于让学生对所学知识学会灵活运用。

③ 由实训小组组长组织开展案件梳理工作。首先，对每个侦查人员汇集的实地勘验和调查访问所获得的信息，记录员应做好记录。其次，侦查人员要根据所汇集的信息，提出自己的分析意见。最后，实训小组组长要充分听取每个侦查人员的分析意见，进行汇总，在此基础上达成统一共识，形成当前侦查工作分析的结论以及后续侦查工作的部署。

④ 侦查实验实训中应注意的问题。针对该种侦查措施的特点，根据具体案件情况可多次进行，既要全面，又要突出重点。

（3）对于技术检验、技术侦查等措施，学生提出工作计划，由指导教师告诉学生技术检验、技术侦查等措施获得的结果。

（4）学生在实训过程中，指导教师不介入，但应做好发现问题的记录，并鼓励学生在实训中遇到问题时要相互讨论、查阅文献。

（5）实训结束后，组织安排全班学生进行汇报总结。顺序依次为组内自评、小组互评、未实际参与实训的学生补充发言、指导教师对此次实训中存在的问题及学生表现进行点评。

（二）实训组织工作

1. 实训准备工作

（1）指导教师需要在实训前寻找符合案情的场景，进行案情的二次加工。

（2）物品准备。长 350 厘米、直径 10 厘米竹竿一根，将该竹竿置于符合案情的围墙内侧，并借竹竿蹬踩攀爬围墙，在墙面形成相应的痕迹。

（3）实验器材准备。实训前获得华为智能办公平板电脑外形尺寸，并模拟外形与重量相同的电脑道具。

（4）侦查实验相关文书材料准备。

（5）指导教师单独选定 3 名学生 A、B、C，向三人介绍基本案情，并带领 A、B 选定现场并进行现场状态布置，同时向两人说明实训中的任务和要求。

（6）如果现场条件受限，指导教师可以单独选定 2 名学生对现场情况采取拍照或录像，或者制作案件情况汇报 PPT，以展示现场状态。

2. 实训学生分组

（1）实训小组分组，建议 15 人左右为一个小组。

（2）指导教师在实训前一周指定小组组长，并要求小组组长提醒学生对该次侦查实验实训的知识点进行回顾。

（3）实训小组在对知识点进行回顾后，准备相应的文书资料供侦查实训使用。

（4）指导教师强调小组成员全部为侦查人员。

3. 实训任务安排

（1）实训案例所需角色及其人数分配。

① 基本案情汇报的侦查人员，1 人；

② 现场实地勘验的侦查人员，1 人；

③ 现场访问的侦查人员，1 人；

④ 实训小组组长，1 人。

（2）具体任务安排。

① 实训小组组长（由指导教师指定），负责组织召集小组成员召开案情分析会、工作安排及模拟主管领导审批，应当将侦查员的确定情况向教师报告。

② 小组组长助手（由小组组长指定），负责记录实训情况、参加人员情况，协助撰写汇报材料和制作 PPT。

③ 承担基本案情汇报的侦查人员、现场实地勘验汇报的侦查人员和现场访问汇报的侦查人员，负责汇报指导教师提供资料的内容。

4. 实训教学注意事项

（1）指导教师应当告诉全体学生，本次实训的内容是侦查实验的运用，但进行何种侦查实验以及如何进行侦查实验由小组根据案情确定。

（2）特别强调和注意侦查实验过程中的安全问题，防止实训过程中学生受伤。

（3）要求学生在规定时间内，完成相关任务和文书制作。

（三）实训考查内容

1. 呈请侦查实验报告书考查要点

（1）考查对侦查实验技能应用的熟练与灵活程度；

（2）考查对侦查实验文书规范与制作方法的掌握程度。

2. 侦查实验笔录考查要点

（1）考查对侦查实验规则的运用；

（2）考查对相关法律文书规范的熟悉、熟练程度。

（四）其他注意事项

（1）指导教师要遵循相应的程序规范，用最为贴近实务部门的标准予以指导。

（2）与教务管理部门协调上课的形式与实训地点。实训教学可能在校园外展开，但案情设计时应尽可能地安排在校园内。

二、实训小组组长手册

本手册供实训小组组长使用。

1. 本次实训内容

本次实训内容为侦查实验的程序和方法、侦查实验规则的灵活运用，以及侦查实验笔录的制作。实训活动结束于实训案例所要求的侦查实验笔录的制作完成。

2. 实训小组组长应当注意的问题

（1）各小组组长由指导教师指定，扮演侦查指挥员一职，负责组织召开案情分析会议、指挥侦查工作的展开、审核批准事项及按规定对有关文件签字及盖章（凡是需要盖章的地方，用一个红色圆圈表示）。

（2）实训小组组长应当组织协调全部侦查工作，并注意向全体学生阐明每一项工作内容和工作要求，向全体学生阐明工作计划，并指定专门人员负责考勤和记录实训内容。

（3）对侦查过程中存在的疑难问题，召集全体学生开会讨论和查阅资料，并最终作出决策。

（4）指导教师不干预学生实训，仅做观察记录和提供相关文书资料，不主动解答案件办理中的疑问。

（5）与助手协作进行实训材料总结与汇报 PPT 制作，与全体学生协商确定汇报讲述学生。

（6）告知参与实训的学生对于需要进行校外调查的项目及其他技术支持的项目，需要提出书面要求，并交由指导教师协调、反馈。

（7）实训结束后，需要安排全班学生统一回到教室（临时通知）进行总结。由各小组以案卷或者 PPT 的形式进行汇报总结。各小组组织发言完毕后，进行小组互评。最后由指导教师对自己发现的实训存在的问题及学生表现等进行点评。

（8）告知参与实训的学生，实训过程中无论是否承担角色，必须在场，会有专人做好考勤记录，无故不到者视为缺课。

（9）其他未尽事宜由各实训小组自行拟定。

（10）在指导教师宣布实训开始后，小组组长召集全体学生，请基本案情汇报侦查人员、现场实地勘验侦查人员和现场访问侦查人员依次汇报所获得的情况。情况汇报完成后请求指导教师带领学生对现场进行观察、了解，或者请指导教师对现场情况进行视频或 PPT 直观展示。

三、基本案情汇报侦查人员资料

实训当日上午 8 点 10 分，××公司××实验室助理 A（学生真实姓名）拨打 110 报案，称存放于该实验室办公室铁皮柜内的 25 台华为智能办公平板电脑（型号为 HUAWEI MatePad Pro 5G，存储容量为 8GB + 512GB，每台价格为 5199 元）昨夜被盗。

接报后，于 8 时 30 分开始对现场展开勘查和调查访问工作。

四、现场实地勘验侦查人员资料

1. 注意事项

（1）实训前与指导教师熟悉现场环境，并与指导教师一起参与模拟现场活动。

（2）完成小组组长的指派任务，并向指导教师报告承担的角色任务。

（3）制作现场勘查的记录材料：现场勘查笔录、现场绘图和现场录像照相。

2. 向指导教师汇报时应提供的资料

经现场勘查，现场为独栋二层小楼，公司所在区域为正在建设中的小区，公司内外区域均较空旷。新建公路尚未开通路灯和监控。公司四周建有围墙，大门为进出的唯一通道。大门有保安值守，据调查，该值班保安在公司已经工作7年多，为人诚实正直，工作态度严谨。被盗地点为一楼的一间办公室，门锁被撬开，门和门框上留有撬棍撬压痕迹，但未发现指印；办公室铁皮柜内所放文件散落在地，柜门被用相同特征的撬棍撬开；在办公桌上和铁皮柜内外均未发现遗留指印。因公司所在区域正在建设施工，在现场以外未发现有价值的痕迹。铁皮柜门上发现少量遗留纱线。在办公室地面，技术人员从现场杂乱鞋印中提取到几枚花纹清晰的鞋印。

五、现场访问侦查人员资料

1. 报告事项

完成小组组长的指派任务，并向指导教师报告承担的角色任务。

2. 汇报材料

准备相关调查访问的记录材料，向指导教师汇报时提供如下资料：经调查走访，公司及实验室新建不久，监控设施正在调试安装过程中，尚未发挥监控作用。公司新建过程中，人流量大且人员较杂，没有发现可疑人员及线索。现场提取的鞋印花纹清晰，为新鞋形成。该批办公平板电脑采购回来后，领导指示由实验室助理A负责经手管理和发放。实验室助理A称："该批电脑送货到公司后，便将其搬运到办公室，放置在办公室铁皮柜内并将柜锁好。"在实验室与门卫室反向一侧墙内发现一根3.5米的竹竿靠墙斜放，距离竹竿1.2米处的墙面有蹬踩痕迹，墙外侧也有类似蹬踩痕迹。

第六节　搜查、扣押实训操作手册及资料

一、教师实训指导手册

本手册供实训指导教师使用。

（一）实训总体思路

1. 基本案情

实训当日晚上8点，××公安局侦查人员在侦办一起系列盗窃案件过程中，通过采取伏击守候措施在某公寓抓获了涉嫌多次盗窃的犯罪嫌疑人A，并从A随身携带的包中搜出撬棍、改锥等作案工具。讯问中，犯罪嫌疑人A以警方没有发现赃物为由拒绝交代犯罪事实。根据A的活动轨迹线索，侦查人员了解到犯罪嫌疑人A近段时间内曾多次在本市××区××小区其表哥B处居住。为了查清犯罪事实，侦查人员呈请对B的住所进行搜查。实训第二日上午9点，侦查人员持搜查证对B的住所依法进行了搜查。搜查中有如下发现：①在B的卧室床头柜发现1万元现金（100元面额），B称这1万元现金是表弟A于案发前两天存放的；②在B的书桌抽屉里发现戴尔笔记本电脑一台，B称是其表弟A在存放现金那天同时存放的；③在B的卧室床下发现匕首一把（长15厘米，宽2厘米，带绿色刀鞘），经查是B自己购买并藏匿的；④在B的客厅茶几抽屉里发现A的驾驶证一张，

伪造的身份证两张（身份证姓名分别为李某某、张某某）。

2. 本次实训目标

（1）将犯罪嫌疑人缉拿归案。

（2）判断具体案情搜查、扣押的条件，掌握搜查、扣押的方法和步骤。

（3）熟悉相关法律文书的制作。

3. 实训整体设计

（1）采用情景展开式实训模式，学生扮演案件中的各个角色。具体根据案件情况设计和模拟角色。

（2）案件实训分以下四个方面进行：

① 案件现场模拟还原。实训小组根据所给案件基本材料模拟还原搜索、扣押现场情况。根据案件基本材料布置还原现场，运用 PPT、视频等形式展示案件现场及其现场周围情况。由相关人员陈述基本情况。

② 实训小组根据还原的搜索、扣押现场进行分析、收集相关材料信息。本案主题为搜查、扣押的运用，实训小组要判断在具体案件中是否需要采取该种措施。如果需要，应提前掌握该种侦查措施运用的要点，并根据规定和程序办理相关手续，从而为查清案件事实打下基础。对侦查人员应当根据案件侦查需要追问的事实采取“不问不说”的方式，这个方法便于让学生对所学知识学会灵活运用。

③ 由实训小组组长组织开展案件梳理工作。首先，对每个侦查人员汇集的信息，记录员应做好记录。其次，侦查人员根据所汇集的信息，提出自己的分析意见。最后，实训小组组长要充分听取每个侦查人员的分析意见，进行汇总，在此基础上达成统一共识，形成当前侦查工作分析的结论以及后续侦查工作的部署。

④ 搜查、扣押实训中应注意的问题。针对该种侦查措施的特点，根据具体案件情况判断是否可行，要注意该种侦查措施运用的要点，既要全面，又要突出具体案件中的运用重点，同时要注意避免该侦查措施运用的错误方面。

（3）对于技术检验、技术侦查等措施，学生提出工作计划，由指导教师告诉学生技术检验、技术侦查等措施获得的结果。

（4）学生在实训过程中，指导教师不主动介入，但应做好发现问题的记录，并鼓励学生在实训中遇到问题时要相互讨论、查阅文献。

（5）实训结束后，组织安排全班学生进行汇报总结。顺序依次为组内自评、小组互评、未实际参与实训的学生补充发言、指导教师对此次实训中存在的问题及学生表现进行点评。

（二）实训组织工作

1. 实训准备工作

（1）实训场所准备。实训前由指导教师选择与本案案情相适的场所，场所数量依据分组情况确定，但多个场所场景应尽可能一致。

（2）相关物品准备。人民币代替材料若干、戴尔笔记本电脑一台、与案发现场相似特征匕首一把、驾驶证一张、身份证两张等。

（3）相关器材准备。刑事照相器材、印泥等。

（4）文书材料准备。讯问笔录、呈请搜查报告书、搜查证、搜查笔录、扣押决定书、扣押清单、登记保存清单各一份。指导教师不主动向学生提供文书资料，在学生提出请求时提供相应文书资料。

2. 实训学生分组

（1）建议 10～15 人为一个小组。指导教师确定的 4 名学生，在各小组提出需要邀请见证人时，向各小组进行介绍该 4 名学生的个人背景情况。

（2）指导教师在实训前一周指定小组组长，并要求小组组长提醒学生对该次实训的知识点进行回顾。

（3）实训小组在对知识点进行回顾后，准备侦查启动阶段相应的文书资料供实训使用。

（4）指导教师应当事前对学生进行角色分配并交代相关注意事项。指导教师事先指定小组组长和受案的侦查人员，其他展开调查工作的侦查人员由小组组长指定安排。其他人员由指导教师在小组组长和侦查人员以外的学生中单独指定并说明任务和要求。

3. 实训任务安排

（1）实训案例所需角色及其人数分配。

① 小组组长，1 人；

② 犯罪嫌疑人，1 人；

③ 小组组长助手，1 人；

④ 汇报案件侦查基本情况的侦查人员，1 人；

⑤ 指导教师指定的人员，4 人。

（2）具体任务安排。

① 在小组组长召集会议上（指导教师指定的 4 人除外），由一名侦查人员向小组汇报案件侦查基本情况。

② 小组讨论如何开展搜查工作以及需要做哪些准备工作。

③ 小组组长助手（需由小组组长确定），负责记录实训情况、参加人员情况，协助撰写汇报材料和制作 PPT。

④ 小组组长民主确定负责向实训小组汇报的侦查人员，该侦查人员需要制作相应的汇报资料。

⑤ 指导教师与扮演犯罪嫌疑人的学生单独见面，告诉该学生："如果侦查人员带你到你表哥家，对于搜查中发现的任何物品都否认与你有关。"

4. 实训教学事项

（1）指导教师应当告诉全体学生，本次实训的内容是搜查、扣押的运用。

（2）在实训小组提出需要邀请见证人时，指导教师向实训小组介绍确定的 4 个见证人的个人背景情况：1 人为犯罪嫌疑人表哥，1 人是犯罪嫌疑人表哥家的邻居，1 人是犯罪嫌疑人表哥家所在街道居委会人员，1 人是犯罪嫌疑人表哥家所在街道的一名刑满释放人员。除犯罪嫌疑人表哥外的其他 3 人如果被邀请作为见证人，则告知：

① 刑满释放人员可随意说；

② 犯罪嫌疑人表哥家的邻居和居委会人员在侦查人员搜查情况提问时，只确认搜查的过程和程序，对于搜查到的物品不进行确认。

（3）各小组组长扮演侦查指挥员一职，负责按规定对有关文件签字及盖章（凡是需要盖章的地方，用一个红色圆圈表示），向全组学生阐明工作计划，听取未承担角色学生的意见。

（4）需要其他有关部门给予支持的或者需要其他协助的，应当请求指导教师予以协助。

（5）要求学生在规定时间内，完成相关调查与文书制作。

（6）指导教师对于实训过程中应注意的相关安全事项要提前告知，并予以具体说明和指导。

（7）指导教师要遵循相应的程序规范，用最为贴近实务部门的标准予以指导。

（8）与教务处协调上课的形式与实训地点。实训教学可以在校园外展开，但案情设计时应尽可能地安排在校园内。

5. 其他实训要求

（1）指导教师在实训前将作案工具、涉事财物放置于现场，并将涉事物品的信息告知犯罪嫌疑人表哥等相关人员。

（2）未承担角色的学生可以就办案中存在的问题或工作建议向小组组长提出，由小组组长助手记录在案，视为实际参与实训。其他未实际参与实训的学生在实训结束后需要提交1000字以上的实训报告。

（三）实训考查内容

1. 呈请搜查报告书考查要点

（1）考查搜查实务工作流程的规范性；

（2）考查对相关法律文书规范要求的熟悉、熟练程度。

2. 搜查证考查要点

（1）考查搜查实务工作流程的规范性；

（2）考查对相关法律文书规范要求的熟悉、熟练程度。

3. 搜查笔录考查要点

（1）考查搜查文书格式制作的规范性、熟练程度；

（2）考查实务工作程序流程是否合法，手续是否齐全完备。

4. 扣押决定书考查要点

（1）考查扣押实务工作流程的规范性；

（2）考查对相关法律文书规范要求的熟悉、熟练程度。

5. 扣押清单考查要点

（1）考查相关法律文书格式制作的规范性；

（2）考查记载事项是否齐全，手续是否完备。

6. 登记保存清单考查要点

（1）考查相关法律文书格式制作的规范性；

（2）考查记载事项是否齐全，手续是否完备。

二、实训小组组长手册

本手册供实训小组组长使用。本次实训内容为搜查、扣押的策略和方法，搜查、扣押规则的灵活运用，以及搜查、扣押文书的制作。实训活动结束于实训案例所要求的搜查、扣押文书制作完成。

1. 实训小组组长注意事项

（1）分小组展开实训，指导教师指定各小组组长，并告知其扮演侦查指挥员，职责是组织小组成员召开会议、按规定对有关文件签字及盖章（凡是需要盖章的地方，用一个红色圆圈表示）。

（2）实训小组组长应当组织协调全部侦查工作，并注意向全体学生阐明每一项工作内容和工作要求，记录办案过程中未承担角色学生的建议，向全体学生阐明工作计划，并指定专门人员负责考勤和记录实训内容。

（3）告知需要实训角色扮演的学生人数，不告诉各个学生的具体角色。各实训小组的分工由小组自行进行，指导教师不介入或者针对个别问题提示操作。

（4）告知承担具体角色的学生不能擅自向其他任何人透露其知晓的案情内容，特别是材料中指定的内容；告知未承担角色的学生可以仔细观察办案过程中的活动情况，针对办案中存在的问题，可以提出自己的建议及依据，该学生可以视为实际参与实训；其余未承担角色且实训中没有提出建议的学生，需要撰写1000字以上的实训报告。

（5）建议实训中存在的疑问积极查阅相关规范，例如文书制作要求、侦查讯问要求等。

（6）指导教师不干预学生实训，仅做观察记录和提供相关文书资料，不解答案件办理中的疑问。

（7）学生应当准备书写工具及其他记录材料。

（8）需要进行出校门调查的项目及其他各项技术支持项目，请提出书面要求交由指导教师协调并反馈结果。

（9）实训结束后，需要根据指导教师安排全班统一回到教室进行总结。先由各小组以案卷或者PPT的形式进行汇报总结，特别注意在实训过程中，未实际参与相关实训的学生为主要发言人；各小组组织发言完毕后，再由小组互评；最后由指导教师对自己发现的实训存在的问题及学生表现等进行点评。

2. 角色注意事项

（1）各个角色要尽可能还原案件实况，注意各个角色合理的心理发展过程。

（2）侦查人员提问才回答的问题，特定角色做到不问不答。

（3）资料内容未尽事宜，可自行进行合理补充，但要注意事实前后的逻辑关联性。

3. 实训组织纪律要求

（1）实训过程中各实训小组成员之间要注意团结协作、注意安全、共同完成任务。

（2）各实训小组之间不允许私下互相打听掌握的情况，要独立完成任务。

（3）鼓励学生积极参与角色扮演任务。

（4）实训过程中无论是否承担角色，必须全员在场，并做好考勤记录，无故不到者视为缺课。

（5）其他未尽事宜由各实训小组自行拟定。

三、汇报案件侦查基本情况的侦查人员资料

完成小组组长指派任务，并撰写汇报材料。

向指导教师汇报时提供如下资料：实训当日晚上8点，××公安局在侦办一起系列盗窃案件过程中，采取伏击守候措施在某公寓抓获了涉嫌多次盗窃的犯罪嫌疑人A，并从A随身携带的包中搜出撬棍、改锥等作案工具。讯问中，犯罪嫌疑人A以警方没有发现赃物为由拒绝交代犯罪事实。根据A的活动轨迹线索，我们了解到犯罪嫌疑人A近段时间内曾多次在本市××区××小区其表哥B处居住。为了查清犯罪事实，建议对B的住所采取搜查措施。

四、犯罪嫌疑人表哥B资料

1. 向指导教师询问的信息

向指导教师询问其表弟（犯罪嫌疑人A）姓名。

2. 个人基本情况

在××市××公司工作，与犯罪嫌疑人A是表兄弟关系。两人以前没有太多接触，只是近期因表弟来本市玩，住在自己家里。自己白天上班，晚上很晚才回家。

3. 侦查人员提问才回答的内容

（1）关于现金的情况：是表弟A于案发前两日来到家中存放的，具体来源不清楚。A只是告诉我，这些钱暂时不存在银行，存放在我这里，过几天需要使用现金。

（2）关于笔记本电脑的情况：表弟A于案发前两日来到家中存放，具体来源不清楚。

（3）关于匕首的情况：是自己两个月前在回家的路边看到有人贩卖，觉得该匕首好看就买了。不知道这是管制刀具。

（4）为什么来家里居住：前一段时间表弟A失业，自称要在其附近找工作，因为离自己家比较远，暂时借住在这里。

（5）其他情况均回答不知道。

第六章　信息研判

第一节　信息研判知识重点及实训目的

一、信息研判知识重点

社会的信息化特征使得信息化侦查成为公安机关侦查办案的必要手段。在当前背景下，刑事案件侦查越来越依赖信息与数据的驱动，信息化侦查能够为侦查工作提供技术支持，从而进一步有效实现对犯罪的防范控制与侦查。

信息化侦查是指侦查人员借助现代信息传输网络和计算机技术，根据侦查需要将在现场勘查、调查中发现的信息与公安机关采集的各类人、事、物信息，以及其他社会信息进行综合分析、研判，从而为查找犯罪嫌疑人和查清犯罪事实提供线索和证据的一种侦查方式。信息化侦查打破了原有的侦查思维，它依赖对信息的敏锐感知，从零散犯罪信息出发推知整个犯罪轨迹和特点。

因此，本章注重对各类信息研判、分析的学习，着重讲解目前实践中应用较广的几种信息，依次为公安信息、通信信息、生物痕迹信息、视频监控信息、银行卡信息。

（一）公安信息

1. 知识要点提示

公安信息是指公安网信息资源。

2. 实务要点提示

侦查人员要利用现有的公安网信息资源进行研判分析，预测下一步的侦查方向，预警可能发生的警情，抓获犯罪嫌疑人，查清犯罪事实。

（1）随着公安信息化建设步伐的加快，以下数据还将急剧增加：驾驶员、吸毒人员、在逃人员、违法犯罪人员、出入港人员、保安人员等人员信息，旅馆、网吧、物流公司、交警数据等机构信息，机动车、出租车等车辆信息，案件、事件、事故等案事件信息等。这些数据都已成为公安网系统下的子数据库。

（2）从侦查切入点入手，可以将利用公安网信息资源侦查法划分为：高危籍贯代码分析法、刑嫌人员网上调控法、网络搜索引擎串案法、异地数据碰撞分析法、异地抓获人员分析法、假身份证信息分析法、关系人分析法、智能卡口数据分析法等。

（3）从侦查工作流程入手，可以将利用公安网信息资源侦查法划分为：网上受案法、网上立案法、信息传递法、信息查询法、网上串并法、网上鉴定法、网上会诊法、网上辨认法、网上刑嫌调控法、网上定位法、网上追逃法、网上监督法等。

（二）通信信息

1. 知识要点提示

通信信息是指人在使用通信工具与他人联络传递信息时，在通信网络中留下的特定时间的痕迹。

2. 实务要点提示

（1）利用通信信息资源侦查法可划分为宏观统计分析法、微观特殊点分析法、新旧号码分析法、多话单碰撞分析法、话单与轨迹信息碰撞分析法、手机 SIM 卡信息分析法、特服号码分析法等。

（2）利用通信信息痕迹，进行通话情况的分析（话单分析）可能刻画出一个人的活动轨迹，考察对象的相互关系。

（三）生物痕迹信息

1. 知识要点提示

生物痕迹信息是指反映动物表面活动所保留的痕迹。

2. 实务要点提示

（1）生物痕迹信息常用于案件串并，通过生物痕迹信息研读发现案件事实，查找犯罪嫌疑人。

（2）生物痕迹信息的提取通常很大程度借助于现场勘查来完成。

（四）视频监控信息

1. 知识要点提示

视频监控信息是指公安视频和社会视频的资源。

2. 实务要点提示

利用视频监控信息资源侦查法分为情景分析确认法、处理利用图像辨认排查法、时空锁定确认法、连线追踪法、圈踪拓展查找法、信息关联查证法、模拟实验论证法、实时抓捕法及其他法等。

（五）银行卡信息

1. 知识要点提示

银行卡信息是指银行卡的卡号、卡名、姓名、信息磁条、有效期限、防伪标识等包含有可以用于揭露人卡关系的信息，或者人在柜台、ATM 机上使用银行卡，进行网银操作、声讯操作、POS 机消费时留下的人卡关系的信息。

2. 实务要点提示

利用银行卡信息资源侦查法分为图像协查辨认法、遗留痕迹物品利用法、实时情景关联法、声讯倒查法、流向追踪法等。

二、信息研判实训目的

本次实训内容为信息研判方法的运用。通过本章实训，要求学生：

（1）体会传统侦查与信息化侦查的联系与差异；

(2) 基本认识在具体案件中信息留存特征;
(3) 基本了解案件中有关信息间的关联方式;
(4) 学习揭示信息的基本思维。

第二节 信息研判实训操作要求及评价

本章实训考查内容主要类别和具体评价要点如表6-1所示。

表6-1 考查内容主要类别和具体评价要点

主要类别	具体评价要点
(1) 报案询问笔录	①通过询问报案来收集有效信息并进行具体的信息研判
	②通过信息研判来寻找新的侦查思路
	③通过信息研判来查找犯罪嫌疑人和查清犯罪事实
(2) 信息研判的要素	①信息研判的定义
	②信息研判的分类
	③信息研判的要点
(3) 侦查途径的选择与信息研判的重点内容	①公安信息的应用
	②通信信息的应用
	③生物痕迹信息的应用
	④视频监控信息的应用
	⑤银行卡信息的应用
	⑥数据的对比、碰撞
	⑦有效信息的筛选、甄别
(4) 工作报告情况	①有关工作记录
	②有关工作报告
	③工作的条理性
	④开展项目的全面性
	⑤材料的完整性
(5) 团队表现	①组织指挥的纪律性与积极性
	②小组成员的团结协作和参与程度
	③案件侦查工作的全面性与严谨性
	④工作汇报的专业性
(6) 角色扮演	①角色内容熟练与角色扮演真实
	②侦查措施运用程序规范和要点把握得当
	③侦查措施运用内容细致和及时、全面
	④总结陈述言语表达准确、支撑材料丰富
	⑤文书制作规范、严谨

第三节　公安信息研判实训操作手册及资料

一、教师实训指导手册

本手册供实训指导教师使用。

（一）实训总体思路

1. 基本案情

犯罪嫌疑人 A 伙同 B 在重庆市时光咖啡店，采取以冥币冒充假币出售的方式，骗得被害人 C 人民币 24 万元。20××年 9 月 2 日 17 时许，××区分局××街道派出所接到被害人 C 报警，称其在××区时光咖啡店内被人以兑换假币的名义骗走人民币 24 万元。20××年 9 月 26 日，犯罪嫌疑人 A、B 被公安人员抓获。C 和 D 购买假币的行为另案处理，在本次实训中不予讨论。

2. 实训整体设计

（1）采用情景展开式与对抗式相结合的实训模式。

（2）实训按照以下步骤展开：

第一，询问被害人 C 及证人 D 被骗过程情况；

第二，讯问犯罪嫌疑人 A；

第三，分析案情并制订侦查计划；

第四，根据侦查计划中查询公安网信息措施，侦查人员向专案组汇报查询信息；

第五，汇报依据公安网信息开展的侦查工作获得的结果；

第六，讯问犯罪嫌疑人 B。

指导教师在听取小组组长关于下一步侦查工作计划后，按照上述流程环节，告知其相关措施已经展开，让其在小组会议上追问该措施展开后获得的结果，此时采取相应措施的侦查人员即可作出汇报。

（3）在学生实训过程中，指导教师不主动介入，但应做好发现问题的记录，并鼓励学生在实训中遇到问题时要相互讨论、查阅文献。

（4）实训中可以根据实际情形设置一些实务中常见的疏漏和误区，旨在培养学生发现错误的意识，提升学生实务能力。

（5）实训结束后，组织安排全班学生进行汇报总结。顺序依次为组内自评、小组互评、未实际参与实训的学生补充发言、指导教师对此次实训中存在的问题及学生表现进行点评。

（二）实训组织工作

1. 实训准备工作

（1）场地准备。教学楼某教室一间。

（2）物品准备。模拟密码箱或密码箱的照片一个/一张，模拟现金或现金照片若干，印泥等。

（3）文书材料准备。犯罪嫌疑人诉讼权利义务告知书、讯问笔录、询问笔录、被害人诉讼权利义务告知书、证人诉讼权利义务告知书等。

2. 实训学生分组

（1）本次实训主题为对公安信息的研判，根据实训需要，建议 15 人左右为一个小组，可根据需要进行调整。

（2）指导教师在实训前一周指定小组组长，并要求小组组长根据《实训小组组长手册》做好实训准备，小组组长提醒所在实训小组学生对该次实训的知识点进行回顾。

（3）各实训小组在对知识点进行回顾后，准备实训需要的物品、相关器材、文书以供实训使用。

（4）指导教师应当事前对学生进行角色分配并交代相关注意事项。指导教师事先指定小组组长和承担特定任务的侦查人员、被害人、证人和两名犯罪嫌疑人，其他应当开展调查工作的侦查人员由小组组长指定安排。剩余角色由指导教师在小组组长和侦查人员以外的学生中单独指定。确定全体人员后，指导教师与各承担任务的学生单独见面，并提供相应任务说明和要求。

3. 实训任务安排

（1）实训案例所需角色及其人数分配。

① 犯罪嫌疑人 A、B，2 人；

② 被害人 C，1 人；

③ 证人 D，1 人；

④ 小组组长，1 人；

⑤ 小组组长助手，1 人；

⑥ 侦查人员若干。由指导教师确定 2 人，其他侦查人员由小组组长根据实际需要进行指定。指导教师确定的 2 名侦查人员，由指导教师单独指派角色任务。其中一名承担公安信息查询任务，并负责向“专案组”汇报，另一名侦查人员根据专案要求承担汇报侦查结果任务。

（2）具体任务安排。

① 犯罪嫌疑人 A、B（需由指导教师单独指定并布置任务，使用化名，以提供的资料内容为基础），陈述案件事实，对有的内容不问不答。A 是 B 表哥。

② 被害人 C（需由指导教师单独指定并布置任务，使用化名，以提供的资料内容为基础），陈述案件事实，对有的内容不问不答。

③ 证人 D（需由指导教师单独指定并布置任务，使用化名，以提供的资料内容为基础），对有的内容不问不答。

④ 小组组长（需由指导教师单独指定），负责部分侦查人员的确定、召集小组成员分析案情、工作安排，并将确定情况向指导教师报告。

⑤ 小组组长助手（需由指导教师指定），负责记录实训情况、参加人员情况，协助撰写汇报材料和制作 PPT。

4. 实训教学事项

（1）教师应当告诉全体学生，本次实训的内容是对公安信息的研判，实训于讯问两名犯罪嫌疑人后结束。

（2）单独告诉小组组长以下情况：20××年9月2日17时许，××区分局××街道派出所接到被害人C报警，称其在××区时光咖啡店内被人以兑换假币的名义骗取人民币24万元。犯罪嫌疑人A、B被抓获归案。

（3）各小组组长扮演侦查指挥员一职，对小组侦查人员展开组织活动、按规定对有关文件签字及盖章（凡是需要盖章的地方，用一个红色圆圈表示），向全体学生阐明工作计划，听取未承担角色学生意见，负责将有关侦查工作展开情况向指导教师汇报。

（4）要求学生在规定时间内完成相关调查与文书制作。

（三）实训考查内容

1. 对公安信息研判分析能力的考查要点

（1）考查对高危人员、在逃人员信息的检索与分析能力；

（2）培养基本信息化侦查能力。

2. 讯问笔录考查要点

（1）考查对讯问程序具体要求的熟悉程度以及对相关法律规定的认知；

（2）考查在实训过程中纠错的能力以及实务经验的有无；

（3）考查对相关法律文书规范的熟悉、熟练程度。

3. 询问笔录考查要点

（1）考查询问被害人、证人的仔细程度与工作流程的规范性；

（2）考查在实训过程中纠错的能力以及实务经验的有无；

（3）考查对相关法律文书规范的熟悉、熟练程度。

（四）其他注意事项

（1）指导教师对于实训过程中应注意的相关安全事项要提前告知并予以具体说明和指导。

（2）指导教师要遵循相应的程序规范，用最为贴近实务部门的标准予以指导。

（3）与教务处协调上课的形式与实训地点。实训教学可以在校园外展开，但案情设计时应尽可能地安排在校园内。

（4）关于侦查文书的管理，未经允许不准对提供的空白侦查文书进行复制，实训结束后将全部侦查文书资料收回，领取侦查文书的学生应当登记签名。

二、实训小组组长手册

本手册供实训小组组长使用。本实训项目教学内容为在案件具体情景中公安信息查询措施的流程、规范和应用。

1. 实训小组组长注意事项

（1）由指导教师指定各小组组长，小组组长扮演侦查指挥员一职，组织小组学生展开案件侦查工作，按规定对有关文件签字及盖章（凡是需要盖章的地方，用一个红色圆圈表示）。

（2）实训小组组长应当组织协调全部侦查工作，并注意向全体学生阐明每一项工作内容和工作要求，要求助手记录办案过程中未承担角色学生的建议，向全体学生阐明工作计划，并指定专门人员负责考勤和记录实训内容。

（3）告知需要实训角色扮演的学生人数，分工由小组自行进行，指导教师不介入或者仅针对个别问题提示操作。

（4）对实训中存在的疑问，组织小组讨论解决办法，积极查阅相关规范。

（5）指导教师不干预学生实训，仅做观察记录和提供相关文书资料，不解答案件办理中的疑问。

（6）学生应当准备书写工具及其他记录材料。

（7）实训结束后，安排全班同学统一回到教室（临时通知）进行总结。先由各小组以案卷或者 PPT 的形式进行汇报总结，特别注意应以在实训过程中未实际参与相关实训的学生为主要发言人；各小组组织发言完毕后，进行小组互评；最后由指导教师对自己发现的实训存在的问题及学生表现等进行点评。

（8）指导教师宣布实训开始后，小组组长告诉全体侦查人员以下情况：20××年 9 月 2 日 17 时许，××区分局××街道派出所接到被害人 C 报警，称其在××区时光咖啡店内被人以兑换假币的名义骗走人民币 24 万元。犯罪嫌疑人 A、B 被抓获归案。请大家讨论下一步如何展开侦查工作。

（9）本次实训仅仅对案件侦查中的询问和讯问活动展开。需要采取其他侦查措施时，需要向指导教师提出相应计划。

2. 角色注意事项

（1）各个角色要尽可能地还原案件实况，注意角色合理的心理发展过程。

（2）针对侦查人员提问才回答的问题，特定角色应做到不问不答。

（3）资料内容未尽事宜，可自行进行合理补充，但要注意事实前后的逻辑关联性。

3. 实训组织纪律要求

（1）实训过程中各实训小组成员之间要团结协作，注意安全，共同完成任务。

（2）各实训小组之间不能私下互相打听掌握的情况，要独立完成任务。

（3）鼓励学生积极参与角色扮演。

（4）实训过程中无论是否承担角色，必须在场，会有专人做好考勤记录，无故不到者视为缺课。

（5）其他未尽事宜由各实训小组自行拟定。

三、犯罪嫌疑人 A 资料

1. 向指导教师询问相关信息

向指导教师询问所承担的角色任务，并询问同伙 B 的姓名及其与 B 的关系（资料中以 A、B 代称，回答侦查提问时以指导教师提供的化名陈述）。

2. 侦查人员提问才回答的内容

（1）犯罪嫌疑人 A 情况：姓名（化名），男，汉族，生于 19××年，身份证号：500×××××××××××××××，重庆市××县人，无业。

（2）关于诈骗的原因：就是想要赚钱。

（3）预谋犯罪过程：20××年 8 月的一天，我打电话给 B，跟他说我想要用假币骗钱，但是 B 说没有工具不想配合，我跟他说我已经做好了前期工作，只需要让他给我介绍买家即可，并且跟他说我想骗 30 万元，还承诺事成之后平分。

（4）与同案犯 B 的关系：B 是我的表弟。

（5）与被害人 C 的关系：不认识，只是通过 B 介绍的。

（6）诈骗 C 的过程：前期工具都是我准备的，准备好后，通过表弟，将 C 约在重庆的时光咖啡店见面。见面之后，我看到是两个人来，怕引起怀疑，我要求只跟 C 谈话，其余的在楼下等着。为了让 C 放下戒备，让他验货。后来，他信以为真，便同意拿准备好的钱交换。交换之后，我就叫了车把他们送走，他们走之后我们就立即走了。

（7）骗取钱财的情况：初步想要 30 万元，但最后只得到了 24 万元，与表弟进行平分。

四、犯罪嫌疑人 B 资料

1. 向指导教师询问相关信息

向指导教师询问所承担的角色任务，并询问同伙 A 的姓名及其与 A 的关系（资料中以 A、B 代称，回答侦查提问时以指导教师提供的化名陈述）。

2. 侦查员提问才回答的内容

（1）犯罪嫌疑人 B 情况：姓名（化名），男，汉族，生于 19 × ×年，身份证号：500 × × × × × × × × × × × × × × × 、重庆市 × ×县人，无业，有盗窃前科（在逃）。

（2）与犯罪嫌疑人 A 的关系：A 是我的表哥。

（3）与被害人 C 的关系：之前并不认识，后来表哥说让我给他介绍买家，我就通过网络认识了 C，之后又见了几次，我们就熟悉了起来。

（4）诈骗的原因：因为没钱。开始是表哥给我打电话说了他的计划，我开始不同意，而且我也跟他说没有作案工具，表哥说他把其他的都准备好了，只是让我介绍买家，而且事成之后将钱平分，我就心动了，答应去找买家。

（5）诈骗 C 预谋过程：有一次在时光咖啡店见面，我谎称我表哥 A 有很多高仿真的假币，并拿出了几张一百元面值的真币谎称假币结账让 C 相信。我看他的警惕性好像放松了下来，就继续跟他说我表哥有很多这样的假币，并称如果用 30 万元可以换 90 万这样的钱，还承诺如果以后觉得有麻烦可以找我把钱换回去。他后来想了一会儿跟我说他暂时拿不出这么多的钱，需要找他的堂弟 D 筹钱。后来他们筹到了 24 万元，跟我打电话说没能筹到 30 万元，我为了能把 24 万元留下来，就跟他说我和表哥可以帮他们先把 6 万元垫出来。20 × ×年 9 月 2 日，C、D 准备开车去见面地点，我为了保险起见，让他们不要开自己的车去。之后在时光咖啡店 2 楼的 888 包房见面，后来我表哥让我跟 D 先下楼等着，他要跟 C 单独谈谈，过了一会儿，我表哥让我把我们事先准备好的密码箱提了上去，D 也拿着钱上去了。交换了之后，就让他们先走了，我们拿到了钱也就走了，避免他们怀疑。

（6）骗取钱财的情况：初步想要 30 万元，但最后只得到了 24 万元，与表哥平分了。

五、被害人 C 资料

1. 向指导教师询问相关信息

向指导教师询问所承担的角色任务，并询问案件中自己堂弟的姓名（资料上以 C、D 代称，回答侦查提问时以指导教师提供的化名陈述）。

2. 侦查人员提问才回答的内容

（1）被害人情况：姓名（化名），38 岁，重庆市 × ×县人。

（2）与两名犯罪嫌疑人的关系：我是先跟B在网络上认识的，跟A并不熟悉，只是从B那里听说是他的表哥。

（3）被骗经过：我和B是通过网络认识的。第一次见面是20××年8月中旬，在时光咖啡店。两天后，我们在时光咖啡店再次见面，他讲他表哥有很多高仿真的假币。他拿出几张一百元面值的假币去结账，并花出去了。B说他表哥有很多这样的假币，他让我准备30万元，可以换90万元这样的钱，并说以后可以找他把钱换回去。我动心了，但是我跟他说我暂时拿不出这么多钱，需要找我的堂弟借，他答应了。

（4）被骗钱财当天的情况：我找到我的堂弟D，跟他说B的表哥有一批高仿真的假币，要我们拿30万元做抵押。D开始不愿意，我给他1张B给我的钱，D拿去验，说可以用，他就答应了。20××年9月2日，我和D带了24万元乘车到重庆××区的时光咖啡店，我和D还有B进茶楼时，A已经在那里了，A让B和D先下楼，他跟我谈了假钞的来历，叫我们把假钞拿去用，后拿了一个旅行箱进来。A说箱子里有90万元的假钞，要我们拿30万元作抵押，我说只有24万元，他说行，帮我垫6万元。我让D把我们带的钱拿上来给B。A把我们送下楼，并帮我们拦了一辆出租车，送我们走。我找A要箱子的密码，他说到家再告诉我。后来我和D把箱子打开看，里面装的是像冥币一样的钱，虽然是人民币的图案，但印刷很粗糙，用塑料膜包装。我们给B的钱是从银行取出来的钱，共24万元。

六、证人D资料

1. 向指导教师询问相关信息

向指导教师询问所承担的角色任务，并询问堂哥的姓名（资料上以C、D代称，回答侦查提问时以指导教师提供的化名陈述）。

2. 侦查人员提问才回答的内容

（1）证人情况：姓名（化名），35岁，重庆市××县人。

（2）与两名犯罪嫌疑人的关系：不认识，只是听我的堂哥说是他的朋友。

（3）给堂哥钱的经过：20××年8月31日，我堂哥说他认识的一个朋友B的表哥A手上有大笔的高仿真假币，他拿出1张面值100元的假币，说是B的表哥给的，我不放心，后来我们在银行柜台上把钱存进了银行卡，确认这钱可以以假乱真，我才放心。C让我跟他筹30万元现金，说可以换90万元。我说只能筹到24万元，C说B和他的表哥可以出6万元。后来我就把钱给了堂哥。

（4）被骗钱财当天的情况：20××年9月2日，我们准备开车去之前见面的地点，但B说不能开车去。我们乘车去了时光咖啡厅，一起上了2楼888包房，见到了B所说的表哥。A说怎么来了两个人，他说不见生人，要单独和我堂哥谈，让我和B在楼下等着。半小时后，我堂兄打电话叫我上去，我进了包房，房里多了一个密码箱。我问C钱看好了没有。C说看好了，都是可以以假乱真的假币。堂哥让我把装现金的袋子给他们，他们数了之后说有24万元，并把钱拿着，之后把我和C送下楼，并在门口帮我们拦了出租车，把我们送上车，并将那个密码箱也放在出租车上。路上，我说把箱子打开看看，C给对方打电话要箱子的密码。打完电话后，他说对方没说，让他回家后再开箱子看，免得不安全。后来我们发现里面装的像冥币一样的东西。我们调头回去找，人都不见了，就立即报警。

七、公安信息资料

1. 资料的使用

侦查人员第一次向指导教师报告时，指导教师提供如下资料，并强调该资料是向小组汇报的内容。

2. A、B（化名）等人的身份信息

接到报案后，公安机关展开调查，××区分局刑侦大队根据排查全国涉及假币诈骗高危人群信息、在逃人员信息登记表，获取了A、B（自己真实姓名）等人的身份信息。

（1）A，男，19××年×月×日，身份证号：500×××××××××××××××，户籍地：重庆市××区××县，涉嫌罪名：诈骗罪。

（2）B，男，19××年×月×日，身份证号：500×××××××××××××××，户籍地：重庆市××区××县，涉嫌罪名：诈骗罪。

八、汇报侦查结果的侦查人员资料

在专案组问及依据公安信息资料展开侦查工作的结果时，侦查人员主动向专案组汇报侦查工作获得的以下情况。

辨认笔录（已简化）：被害人C、证人D的辨认笔录证实，犯罪嫌疑人A、B就是以卖假币方式骗走其人民币24万元的人。

物证照片（已简化）：提供本案的作案工具密码箱；假币的外部特征和数量照片。

银行卡流水记录（已简化）：经查询，20××年9月2日户名为D的账户，取款人民币24万元。

第四节　通信信息研判实训操作手册及资料

一、教师实训指导手册

本手册供实训指导教师使用。

（一）实训总体思路

1. 基本案情

20××年7月23日14时许，经事先微信联系，犯罪嫌疑人A与B约定在广州市××区××村××街附近进行毒品交易。同日15时许，犯罪嫌疑人A驾驶一辆摩托车抵达上述约定地点，公安人员在证人B的协助下查获犯罪嫌疑人A，并在其摩托车车尾部缴获白色晶体1包。经检验，白色晶体净重48.37克，检出甲基苯丙胺成分。本案中B根据侦查机关侦查计划，协助抓获A。本次“交易”中，B并不构成犯罪。B的其他犯罪行为另案处理，本次实训中，不予讨论。

2. 实训整体设计

（1）采用“操作+研判”的实训模式。

（2）案情开展分两步进行：

第一步，通过询问和讯问等措施展现基本案情；

第二步，在掌握的基本案情基础上对通信信息展开研判。

（3）在学生实训过程中，指导教师不介入，但应做好发现问题的记录，并鼓励学生在实训中遇到问题首先要相互讨论、查阅文献。

（4）实训中要设置一些实务中常见的疏漏和误区，旨在培养学生发现错误的意识、提升学生实务能力。

（5）实训结束后，组织安排全班学生进行汇报总结。顺序依次为组内自评、小组互评、未实际参与实训的学生补充发言、指导教师对此次实训中存在的问题及学生表现进行点评。

（二）实训组织工作

1. 实训准备工作

（1）场地准备。选择适合案情的实训场所。

（2）物品准备。手机 2 部、模拟白色晶体 1 包、模拟摩托车的照片 1 张、印泥 1 盒等。

（3）文书材料准备。犯罪嫌疑人诉讼权利义务告知书、讯问笔录、证人诉讼权利义务告知书等。

2. 实训学生分组

（1）本次实训主题为通信信息研判，根据实训需要，建议 15 人左右为一个小组，可根据需要进行调整。

（2）指导教师在实训前一周指定小组组长，并要求小组组长根据《实训小组组长手册》做好实训准备，小组组长提醒所在实训小组学生对本次实训的知识点进行回顾。

（3）各实训小组在对知识点进行回顾后，准备实训需要的物品、相关器材、文书以供实训使用。

（4）指导教师应当事前对学生进行角色分配并交代相关注意事项。指导教师事先指定小组组长和犯罪嫌疑人、证人以及承担角色的侦查人员，其他应当开展调查工作的侦查人员由小组组长指定安排。剩余角色由指导教师在小组组长和侦查人员以外的学生中单独指定。确定全体人员后，指导教师与各承担任务的学生单独见面，并提供相应任务说明和要求。

3. 实训任务安排

（1）实训案例所需角色及其人数分配。

① 犯罪嫌疑人，1 人；

② 证人，1 人；

③ 小组组长，1 人；

④ 小组组长助手，1 人；

⑤ 承担角色任务的侦查人员，2 人；

⑥ 其他侦查人员，若干。

（2）具体任务安排。

① 犯罪嫌疑人（需由指导教师单独指定并布置任务，使用学生真实姓名，以提供的

资料内容为基础)，陈述案件事实，对有的内容不问不答。

② 证人（需由指导教师单独指定并布置任务，使用学生真实姓名，以提供的资料内容为基础)，对有的内容不问不答。

③ 小组组长（需由指导教师单独指定)，负责侦查人员的确定、召集小组成员、工作安排及模拟主管领导审批，应当将侦查员的确定情况向教师报告。

④ 小组组长助手（需由指导教师指定)，负责记录实训情况、参加人员情况，协助撰写汇报材料和制作 PPT。

⑤ 2 名承担角色任务的侦查人员（需由指导教师指定)，分别负责汇报通信信息资料和其他相关资料。

4. 实训教学事项

（1）指导教师应当告诉全体学生，本次实训的内容是对案件中通信信息的分析。

（2）单独告诉犯罪嫌疑人和证人针对不问不答资料的注意事项。

（3）未承担角色的学生可以就办案中存在的问题或工作建议向小组组长提出，由小组组长助手记录在案，视为实际参与实训。其他未实际参与实训的学生在实训结束后需要提交 1000 字以上的实训报告。

（4）指导教师对于实训过程中应注意的相关安全事项要提前告知，并予以具体说明和指导。

（5）指导教师要遵循相应的程序规范，用最为贴近实务部门的标准予以指导。

（6）与教务处协调上课的形式与实训地点。实训教学可以在校园外展开，但案情设计时应尽可能地安排在校园内。

（7）关于侦查文书的管理，未经允许不能对提供的空白侦查文书进行复制，实训结束后将全部侦查文书资料收回，领取侦查文书的学生应当登记签名。

（三）实训考查内容

1. 对通信信息研判能力的考查要点

（1）考查对有效通信信息的提取和研判能力；

（2）考查是否具备基本的信息化侦查的意识。

2. 讯问笔录的考查要点

（1）考查对讯问程序具体要求的熟悉程度以及相关法律规定的认知；

（2）考查是否具备在讯问的动态情境中感知案件信息的意识和基本能力；

（3）考查是否掌握相关法律文书规范。

3. 询问笔录的考查要点

（1）考查询问的工作流程和方法；

（2）考查面对实际情形的随机应变能力及与人沟通的能力；

（3）考查是否熟悉相关法律文书规范要求。

二、实训小组组长手册

本手册供实训小组组长使用。本实训项目教学内容是在案件具体情景中通信信息的获取、研判的流程、规范和应用。

1. 实训小组组长注意事项

（1）各小组组长由指导教师指定，扮演侦查指挥员一职，组织侦查工作的展开、按规定对有关文件签字及盖章（凡是需要盖章的地方，用一个红色圆圈表示）。

（2）实训小组组长应当组织协调全部侦查工作，并注意向全体学生阐明每一项工作内容和工作要求，记录办案过程中未承担角色学生的建议，向全体学生阐明工作计划，并指定专门人员负责考勤和记录实训内容。

（3）对实训中存在的疑问，积极查阅相关资料，有针对性地展开讨论。实训过程中教师不介入或者针对个别问题提示操作。

（4）实训结束后，安排全班学生统一回到教室（临时通知）进行总结。先由各小组以案卷或者 PPT 的形式进行汇报总结，特别注意应以在实训过程中未实际参与相关实训的学生为主要发言人；各小组组织发言完毕后，进行小组互评；最后由指导教师对自己发现的实训存在的问题及学生表现等进行点评。

2. 角色注意事项

（1）各个角色要尽可能地还原案件实况，注意角色合理的心理发展过程。

（2）针对侦查人员提问才回答的问题，特定角色应做到不问不答。

（3）资料内容未尽事宜，可自行进行合理补充，但要注意事实前后的逻辑关联性。

3. 实训组织纪律要求

（1）实训过程中各实训小组成员之间要团结协作，注意安全，共同完成任务。

（2）各实训小组之间不能私下互相打听掌握的情况，要独立完成任务。

（3）实训过程中无论是否承担角色，必须在场，会有专人做好考勤记录，无故不到者视为缺课。

（4）其他未尽事宜由各实训小组自行拟定。

三、犯罪嫌疑人 A 资料

1. 向指导教师询问相关信息

向指导教师询问所承担的角色任务，完成小组组长指派的任务。

2. 侦查人员提问才回答的内容

（1）犯罪嫌疑人 A 的情况：真实姓名，男，汉族，生于 19××年，身份证号 440×××××××××××××××，广州市××村人，无业，微信昵称为“邂逅的回忆”。

（2）犯罪经过：20××年 7 月 23 日 14 时许，我在××区××镇的家中收到“小龙女”的微信。她向我说要买一盒冰毒，我说有一盒，但比较散，要 2700 元才卖，她说没有问题，并要我将冰毒送到广州市××区××村××街一巷 4 号的对面给她。我带着一盒冰毒从家开着摩托车到约定的地点，锁好车，走到对面巷子里，想看一下“小龙女”住哪。约 2 分钟后，没找到她，刚从巷子出来，就被公安机关抓了。

（3）与案中“小龙女”的关系：不是很熟，就是我的一个买家。

四、证人 B 资料

1. 证人 B 情况

真实姓名，25 岁，广州市××村人。我在微信上的昵称是“小龙女”。

2. 与犯罪嫌疑人的关系

并不是很熟，只是在购买毒品时在微信上有联系，是通过别人介绍的。

3. 自首理由

贩毒和吸毒是违法犯罪行为，但是A索要的钱越来越多，我承受不了，基于报复犯罪嫌疑人A的心理向公安机关自首。

4. 事件经过

20××年7月23日8时许，我到公安机关投案自首，并表示愿意协助公安机关抓获向其贩卖冰毒的男子。当日14时许，我用微信联系该男子，用微信语音的方式向该名男子询问购买毒品冰毒的情况，并约定在广州市××区××村××街一巷4号对面马路边，购买一盒冰毒，50克，价格为2700元。当时，还约定于贩毒男子到指定地点前十分钟左右发信息，我便用微信转给他2700元，之后他再将冰毒交给我。后来，便衣民警开车带着我，到广州市××区××村××街一巷4号附近等该男子出现。15时许，该男子骑着一辆摩托车来了，并发微信叫我进行冰毒交易，这时埋伏在附近的便衣民警把该男子抓获并带回派出所调查。（注：经辨认照片，证人辨认出犯罪嫌疑人A就是向其贩卖毒品的男子。）

五、通信信息资料

犯罪嫌疑人A、证人B签认的照片证实：犯罪嫌疑人A与证人B二人的微信个人信息，其中犯罪嫌疑人A的微信昵称为“邂逅的回忆”，证人B的微信昵称为“小龙女”；记载着犯罪嫌疑人A被抓当天微信聊天内容的照片。

广州市公安局电子数据检验鉴定实验室出具的×公网勘〔20××〕3088号电子数据检查工作记录证实：公安机关将从犯罪嫌疑人A处缴获的魅族手机进行电子数据检查，从中提取了通信信息，其中包括犯罪嫌疑人A与证人B在被抓当天及之前的微信聊天记录（语音及文字聊天内容），案发当日的部分内容具体如下：

小龙女（13：59：35）：我想问问你，因为我现在赶着今晚给向我拿货的人，我给你也好，给谁都好，都是3000多，我看看你能不能拿到两件，让我赚几百元，如果你2700能给我，看看能不能拿两件。

小龙女（13：59：43）：如果没有，一件都可以，我拿来先顶着先给别人。

邂逅的回忆（14：00：51）：有是有，如果你是什么的，我2700给你，我到哪里给你？

小龙女（14：04：05）：你是不是现在就有？如果有就赶紧拿一盒给我应应急，因为我答应别人四点左右就立即给人，你现在从××过来都要一个小时，每次都失约，不好。如果你不认识路就来我租房子那里，就是我以前租房子的地方。

小龙女（14：04：25）：你实际多少钱给我？

邂逅的回忆（14：05：16）：等5分钟给答复你。

小龙女（14：05：55）：你不是说有的吗？现在我答应了别人。

邂逅的回忆（14：07：28）：我拿过去。2700给你。

小龙女（14：07：59）：好的好的，还是去我以前宿舍楼下。你告诉我大概几点到，我直接从××过去，你大概几点到？

小龙女（14：09：02）：2700你能给我多少？有没有两盒？如果有最少两盒，如果没有一盒都要。

邂逅的回忆（14：10：24）：这盒比较碎的，我本来是想等下午那批货到了再给你，但是见你又那么急似的，我想等不了了吧，碎就碎了点，但货是没有问题的。

小龙女（14：11：30）：哦，你那里够不够一盒？够就先拿给我，对方也是长期拿的，今天早上他已经催我，如果平时不会说跟我要几盒都没有。

邂逅的回忆（14：12：10）：得了，你说怎样就怎样得了。

邂逅的回忆（14：12：21）：我现在过去。

小龙女（14：12：32）：你是不是现在拿过来给我？你讲个时间，我现在出去拿钱，我不用这么热在那边等你。

小龙女（14：12：45）：你也知道那边我已经没有租了，但你熟悉那边，其他地方你也不熟。

邂逅的回忆（14：14：32）：半小时到。

邂逅的回忆（14：16：55）：你方便先转钱来，还是？因为我还有个兄弟做的，不然很难说过去。

邂逅的回忆（14：19：29）：怎样，我现在过去了？

小龙女（14：20：18）：行，我可以打给你。你这样吧，你大概还有10分钟快到了，我再打给你可以吗？我现在要出去存钱。

六、其他相关资料

1. 抓获经过

20××年7月23日15时许，侦查人员在B协助下在广州市××区××村××街查获涉嫌贩卖毒品的犯罪嫌疑人A，并在其驾驶的摩托车上搜查出白色晶体1包，后将其带回公安机关审查。

2. 相关笔录及照片证实内容

（1）案发现场的情况：公安人员对从犯罪嫌疑人A驾驶的摩托车处查获的牙膏盒内的1包白色晶体进行称重取样，取样前净重48.37克（编号为×××），所取样品净重0.84克（编号为×××-1）。

（2）公安机关扣押了犯罪嫌疑人A的苹果手机1台、魅族手机1台、所驾驶的摩托车1辆。

（3）公安机关扣押的白色晶体1包，已移交广州市公安局××区分局禁毒大队。

（4）犯罪嫌疑人A对摩托车1辆、牙膏盒内白色晶体1包、抓获现场的照片进行签认。

3. 检验报告

（1）广州市××区公安司法鉴定中心出具的××公（司）鉴（化）字〔20××〕281号理化检验报告及该报告的物证鉴定档案证实：编号为×××的检材是从犯罪嫌疑人A摩托车上缴获的物品中所提取的，该检材中检出甲基苯丙胺成分。

（2）犯罪嫌疑人A的尿液检测结果为氯胺酮、吗啡呈阴性，甲基安非他命呈阳性。

4. 视听资料

整个搜查过程犯罪嫌疑人 A 均在场。

第五节 生物痕迹信息研判实训操作手册及资料

一、教师实训指导手册

本手册供实训指导教师使用。

（一）实训总体思路

1. 基本案情

20××年 3 月 24 日 20 时许，犯罪嫌疑人 A 在辽宁省沈阳市××区××村拆迁区一处工棚内因琐事与被害人 B 争吵后厮打。随后，双方在拆迁区一平房内的临时住处再次发生厮打。犯罪嫌疑人 A 持木板等工具击打被害人 B 头面部、肋部等处，并将其拖拽至平房外路边后逃离现场。这使被害人 B 在乙醇中毒的基础上，因身体受到钝性外力作用造成较广泛性软组织挫伤、出血、多发性肋骨骨折出现创伤性休克，加上长时间暴露于寒冷环境，体温过低而死亡。犯罪嫌疑人 A 于 20××年 3 月 28 日被公安机关抓获。

上述基本案情，指导教师不向学生详细陈述。实训开始时仅作概要说明，本次实训案例为一起杀人案件，实训活动内容为案件中生物痕迹信息的分析与利用。

2. 实训整体设计

（1）采用情景展开式与对抗式相结合的实训模式，学生进行角色扮演，分组演练，通过实训，对知识进行查漏补缺。

（2）案情展开中分两步进行：第一步，由相关人员陈述基本情况；第二步，对侦查人员应当根据案件侦查需要追问的事实，采取“不问不说”的方式，这个方法便于让学生对所学知识学会灵活运用。

（3）在学生实训过程中，指导教师不介入，但应做好发现问题的记录，并鼓励学生在实训中遇到问题时要相互讨论、查阅文献。

（4）实训中要设置一些实务中常见的疏漏和误区，旨在培养学生发现错误的意识，提升学生实务能力。

（5）实训结束后，组织安排全班学生进行汇报总结。顺序依次为组内自评、小组互评、未实际参与实训的学生补充发言、指导教师对此次实训中存在的问题及学生表现进行点评。

（二）实训组织工作

1. 实训准备工作

（1）场地准备。西南政法大学某教学楼某教室一间。

（2）物品准备。帽子、烟蒂、铁锤、木棒、木板、铁锹头、竹棍、口罩等物品。

（3）勘查器材准备。刑事照相器材、普通犯罪现场勘查箱、痕迹物证勘查箱、印泥、纸笔等。

（4）文书材料准备。受案登记表、受案回执、立案决定书、现场勘查笔录、犯罪嫌疑人诉讼权利义务告知书、讯问笔录、证人诉讼权利义务告知书、亲笔证词、鉴定意见各一份。

2. 实训学生分组

（1）本次实训主题为生物痕迹信息的应用，根据实训需要，建议 10 ~ 15 人为一个小组，可根据需要进行调整。

（2）指导教师在实训前一周指定小组组长，并要求小组组长根据《实训小组组长手册》做好实训准备，提醒学生对该次实训的知识点进行回顾。

（3）各实训小组在对知识点进行回顾后，准备实训需要的物品、相关器材、文书以供实训使用。

（4）指导教师应当事前对学生进行角色分配并交代相关注意事项。指导教师事先指定小组组长和犯罪嫌疑人、承担角色的证人，侦查人员由小组组长指定安排。

3. 实训任务安排

（1）实训案例所需角色及其人数分配。

① 犯罪嫌疑人，1 人；

② 证人，1 人；

③ 小组组长，1 人；

④ 小组组长助手，1 人；

⑤ 现场勘查人员组长，1 人；

⑥ 侦查人员，6 人。

（2）具体任务安排。

① 犯罪嫌疑人，姓名资料和案件情况等以本实训提供的资料为准，对有的内容不问不答。

② 证人，相关信息以本实训提供的资料为准，对有的内容不问不答。

③ 小组组长，负责相关侦查人员的确定，召集小组成员，工作安排及模拟主管领导审批。小组组长应将其他侦查人员的确定情况向指导教师汇报。

④ 小组组长助手，负责记录实训和参加人员情况，协助撰写汇报材料和制作 PPT。

⑤ 现场勘查人员组长，负责现场勘查指挥和临时情况处理。

⑥ 侦查人员，负责实地勘查、调查访问和视频侦查等具体侦查工作，并及时向“专案组”报告结果。相关信息以本实训提供的资料为准。

4. 实训教学事项

（1）指导教师应当告诉全体学生，本次实训的内容是对案件中生物痕迹信息的分析、提取与应用。

（2）单独告诉犯罪嫌疑人相关案情内容以及不问不答的注意事项。

（3）单独告诉证人回答提问的内容以及不问不答的注意事项。

（4）告诉各小组组长，由其扮演主管局长一职，职责是按规定对有关文件签字及盖章（凡是需要盖章的地方，用一个红色圆圈表示），向全体学生阐明工作计划，听取未承担角色学生的意见。

（5）需要其他有关部门给予支持的，应当将书面请求交给指导教师，由指导教师予以协调和回复。

（6）凡是需要外出校园处理的事务，均需提出书面理由和要求，交给指导教师协调。

（7）告诉全组学生凡是需要领取有关文书的，需到指导教师处领取，但必须指明需要什么文书材料，指导教师不主动提供。实训结束后，各实训小组应提交相关书面文书材料。

（8）相关学生应当准备书写工具。

（9）要求学生在规定时间内，完成相关调查与文书制作。

（10）指导教师对于实训过程中应注意的相关安全事项要提前告知，并予以具体说明和指导。

（11）指导教师要遵循相应的程序规范，用最为贴近实务部门的标准予以指导。

（12）与教务处协调上课的形式与实训地点。实训教学可以在校园外展开，但案情设计时应尽可能地安排在校园内。

（13）关于侦查文书的管理，未经允许不准对提供的空白侦查文书进行复制，实训结束后应将全部侦查文书资料收回，领取侦查文书的学生应当登记签名。

5. 其他实训要求

（1）指导教师实训前将需要的物品放置于西政"案发现场"中。

（2）未承担角色的学生可以就办案中存在的问题或工作建议向小组组长提出，由小组组长助手记录在案，视为实际参与实训。其他未实际参与实训的学生在实训结束后需要提交1000字以上的实训报告。

（三）实训考查内容

1. 对生物痕迹信息提取分析能力的考查要点

（1）考查对有效生物痕迹信息的提取和分析；

（2）考查相关实务经验以及信息化侦查能力的有无。

2. 现场勘查笔录的考查要点

（1）考查对现场遗留物证的使用意识；

（2）考查对相关法律文书规范的熟悉、熟练程度。

3. 利用现场遗留的痕迹物证的考查要点

（1）考查对现场遗留的痕迹物证能否有效全面地提取；

（2）考查对相关送检业务的熟悉程度。

4. 讯问笔录的考查要点

（1）考查对讯问程序具体要求的熟悉程度以及相关法律规定的认知；

（2）考查在实训过程中纠错的能力以及实务经验的有无；

（3）考查对相关法律文书规范的熟悉、熟练程度。

二、实训小组组长手册

本手册供实训小组组长使用。本实训项目教学内容是在案件具体情景中生物痕迹信息的获取、利用的流程与规范。

1. 实训小组组长注意事项

（1）各小组组长由指导教师指定，扮演主管局长一职，职责是按规定对有关文件签字及盖章（凡是需要盖章的地方，用一个红色圆圈表示）。

（2）实训小组组长应当组织协调全部侦查工作，并注意向全体学生阐明每一项工作内容和工作要求，记录办案过程中未承担角色学生的建议，向全体学生阐明工作计划，并指定专门人员负责考勤和记录实训内容。

（3）告知实训所需角色人数分工由小组自行进行，指导教师不介入或者仅针对个别问题提示操作。

（4）建议对实训中存在的疑问积极查阅相关规范，指导教师不干预学生实训，仅仅做观察记录和提供相关文书资料。

（5）学生应当准备书写工具及其他记录材料。

（6）指导教师宣布实训开始后，小组组长按照以下环节组织、推进侦查活动。

① 向小组成员告知以下案件情况：20××年3月24日20时许，犯罪嫌疑人A在辽宁省沈阳市××区××村拆迁区一处工棚内因琐事与B争吵后厮打，后有群众发现B死于拆迁区一平房外的路边。首先组织侦查人员对报案人进行详细询问。

② 询问工作结束后向指导教师报告掌握的情况并听取下一步工作意见。

③ 在抓获犯罪嫌疑人后，立即对其进行讯问，并向小组成员征询有关讯问的策略方法，随后开展讯问工作。

④ 在讯问工作结束后的案情分析会上，对讯问结果展开分析判断后，由负责后续侦查的侦查人员汇报侦查结果及相关生物痕迹信息资料内容。

（7）实训结束后，安排全班同学统一回到教室（临时通知）进行总结。先由各实训小组以案卷或者PPT的形式进行汇报总结，特别注意应以在实训过程中未实际参与相关实训的学生为主要发言人；各实训小组发言完毕后，进行小组互评；最后由指导教师对自己发现的实训存在的问题及学生表现等进行点评。

2. 角色注意事项

（1）各个角色要尽可能地还原案件实况，注意角色合理的心理发展过程。

（2）针对侦查人员提问才回答的问题，特定角色应做到不问不答。

（3）资料内容未尽事宜，可自行进行合理补充，但要注意事实前后的逻辑关联性。

3. 实训组织纪律要求

（1）实训过程中各实训小组成员之间要团结协作，注意安全，共同完成任务。

（2）各实训小组之间不能私下互相打听掌握的情况，要独立完成任务。

（3）实训过程中无论是否承担角色，必须在场，会有专人做好考勤记录，无故不到者视为缺课。

（4）其他未尽事宜由各实训小组自行拟定。

三、犯罪嫌疑人资料

以下情况有提问才回答。

1. 犯罪嫌疑人情况

姓名A，男，汉族，生于19××年，身份证号：210×××××××××××××××，辽宁省沈阳市××县人，目前是一名建筑工人。

2. 陈述内容

（1）之前与被害人有无矛盾：之前并没有，当天喝了点酒，神志有些不清晰。

（2）事发的经过：20××年3月24日晚上，我砌完烟囱后喝的酒。看见B也喝酒了，我问他是不是把我捡的纸壳卖了，他说卖了怎么地，卖的钱他喝酒了。我就骂他，他过来打我，我随手拿起来一个啤酒瓶打了他，具体打到他哪里我记不清了。我俩厮打过程中，我拿起一把铁锹打他，好像没打到他。我又拿起一把镐打他，好像也没有打到他。我被拉架的人推出棚子后，回到附近我住的未拆除的民房内烧炉子准备睡觉。这时B来了，他随手拿起一根棍子打在我头顶上，当时就出血了。我用拳头打他，又拿起一把铁锹打在B的后背上，铁锹把都被打断了。我们从外面打到房内，B就倒了。我看他要死了，就把他拖到我住房左面的路边，在旁边找了一个破被给B盖上。然后，我回到我的住房睡觉了。睡到凌晨3点左右，我感觉事情不妙就跑了。一个月后我给朋友打电话问B怎么样了，才知道B死了。

四、证人C资料

1. 证人C基本资料

姓名（自己真实姓名），男，35岁，沈阳市××村人。

2. 侦查人员提问才回答的内容

（1）与犯罪嫌疑人的关系：并不是很熟，只是听到隔壁发生声响过去看看。

（2）关于当天经过：20××年3月24日晚上8点多，我听见我家对面盖的棚子（××村木质的工棚，出租给民工用的住房）里有摔东西的声音，我进去看到B躺在屋里左边的床上，A用铁锹正在打他，把灯泡都打碎了。当时也有其他人在场，其他人叫什么我不知道，我把A推出屋，让B赶紧走，但他没走。我拉架不成还被打了两拳。我看拉不开，就打“110”报警了。我走到村口等警车，约15分钟后“110”接警人员问我案发现场具体在哪里，我一边往家走一边告诉“110”现场所在地址。我回到棚子后，发现A和B两人都不在了，就告诉“110”别来了。因为昨晚A把B打得挺狠，我想看B有没有事，所以第二天早上六七点钟，我沿着路面上的血迹找B。我在村里路边发现一个棉被盖着一个人。我揭开棉被一看，发现下面的人正是B，已经死了，我就报警了。

（3）发生争执的原因是否清楚：A为什么要打B我不清楚。

五、生物痕迹信息资料

1. 中国医科大学法医司法鉴定中心制作的司法鉴定意见

（1）法医毒物检验报告书。证实B血液中酒精含量为157.2mg/100mL；尿液中酒精含量为195.6mg/100mL；胃内容物中酒精含量为160.3mg/100g。

（2）法医临床鉴定意见书。证实B面部多处皮肤创口，所记录的创口累计长度13.3cm；尸体解剖见左侧第2～9根肋骨及右侧第4～7根肋骨骨折，总计12根肋骨骨折。面部皮肤创口及肋骨骨折的损伤程度均为轻伤一级。

（3）法医病理鉴定意见。证实被害人B系在乙醇中毒的基础上，因身体受到钝性外力作用造成较广泛性软组织挫伤、出血及多发性肋骨骨折引起创伤性休克，加上暴露于寒冷环境中引起的体温过低而死亡。

2. 沈阳市公安司法鉴定中心制作的鉴定书及侦查机关出具的情况说明

该说明证实从案发现场（犯罪嫌疑人住处）的地面、炕上及提取的铁锤头、铁锤柄、木棒、竹棍、小锹头、木板、口罩上的疑似血迹及生物痕迹与尸体血在检出的 D8S11××等20个基因座基因型相同；从案发现场提取的帽子上的生物痕迹与犯罪嫌疑人 A 血样，在检出的 D8S11××等20个基因座基因型相同。

六、侦查工作资料

经过侦查，犯罪嫌疑人 A 于20××年3月28日被抓获。进一步侦查工作后，掌握以下情况。

（1）经播放侦查机关制作的上述供述内容的同步录音录像，犯罪嫌疑人 A 对视频内容予以确认。

（2）另有辨认笔录、照片及同步录音录像，可证实经侦查机关组织辨认，犯罪嫌疑人 A 确认本案被害人系 B。

（3）另有辨认笔录及照片，经侦查机关组织辨认，C 确认殴打 B 的人系犯罪嫌疑人 A、被害人系 B。

（4）将侦查机关调取的报警情况登记表与 C 证言相结合，可证实 C 于20××年3月24日20时30分许拨打“110”报警称沈阳市××区××村有人打架和次日6时10分许拨打“110”报警称在上述地点发现有人倒地等事实。

（5）侦查机关制作的现场勘验检查笔录及出具的情况说明，证实案发现场方位、被害人尸体状态及侦查人员从现场提取了帽子、烟蒂、铁锤头、木棒、木板、铁锹头、竹棍、口罩等物品和疑似血迹，并送检 DNA 等情况。

（6）有现场指认笔录及照片，可证实犯罪嫌疑人 A 到案后，指认上述现场系其实施犯罪的地点。

（7）有沈阳市气象资料证明及情况说明，可证实20××年3月24日13时至3月25日13时，天气晴，最高气温11.2℃，最低气温−6.2℃，相对湿度17%～77%，西南风转北风1～2级。此情节与犯罪嫌疑人供述案发时天气冷的内容吻合，亦可佐证被害人死亡原因。

（8）侦查机关制作的受案登记表、案件来源、侦破报告、抓捕经过，证实本案案发及犯罪嫌疑人 A 到案的情况。

（9）侦查机关调取的户口证明、电话查询记录，可证实犯罪嫌疑人和被害人的自然情况、犯罪嫌疑人作案时达到法定刑事责任年龄。

第六节　视频监控信息研判实训操作手册及资料

一、教师实训指导手册

本手册供实训指导教师使用。

（一）实训总体思路

1. 基本案情

20××年12月30日11时30分许，犯罪嫌疑人A、B驾驶宁ABC931号银灰色“现代途胜”越野车到××县××镇，两名犯罪嫌疑人将所驾驶车辆停放在××镇农业银行对面的路肩上伺机寻找盗窃目标。后犯罪嫌疑人A发现被害人C进入农业银行，便下车将随身携带的空心钉支在被害人C驾驶的宁AB4206号白色皮卡车左前轮胎下，待被害人C出银行后驾驶车辆离开时，车轮胎被扎破。后犯罪嫌疑人A、B驾驶车辆尾随被害人C驾驶的车辆至××县××镇北街“李×轮胎店”，趁被害人C修补轮胎之际，犯罪嫌疑人A拉开车门，将C车内所放的灰色金利来提包盗走后与犯罪嫌疑人B驾车逃离。包内装有现金14000元及身份证、银行卡、驾驶证等物品。经鉴定，被盗手提包价值人民币800元，被盗窃数额为14800元。

2. 实训整体设计

（1）采用情景展开式与对抗式相结合的实训模式，学生进行角色扮演，分组演练，对知识进行查缺补漏。

（2）案件现场模拟还原。实训小组根据所给案件基本材料模拟还原案件现场情况。根据案件基本材料布置还原现场，运用PPT、视频等形式展示案件现场及其周围情况，以及犯罪嫌疑人在实施犯罪过程中所遗留的各种证据材料。由相关人员陈述基本情况。

（3）实训小组根据还原的案件现场实施现场勘查，获取案件现场勘查情况。对侦查人员应当根据案件侦查需要追问的事实采取“不问不说”的方式，这个方法便于让学生对所学知识学会灵活运用。

（4）由实训小组组长组织开展案件梳理工作。首先，每个侦查人员汇集现场勘查所获得的信息，记录员做好记录。其次，侦查人员根据所汇集的信息，提出自己的分析意见。最后，实训小组组长要充分听取每个侦查人员的分析意见，进行汇总，在此基础上达成共识，形成当前侦查工作分析的结论以及后续侦查工作的部署。

（5）关于视频监控信息的分析和提取的实训中应注意的问题。在具体案件中首先要判断是否存在可利用该信息的条件，其次就是对该信息的有效性进行甄别和利用。要注意此类信息研判应注意的误区和运用的要点。

（6）在学生实训过程中，指导教师不主动介入，但应做好发现问题的记录，并鼓励学生在实训中遇到问题时要相互讨论、查阅文献。

（7）实训中要设置一些实务中常见的疏漏和误区，旨在培养学生发现错误的意识、提升学生实务能力。

（8）实训结束后，组织安排全班学生进行汇报总结。顺序依次为组内自评、小组互评、未实际参与实训的学生补充发言、指导教师对此次实训中存在的问题及学生表现进行点评。

（二）实训组织工作

1. 实训学生分组

（1）本次实训主题为视频监控信息的分析和提取，根据实训需要，建议15人左右为一个小组，可根据需要进行调整。

（2）指导教师在实训前一周指定小组组长，并要求小组组长根据《实训小组组长手册》做好实训准备，小组组长提醒所在实训小组学生对该次实训的知识点进行回顾。

（3）各实训小组在对知识点进行回顾后，准备实训需要的物品、相关器材、文书以供实训使用。

（4）指导教师应当事前对学生进行角色分配并交代相关注意事项。指导教师事先指定小组组长和报案人，应当开展调查工作的侦查人员由小组组长指定安排。剩余角色由指导教师在小组组长和侦查人员以外的学生中单独指定。确定全体人员后，指导教师与各承担任务的学生单独见面并提供相应任务说明和要求。

2. 实训任务安排

（1）实训案例所需角色及其人数分配。

① 被害人，1 人；

② 犯罪嫌疑人，2 人；

③ 小组组长，1 人；

④ 小组组长助手，1 人；

⑤ 现场勘查人员组长，1 人；

⑥ 侦查人员，6 人。

（2）具体任务安排。

① 被害人（需由指导教师单独指定并布置任务，使用真实姓名，以提供的资料内容为基础），陈述案件事实，对有的内容不问不答。

② 犯罪嫌疑人（需由指导教师单独指定并布置任务，使用真实姓名，以提供的资料内容为基础），陈述相关案件事实，对有的内容不问不答。

③ 小组组长（需由指导教师单独指定），负责侦查人员的确定、召集小组成员、工作安排及模拟主管领导审批，应当将侦查人员的确定情况向指导教师报告。

④ 小组组长助手（需由指导教师指定），负责记录实训情况、参加人员情况，协助撰写汇报材料和制作 PPT。

⑤ 现场勘查人员组长（需由小组组长指定），负责现场勘查情况的指挥和临时情况的处理。

⑥ 侦查人员（需由小组组长指定），负责现场的实地勘验、调查访问、视频侦查等具体侦查工作，并且侦查人员应当将工作情况根据指挥员要求向“专案组”报告结果，根据提供的资料进行回答。

3. 实训教学事项

（1）指导教师应当告诉全体学生本次实训的内容是对案件中视频监控信息的分析和提取。

（2）单独告诉被害人案情内容以及不问不答的注意事项。

（3）单独告诉犯罪嫌疑人案情内容以及不问不答的注意事项。

（4）告诉各小组组长，由其扮演主管局长一职，职责是按规定对有关文件签字及盖章（凡是需要盖章的地方，用一个红色圆圈表示），向全体学生阐明工作计划，听取未承担角色学生的意见。

（5）需要其他有关部门给予支持的，应当将书面请求交给指导教师，由指导教师予以协调和回复。

（6）凡是需要外出校园处理的事务，均应提交书面理由和请求，交给指导教师协调。

（7）告诉全组学生，凡是需要领取有关文书的，应到指导教师处领取，但必须指明需要什么文书材料，指导教师不主动提供。实训结束后，各实训小组应提交调查访问工作的相关书面文书材料。

（8）相关学生应当准备书写工具。

（9）要求学生在规定时间内，完成相关调查与文书制作。

（10）指导教师对于实训过程中应注意的相关安全事项要提前告知学生，并予以具体说明和指导。

（11）指导教师要遵循相应的程序规范，用最为贴近实务部门的标准予以指导。

（12）与教务处协调上课的形式与实训地点。实训教学可以在校园外展开，但案情设计时应尽可能地安排在校园内。

（13）关于侦查文书的管理，未经允许不准对提供的空白侦查文书进行复制，实训结束后将全部侦查文书资料收回，领取侦查文书的学生应当登记签名。

4. 其他实训要求

（1）指导教师实训前将需要的案例物品放置于西南政法大学“案发现场”中。

（2）未承担角色的学生可以就办案中存在的问题或工作建议向小组组长提出，由小组组长助手记录在案，视为实际参与实训。其他未实际参与实训的学生在实训结束后需要提交 1000 字以上的实训报告。

（三）实训考查内容

1. 对视频监控信息提取和分析能力的考查要点

（1）考查对视频监控信息的提取和分析；

（2）考查相关实务经验以及信息化侦查能力的有无。

2. 现场勘查笔录考查要点

（1）考查对现场遗留物证的使用意识；

（2）考查对相关法律文书规范的熟悉、熟练程度。

3. 询问笔录考查要点

（1）考查询问“被害人”的仔细程度与工作流程；

（2）考查对相关法律文书规范的熟悉、熟练程度。

4. 讯问笔录考查要点

（1）考查对讯问程序具体要求的熟悉程度以及相关法律规定的认知；

（2）考查在实训过程中纠错的能力以及实务经验的有无；

（3）考查对相关法律文书规范的熟悉、熟练程度。

5. 视频的发现与应用的意识与能力的考查要点

（1）考查查找视频的能力；

（2）考查视频分析与利用的能力。

二、实训小组组长手册

本手册供实训小组组长使用。本实训项目教学内容是在案件具体情景中视频监控信息的分析和提取。

1. 实训小组组长注意事项

（1）各小组组长由指导教师指定，扮演主管局长一职，按规定对有关文件签字及盖章（凡是需要盖章的地方，用红色圆圈表示）。

（2）实训小组组长应当组织协调全部侦查工作，并注意向全体学生阐明每一项工作内容和工作要求，记录办案过程中未承担角色学生的建议，向全体学生阐明工作计划，并指定专门人员负责考勤和记录实训内容。

（3）告知实训所需角色人数，分工由小组自行进行，指导教师不主动介入或者仅针对个别问题提示操作。

（4）告知承担具体角色的学生不能擅自向其他任何人透露其知晓的案情内容，特别是材料中指定的内容；告知未承担角色的学生可以仔细观察办案过程中的活动情况，针对办案中存在的问题或工作建议，可以提出自己的见解及依据，该学生可以视为实际参与实训；其余未承担角色且实训中没有提出建议的学生，需要撰写1000字以上的实训报告。

（5）建议对实训中存在的疑问积极查阅相关规范。指导教师不干预学生实训，仅仅做观察记录和提供相关文书资料。

（6）学生应当准备书写工具及其他记录材料。

（7）实训基本流程如下。

① 指导教师宣布实训开始后，小组组长向全体学生介绍基本案情：

报案人称，20××年12月30日11时30分许，被害人C驾驶宁AB4206号白色皮卡车到××农业银行取款，驾车离开不久便发现车轮被扎，便驾车至最近的××县××镇北街“李×轮胎店”补胎。轮胎补好准备离开时，发现放在车内副驾驶座位上的灰色金利来提包不见了。包内装有现金14000元及身份证、银行卡、驾驶证等物品。经鉴定，被盗手提包价值人民币800元，被盗窃数额为14800元。现在报案人已经在这里了，要求侦查人员立即进行详细询问。

② 询问工作结束后向指导教师报告掌握的情况并听取下一步工作意见。

③ 在抓获犯罪嫌疑人后，向小组征询有关讯问的策略方法，随后开展讯问工作。

④ 在讯问工作结束后的案情分析会上，除对讯问结果进行分析判断以外，由开展后续侦查的侦查人员汇报侦查结果及相关视频监控资料内容。

⑤ 每一项任务完成后，小组组长向指导教师汇报详细情况和下一步工作计划，并听取指导教师提供的案件侦查信息。

（8）实训结束后，安排全班统一回到教室（临时通知）进行总结。先由各小组以案卷或者PPT的形式进行汇报总结，特别注意应以在实训过程中未实际参与相关实训的学生为主要发言人；各小组组织发言完毕后，再进行小组互评；最后由指导教师对自己发现的实训存在的问题及学生表现等进行点评。

2. 角色注意事项

（1）各个角色要尽可能地还原案件实况，注意角色合理的心理发展过程。

（2）针对侦查人员提问才回答的问题，特定角色应做到不问不答。

（3）资料内容未尽事宜，可自行进行合理补充，但要注意事实前后的逻辑关联性。

3. 实训组织纪律要求

（1）实训过程中各实训小组成员之间要团结协作，注意安全，共同完成任务。

（2）各实训小组之间不能私下互相打听掌握的情况，要独立完成任务。

（3）实训过程中无论是否承担角色，必须在场，会有专人做好考勤记录，无故不到者视为缺课。

（4）其他未尽事宜由各实训小组自行拟定。

三、犯罪嫌疑人 A 资料

1. 向指导教师询问相关信息

向指导教师询问所承担的角色任务，并询问案件中同案犯的姓名（资料上以 A、B 代称）。

2. 侦查人员提问才回答的内容

（1）犯罪嫌疑人情况：姓名 A（真实姓名），男，汉族，生于 19××年，身份证号××××××××××××××××××，××省××县人，无业。

（2）与同案犯 B 的关系：是我家的远房亲戚。

（3）与 B 谋划犯罪的过程：20××年 12 月份，我从老家到××市找到 B，居住在 B 家。其间，让 B 帮我找辆出租车，B 称他有车。我告诉 B，“我干什么不要管”，承诺每天给 B 300 元车费作为报酬，B 就答应了。

（4）作案过程：20××年年底的一天，早上 7 点多，我乘坐 B 驾驶的银灰色越野车准备到××县××镇，一路上我在后排座睡觉。车到了××镇，我让 B 将车停在××镇农业银行对面。我下车寻找作案目标，我看见有人开着一辆皮卡车停在农行门口，这个人下车后背着一个包进了农行。我便利用事先准备好的空心钉扎在火柴盒上，将火柴盒平放（空心钉立了起来，尖的一端向上）在皮卡车的左前轮胎下。我就在不远处站着等驾驶皮卡车的人回来。该男子出来后驾车离开，我便让 B 开车跟着皮卡车一直到修车店。B 将车停在距离皮卡车十几、二十米的地方，我下车趁开皮卡车的人不注意，打开皮卡车副驾驶座的车门将包偷走。随后与 B 驾车返回。在返回途中其看到包内装有现金 1 万多元，我顺手将包扔在了路边。到家后，给了 B 两三千元，剩下的钱被我挥霍了。

（5）与被害人的关系：不认识，是随机找的作案对象。

（6）车辆情况：开的是宁 ABC931 号银灰色“现代途胜”越野车。

四、犯罪嫌疑人 B 资料

1. 向指导教师询问相关信息

向指导教师询问所承担的角色任务，并询问案件中同案犯的姓名（资料上以 A、B 代称）。

2. 侦查人员提问才回答的内容

（1）犯罪嫌疑人情况：姓名 B（真实姓名），男，汉族，生于 19××年，身份证号××××××××××××××××××，××省××县人，××公司职员。

（2）与同案犯 A 的关系：一个远房亲戚。

（3）是否清楚同案犯 A 做的什么事：不清楚。A 只是拜托我帮他租一辆出租车，然后每天给我 300 块钱劳务费，我就答应了。

（4）案发当天的情况：我不太清楚，也没问。只是让我开车，他说让我停在哪里我就停在哪里，后来 A 还给了我大概两三千块。

（5）车辆情况：开的是宁 ABC931 号银灰色“现代途胜”越野车。

五、被害人资料

报案时主动向侦查人员陈述，但其中某些内容可以在侦查人员提问时才回答。

1. 被害人情况

姓名 C（自己的真实姓名），36 岁，××省××县人。

2. 关于当天的情况

20××年 12 月 30 日 11 点 30 分左右，我驾驶宁 AB4206 号皮卡车到××农业银行办理存款业务，后又到农行的自动取款机上办理了转账业务，随后我驾车准备去××镇北街的加油站加油，到加油站时我感觉靠驾驶座一边的轮胎没气了，遂掉头去北街的“李×轮胎店”修理厂去补轮胎，到修理厂后将车停在修理厂门口，我下车后没有锁车门就跟着修理厂的人将车轮胎卸下拿到店里去补，发现轮胎是被空心钉扎破的，大约 1 分钟后，我从修理厂出来发现放在副驾驶座位上的钱包不见了，我就打电话报了警，被盗钱包内装有现金 14000 元、身份证、驾驶证、银行卡、手机，我被盗的手提包是于 20××年 8 月下旬花 1300 元购买的，是金利来牌子的。

六、视频监控信息资料

1. 提前准备的信息资料

过往车辆信息查询记录、智能卡口监控图片、测速卡口方位示意图及照片情况说明。

2. 向指导教师报告相关信息

视频调查人员仔细梳理所接受任务应当做的工作内容和要求，完成小组组长指派任务后，应当立即向实训指导教师汇报并听取其指令。

3. 向指导教师报告的资料

视频调查人员完成任务后向指导教师报告时，提供以下资料。

（1）20××年 12 月 30 日 7 时 41 分 18 秒，宁 ABC931 号越野车由西向东从××县道 15km + 180m 处（××市××与××中间的路段）卡口通过，13 时 19 分 51 秒该号牌车由东向西从××县道 15km + 180m 处卡口通过。

（2）犯罪嫌疑人 B 居住小区的监控未保存，无法调取相关资料。

七、其他相关资料

犯罪嫌疑人 A 辨认出盗窃的跟踪地点、路线和盗窃地点、受害人车辆，同时辨认出参与盗窃的同案犯 B、盗窃所驾驶的车辆。

（1）辨认笔录：被害人从视频监控中辨认出其驾驶的车辆。

（2）借记卡交易明细：

① 20××年 12 月 30 日 11 时 40 分，被害人 C 持农业银行借记卡在农业银行××分理处存款 5300 元，于 11 时 47 分转支 10000 元。

② 犯罪嫌疑人 A 持的中国农业银行借记卡于 20××年 12 月 30 日 16 时 34 分存款 10000 元。

③ 农业银行××分理处说明，该行门口的视频监控与柜台办理业务的电脑时间不同步，3 号柜台的电脑时间比门口视频监控时间快 20 分钟。

（3）机动车信息查询显示，宁 ABC931 号银灰色越野车的车辆所有人系 B。

（4）现场勘验检查工作笔录、现场图及现场照片所反映的信息：20××年 12 月 30 日的案发现场位于××县××镇北街“李×轮胎店”门口，车间门口停着一辆宁 AB4206 号白色皮卡车，该车头西尾东停放，副驾驶车门没有上锁，呈半关闭状态。

（5）××县价格认证中心×价鉴字〔20×5〕5 号价格认证报告：被害人 C 所丢失的手提包价值 800 元。

（6）扣押决定书、扣押笔录、扣押车辆照片、发还清单、搜查笔录、扣押物品文件清单及照片所反映的信息：

① 公安机关从犯罪嫌疑人 B 处扣押现金 2000 元、宁 ABC931 号银灰色现代途胜越野车一辆，扣押犯罪嫌疑人 A 现金 2200 元；

② 经公安机关依法搜查，扣押犯罪嫌疑人 A 持有的农业银行卡一张，扣押白色线手套一双、深蓝色休闲帽一顶、迷彩把铁弹弓一把、白色长方形干扰器一个、双鹿牌电池两个、长约 3cm 一头平一头尖空心钉十一根、钢珠一包。

（7）公民户籍信息证明、常住人口详细信息、人口信息：

① 犯罪嫌疑人 A、B 犯罪时均已达完全承担刑事责任年龄阶段；

② 公安机关通过全国人口信息查询系统查询，犯罪嫌疑人 A 作为驾驶人的信息不存在。

第七节 银行卡信息研判实训操作手册及资料

一、教师实训指导手册

本手册供实训教师指导使用。

（一）实训总体思路

1. 基本案情

犯罪嫌疑人 A 为电信诈骗犯罪团伙成员。20××年 12 月 22 日晚上 9 时许，江苏省××市××区××镇××村居民 B 接到他人冒充其经理的诈骗电话。次日，因对方称急需向供货商付钱，B 遂按其要求向其提供的中国邮政储蓄银行 62×××××××××××××××05 账户（户名江××）汇款 6000 元。该款于当日被 A 等人在××支行取现，后汇款至上线指定的银行账户。

2. 实训整体设计

（1）采用流程展开式实训模式。

（2）实训过程中，指导教师不介入，但应做好发现问题的记录，并鼓励学生在实训中遇到问题时要相互讨论、查阅文献。

（3）实训结束后，组织安排全班学生进行汇报总结。顺序依次为组内自评、小组互评、未实际参与实训的学生补充发言、指导教师对此次实训中存在的问题及学生表现进行点评。

（二）实训组织工作

1. 实训学生分组

（1）本次实训主题为银行卡信息的应用，根据实训需要，建议 8 ~ 10 人为一个小组，可根据需要进行调整。

（2）指导教师在实训前一周指定小组组长，小组组长根据《实训小组组长手册》做好实训准备，提醒学生对该次实训的知识点进行回顾，并准备相应的文书资料。

（3）指导教师应当事前对学生进行角色分配并交代相关注意事项。指导教师事先指定小组组长，应当开展调查工作的侦查人员由小组组长指定安排。其他人员由指导教师在小组组长和侦查人员以外的学生中单独指定并说明任务和要求。

2. 实训任务安排

（1）实训案例所需角色及其人数分配。

① 小组组长，1 人；

② 小组组长助手，1 人；

③ 侦查人员，4 人；

④ 犯罪嫌疑人，1 人；

⑤ 被害人，1 人。

（2）具体任务安排。

① 实训开始时，指导教师简要介绍案情及实训目标；

② 小组组长请4 名侦查人员汇报掌握的案件情况。汇报顺序依次为：被害人情况、犯罪嫌疑人情况、银行卡信息及其他相关资料。

3. 实训教学事项

（1）指导教师应当告诉全体学生本次实训的内容是对案件中的银行卡信息的利用。

（2）要求在规定时间内，完成相关研判工作并撰写报告。

（三）实训考查内容

（1）考查对银行卡信息的分析能力。

（2）考查对银行卡信息的延伸拓展、关联运用能力。

二、实训小组组长手册

本手册供实训小组组长使用。

1. 本实训项目教学内容

在案件具体情景中对银行卡信息的获取、研判和应用。

2. 注意事项

（1）各小组组长由指导教师指定，承担侦查指挥员一职，负责组织全体学生集中讨论。

（2）实训小组组长应当组织协调全部侦查工作，并注意向全体学生阐明每一项工作内容和工作要求。要求助手记录办案过程中未承担角色学生的建议和考勤。

（3）实训开始时向小组成员进一步明确本次实训的目标是银行卡信息的研判。

（4）实训过程分三个阶段展开：

① 小组组长请4 名侦查人员汇报掌握的案件情况。汇报顺序依次为：被害人情况、犯罪嫌疑人情况、银行卡信息及其他相关资料；

② 小组展开分析；

③ 撰写研判报告。

（5）实训结束后，安排全班同学统一回到教室（临时通知）进行总结。先由各小组以案卷或者 PPT 的形式进行汇报总结，特别注意应以在实训过程中未实际参与相关实训的学生为主要发言人；各小组组织发言完毕后，再进行小组互评；最后由指导教师对自己发现的实训存在的问题及学生表现等进行点评。

三、犯罪嫌疑人 A 资料

1. 犯罪嫌疑人 A 情况

姓名 A，男，汉族，生于 19××年，身份证号××××××××××××××××××，××市××县人，无业。

2. 诈骗情况

随机看到被害人是在某公司上班，在网上查到该公司的人员信息，就谎称是其公司叶经理，并要求给供应商打货款，被害人相信了。

四、被害人 B 资料

1. 被害人情况

姓名 B，女，38 岁，××市××县人，××农机公司会计。

2. 陈述内容

20××年 12 月 22 日晚 9 时许，有个男人用号码为 138××××××××的手机给我打电话，说他是叶经理，要我准备七八千元钱于次日付给供货商。次日上午，那人又给我打电话，催我汇款，并给我发了一个户名是江××，账号为62×××××××××××××××××的银行账户。我便到邮局 ATM 机上汇了 6000 元到这个账户上。中午，那人又打电话要我再汇几千元。我感觉不对劲，就去问叶经理，叶经理说没有这个事情，我意识到被骗了。

3. 其他情况

（1）××农机公司的确有一位经理姓叶，叶经理的电话为 138××××××××。

（2）公司为私营公司，规模不大。以前也存在类似要求打款的情况，但不会如此频繁要求打款。

五、银行卡信息资料

账号 62×××××××××××××××05 账单交易明细：证明 20××年 12 月 23 日，账号 62×××××××××××××××48 的银行账户在××市××镇营业所给

该卡转款6000元，同日在××支行取款5900元。

××市公安局扣押物品文件清单及照片：次年7月6日，××市公安局干警从A处扣押了中国邮政储蓄银行账号为62×××××××××××××××05的银行卡。

六、其他相关资料

江苏省××市公安局××分局受案登记表、立案决定书，证明B因被骗6000元，于20××年12月23日到××分局报案，该局予以立案侦查。

第七章　信息化侦查

第一节　信息化侦查知识重点及实训目的

一、信息化侦查知识重点

（一）信息化侦查要素

1. 信息化侦查要素的定义

信息化侦查要素是指侦查主体利用信息资源开展刑事案件侦查所需要的素材或条件。

2. 信息化侦查要素的形态

信息化侦查要素的形态主要指“人”“案”“物”“痕”四大类，这四大类要素又包括不同具体信息。“人”要素的基本单元包括体貌特征、口音、步态等信息；“案”要素的基本单元包括主体、时空、手段、对象、行为、结果等信息；“物”要素的基本单元包括形状、颜色、品牌、体积、使用、维修等信息；“痕”要素的基本单元包括手、足、工、枪、弹等传统痕迹及电子信息。

3. 信息化侦查要素的来源

不同形态的要素，来源不同。“人”要素的来源为投案自首、群众扭送、案件侦查、公安管理、技术比对、信息查询等；“案”要素的来源为案件坦白、检举、串并、图侦等；“物”要素的来源为讯问、询问、阵地控制等；“痕”要素的来源为现场勘查、行动技术等。

4. 信息化侦查要素的分类

信息化侦查要素可分为：①显性要素（指与案件相关且比较明显直观的要素，如时间、地点、行为、后果、痕迹等）；②隐性要素（指需要借助假设、推理等方法发现的要素，如人数、技能、车辆等）；③关键要素（指对突破案件有决定作用的要素，如手机号码、银行卡、视频监控等）。

（二）信息化侦查途径的选择

研究信息化侦查要素的目的是选择有针对性的信息化侦查途径，对获取的侦查要素进行应用，从中发现各类要素之间的联系，从而发现破案线索。

信息化侦查途径是指公安机关开展信息化要素查证和应用的领域。随着公安信息化的不断发展，信息应用技术的不断更新，公安机关实施各项信息化侦查的途径主要包括以下五个方面。

1. 公安内网信息

从2003年下半年至2005年年底，公安部实施一期“金盾工程”工程建设。2006年11月16日，全国“金盾工程”（一期）竣工验收。其间，完成了全国公安一、二、三级主干网和接入网的建设任务，80%的公安基层所队接入主干网，规划建设的60个应用系统已投入运行，并完成了八大资源库和23个一类应用系统的建设任务。2009年3月29日，公安部正式向全国公安机关下达“金盾工程”（二期）建设任务，提出了公安“大情报”体系建设，大情报是以信息化应用为支撑、以情报信息研判为主要内容、以服务于警务决策为目标的工作体系，是一项涉及众多环节的综合性工作。大情报体系的三大任务：一是优化完善“三类基础设施”——网络基础设施、安全技术设施、信息中心技术系统；二是开发推广“三大应用平台”——公安情报信息综合应用平台、警用地理信息基础应用平台、部门间信息共享与服务平台；三是建设扩展“四类应用系统”。按照公安部统一部署，对在一期建设中取得较大规模效益的部分应用系统进行完善，对涉及国家安全和维护社会稳定的部分应用系统进行扩展，新建急需的业务信息系统，地方自行建设和完善满足本地需要的应用系统。公安内网基本实现了信息系统对各警种、各部门业务的全面覆盖，构建了全警采集、全警应用、全警共享、协同作战的信息化应用格局，不断提升公安机关打击犯罪的工作水平。信息化应用使侦查破案的思维方式从封闭走向开放；从注重人海战术走向注重提高单兵作战能力；从依靠个体的主观因素占主导，向依靠信息化手段因素占主导转变；从注重个案的侦破向注重串案的侦破转变。

2. 互联网信息

在侦查破案中，除了搜索公安内网信息外，适时有效地利用互联网信息，有时可以达到事半功倍的效果。互联网信息主要包括以下几个方面。

（1）文字类信息，可以查询人、物品、单位机构等涉案信息；

（2）地图类信息，可以通过百度地图、E都市等了解地理、交通、轨迹、目标周围环境等信息；

（3）图片视频类信息，可以分析拍摄时间、情况、背景、同行人员、朋友圈子等信息。

互联网和移动通信两大服务不断融合，将最初由互联网提供浏览的数据网络转变成人们社交、生活、购物、娱乐的应用网络，不断延伸到日常生活的方方面面，在出行、查询、交往等方面为人们生活带来便利的同时，也将犯罪嫌疑人的诸多信息遗留在虚拟空间中。公安机关可以依托移动互联网的基础应用，结合公安内网的信息资源，在案件侦查方面主动出击，取得控制权。

3. 社会信息

社会信息主要包括司法、工商、税务、金融、电信、计生、社保、财产保险、劳务市场人员、水电气、购房、注册法人、汽车租赁、GPS卫星定位等社会单位掌握的相关信息。社会信息资源数量丰富，但存储位置分散，多省已整合了经济信息和发展委等部门的人工智能、大数据、信息化、社会公共信息资源管理、智慧城市建设等职责，组建大数据管理局，以解决部门信息“孤岛”和信息“烟囱”问题。

4. 通信信息

通信信息的基本内容如下。

（1）机主资料，购买手机 SIM 卡时，在电信、移动、联通等运营部门留下的身份证复印件、联系电话、签名等资料；

（2）电子串号，即国际移动设备识别码，它在生产过程中固化在手机芯片中，每部 GSM 手机对应一组含 15 位数字的 IMEI 号码，每部 CDMA 手机对应一组含 8 个字符的 ESN 号码，它们是手机的“身份证号”；

（3）基站通话信息，各地通信公司根据每个城市的大小设立数目不等的基站。用户从一个区域过渡到另一区域时，基站自动切换，运营商的中央机房计算机系统对每个基站的切换情况进行自动记录，通过基站的位置可以查明手机用户的大概位置。根据以上信息的定时、定人、定位功能，侦查人员可以确定相关人员的活动轨迹。

话单分析是指公安机关侦查部门利用通信数据深度分析，挖掘目标人群的社会关系、活动轨迹、生活规律、身份等的侦查行为。简单地说，就是在一定范围内，将某一通话信息重复出现的时间、次数或频率进行排列，进而分析出规律。例如，对方号码归属地中，除本机号码归属地外，某外地号码的通话量最大，该地极有可能是该目标号码持有人的户籍地或原籍地；通话量小、短信发送量几乎没有、活动范围小、夜间凌晨几乎无通话，可以分析出号码持有人可能是中老年人；通过特殊时间通话及其通话时长，可以分析出二者之间可能是父母与子女关系、夫妻关系或者恋人关系；睡觉时间段、吃饭时间段出现最多的基站位置，很可能是目标号码持有人居住地点；工作时间段的基站位置，一般是手机持有人的工作地点；娱乐场所服务人员一般白天通话较少，基站位置相对固定，夜间通话量多，晚上基站稍有活动，但活动范围跨越性较小，关系人大多以社会闲杂人员较多。

话单分析还可以进一步扩展信息，通过计算目标号码移动的速度，结合目标号码在移动过程中漫游经过的地域，可以判定目标号码持有人使用的交通工具是汽车、火车还是飞机。对已知机主的个人轨迹信息进行查询，可以分析是否有住宿、上网、铁路、航空、银行业务等信息。

5. 视频监控信息

视频监控所具有的客观翔实性、反复使用性、信息的拓展性等特点，使其在打击犯罪中发挥着越来越重要的作用。视频侦查技术已经成为继刑事技术、行动技术、网侦技术之后侦查破案的第四大支撑技术。视频监控系统可以分为以下三类。

（1）社会面动态视频监控系统，各地公安机关建立了大量的社会面动态视频监控系统，主要用于社会面的治安动态管控。

（2）公安交警部门管理的道路卡口视频监控系统，为了疏导交通、纠正违章、预防事故、侦破逃逸案件等建立起来的一整套电子监控系统。

（3）社会单位监控系统，是社会单位以自身管理、自身防范为目的，自我出资、自我管理建立起来的局部范围内的监控系统，各自独立运作，包括机关、企业、村居、小区、个人住宅安装的技防视频监控系统。

视频监控信息应用于侦查破案，是对原有侦查模式的一次变革，各地刑侦部门在视频信息的发现、截取、研判以及关联使用方面积极探索，大胆实践，积累了一定的实战经验。以下归纳了几种利用视频图像进行侦查的应用模式。

（1）图像辨认法是指对视频监控获取犯罪嫌疑人的人像和相关物品，在一定的侦查区域或者人员范围内开展辨认工作，从而寻找、确认犯罪嫌疑人或嫌疑交通工具、物品的一种侦查模式。

（2）锁定时空法是指根据视频监控录像记录的时间，逐一与北京时间校正确定作案的准确时间，并依据犯罪嫌疑人的体貌、衣着、车辆、物品等可供辨认的特征，连贯各监控点间的时空关系，锁定犯罪嫌疑人所有动作的确切时间与空间，以此追踪犯罪嫌疑人人数、作案过程、行走路线和落脚点的一种侦查模式。

（3）信息关联法是指从视频监控图像中确定犯罪嫌疑人后，根据其在活动过程中反映出的接打手机、进网吧、住旅馆等可供查证和扩展的信息，及时进行信息关联，拓展查证渠道的一种侦查模式。

（4）情景分析法是指侦查人员依据对案情的分析，判断犯罪嫌疑人进出现场时的路线、衣着、交通工具和携带物品的变化、销赃等要素，结合现场和相关区域周边的情况，查看相应的监控录像，进而发现犯罪嫌疑人的一种侦查模式。

（三）信息化侦查要素的查证与扩展

1. 信息化侦查要素的查证

信息化侦查要素的查证，是指公安局机关将侦查过程中获取的可能与犯罪有关的人、事、物、机构、地址等要素，利用各类信息资源，通过网上检索、对比、碰撞等方式，查明其真实情况，从而发现和获取犯罪线索，确定犯罪事实的应用方法。

2. 信息化侦查要素的查证的种类及方法

（1）对人的查证。

①查身份，是指根据侦查人员掌握或者犯罪嫌疑人自报的信息，利用公安业务系统、网络协查等方式核实其身份的真伪；②查前科，是指利用全国违法犯罪数据库及指纹数据库、DNA 数据库等核查犯罪嫌疑人是否具有前科记录；③查活动轨迹，是指通过各种信息资源库，查明犯罪嫌疑人与案件相关的时空关系，发现犯罪线索的过程。

（2）对物的查证。

①查车辆，主要包括利用各业务系统查车辆登记信息、被盗抢车辆信息等固有信息，以及利用各类道路监控系统具有的抓拍或摄像功能，记录车辆途经卡口的照片、影像信息，进而查证车辆的活动轨迹；②查手机，手机型号、颜色等固有信息、话单信息、SIM 卡信息等；③查银行卡信息，包括银行卡固有信息、银行卡交易信息、银行卡关联信息等。

（3）对机构的查证。

主要是通过机构信息查询，关联得到与该机构有关的如地址、人员、联系电话等信息。

（4）对案件的查证。

主要包括利用案件编号和犯罪嫌疑人员的姓名、身份证号码进行精确查询，以及利用案件类别和发案的时间、地点、手段等进行模糊查询。

（5）对地址的查证。

通过地址查证，关联得到与地址相关的如人员、物品、机构等信息。

3. 信息化侦查要素的扩展

信息化侦查要素的扩展，是指以现有要素为条件或基础，通过信息查询、比对、碰撞、假设等方式，获取与该要素相关的其他要素的过程。

（1）假设。假设是指侦查人员根据已知案情对未知案情所作的设想。案件侦查过程中，根据已知的某些案件事实，采用逻辑推理的方式，对案件中需要查明的问题作出推断。对犯罪时间、空间、过程、性质、手段方法、动机和目的等都可提出假定。信息化侦查中假设的运用应具备的基本条件：对各类刑事犯罪作案规律、手段、方法具有充分的认识和掌握；对各种传统侦查手段的全面掌握和使用；需要丰富的知识和社会生活经验、开阔的思维和联系想象力。

假设在信息化侦查中的运用步骤和方法：明确假设类型、开展假设类型、假设印证。

（2）高危人群分析。高危人群，是公安机关在打击和防控违法犯罪过程中，对特定人群的一种称谓。某一地区的人员具有相对稳定的犯罪特征，该地区被称为高危地区。具有前种犯罪前科或来自高危地区且活动轨迹异常的人员属于高危人员。

在信息化侦查中，收集反映和体现案件特点或特殊性的相关要素是进行高危人群分析的首要环节。一般情况下，案件中关注以下要素：选择目标和处所；案件流窜区域；案件使用工具；作案手段等。高危人群分析应用应注意高危人群的确定普遍性、高危人群作案特点的演变性。

（3）数据比对、碰撞。数据比对是指不同数据集之间，以某种数据集中的一种数据项为条件，在另一类数据集中检索相同数据的过程。数据碰撞是指不同数据集之间，以一种或多种数据项为条件，产生数据交集的过程。数据碰撞分析法主要适用于案件中犯罪嫌疑人具有多地活动的情况，可以通过人员轨迹、车辆轨迹、通信轨迹数据碰撞分析发现嫌疑人。该方法可以分为三步：数据抽取、数据碰撞、结果分析。

（4）关系人的分析。关系人是指与侦查对象有一定联系的人员。通过关系人的调查可以发现同案犯、扩大线索、串并案件，明确犯罪嫌疑人身份及落脚点。

① 利用常住人口系统、公安业务系统模糊查询，可以查找同户人员，扩充侦查信息，抓捕犯罪嫌疑人；

② 通过暂住人口系统，对犯罪嫌疑人暂住登记所在的社区、村、街巷进行检索，可以扩人扩线，明确犯罪嫌疑人落脚点；

③ 通过旅馆住宿人员登记系统可以查询同住旅店人员信息，也可以通过网吧上网人员登记系统查询同时上网人员，可以明确犯罪嫌疑人活动轨迹；

④ 从通信信息中的重点时段、重点联系方式、高频联系人员确定重要关系人，可以扩充案件信息；

⑤ 通过智能交通卡口系统可及时、准确地记录车辆信息，随时掌握城市各出入口的车辆流量及状态，进行车辆动态布控，对违法车辆以及盗抢、肇事逃逸、作案嫌疑车辆实时报警，而且还可以查出被盗车辆或犯罪嫌疑人所乘车辆进出城市时间以及路线，并为车辆信息及图像信息建立车辆信息数据库，为快速侦破案件提供了科学、有效的依据。

（四）查证结果的综合分析

人、物、案件等侦查要素经过提取、查证、扩展以后，需要对其进行全面分析并得出结果，对原有各项工作及各个工作结果进行检视并查漏补缺，对涉案人员与物品进行重点突破，为下一阶段的抓捕、审讯等结果运用奠定基础。

在综合分析阶段，可以对侦查要素提取和运用的过程进行回顾，从整体上分析逻辑是否严密、数据是否真实、方法是否合理，可以比对各要素查证结果之间是否有矛盾，对出现矛盾的结果进行重点分析和补正。

（五）工作目标的定位

通过信息化侦查要素的综合分析确定犯罪嫌疑人或涉案物品，利用各种信息技术手段，确定犯罪嫌疑人或关系人的活动轨迹，明确涉案人员和物品的具体地理位置，从而为抓获犯罪嫌疑人和查找物品提供方向。

工作目标定位的方法如下。

（1）通过公安内部信息进行人员布控：重点人员动态管控系统、网上追逃系统、旅馆住宿人员登记系统、暂住登记人员系统等定位。

（2）通过社会信息进行定位：水电气的缴费信息、网上购物信息、物流信息、电信宽带信息等定位。

（3）通过互联网信息进行定位：互联网信息定位是基于需要查找的犯罪嫌疑人或关系人具有上网习惯，从而针对其上网方式进行专门布控，发现其上网地点的一种定位方法。主要包括：利用 QQ、微信等即时聊天工具定位，利用邮箱定位，利用网络游戏定位，利用网银操作定位等。

（4）通过通信信息进行定位：手机每到一个地段就会自动注册到最近的小区基站，通过基站的位置可以查明手机用户的大概位置。

（5）通过银行卡布控：从发卡行查询犯罪嫌疑人的取款记录，并及时调取监控进行分析，进而判明其活动轨迹；对犯罪嫌疑人取款所用的银行卡设定实时报警，及时报给侦查人员；还可以查询出每次登录网上银行时的 IP 地址，具体的查询方位可以在用户登录、交易记录、用户交易前后的查询记录上查找出使用该网银人员的 IP 地址。

二、信息化侦查实训目的

（1）理解信息化侦查与传统侦查的关系。

（2）掌握信息化侦查的基本方法。

（3）掌握信息化侦查的基本程序。

第二节 信息化侦查实训操作要求及评价

本章实训考查内容主要类别和具体评价要点如表 7－1 所示。

表 7－1 考查内容主要类别和具体评价要点

主要类别	具体评价要点
（1）报案询问笔录	①通过报案询问笔录发现和提取信息化侦查要素
	②围绕信息化侦查要素，对报案人报案情况进行追问

续表

考查内容主要类别	具体评价要点
（2）信息化侦查要素	①信息化侦查要素的定义
	②信息化侦查要素的形态
	③信息化侦查要素的来源
	④信息化侦查要素的分类
（3）侦查途径的选择	①公安内网信息应用
	②互联网信息应用
	③社会信息应用
	④通信信息应用
	⑤视频监控信息应用
（4）信息化侦查要素的查证与扩展	①对人的查证与扩展
	②对物的查证与扩展
	③对案的查证与扩展
	④对事的查证与扩展
	⑤对机构与地址的查证与扩展
（5）信息化侦查措施的运用重点	①假设的应用
	②视频监控的应用
	③数据的比对、碰撞
	④话单的分析
	⑤银行卡信息的应用
	⑥智能卡口的应用
	⑦基站数据的应用
	⑧查证结果的综合分析
	⑨关系人的分析应用
	⑩侦查目标的定位
（6）工作报告情况	①有关工作记录
	②有关工作报告
	③工作的条理性
	④开展项目的全面性
	⑤材料的完整性
（7）组织指挥	①组织指挥的力度与条理
	②专案组成员的团结协作和参与程度

第三节　信息化侦查实训操作手册及资料

一、教师实训指导手册

本手册供实训指导教师使用。

（一）实训开始前的组织准备

1. 指导教师提前召开实训动员会

在会上明确告知以下内容：

（1）告知参训学生本次实训过程为发现信息化侦查要素至定位侦查目标。

（2）鼓励全体学生对实训过程进行观察和记录，积极思考，对有关侦查活动中存在的不足向组长或者有关办案人员提出书面或口头建议。特别鼓励学生对办案中自己认为应当展开的工作提出建议，向被指派的学生提出展开工作的具体内容、方法、注意事项等。

（3）鼓励学生积极完成组长指派的临时任务。承担临时指派任务的学生，在执行任务前应当首先向指导教师报告自己的工作内容，再展开相应工作。指派任务执行完毕后应当首先立即向指导教师汇报，再根据指导教师指令完成下一步任务。

（4）参与实训的学生应在实训结束后提交一份实训报告，该报告与小组学生出勤记录一并作为实训成绩评定依据。

（5）实训小组记录员应当将参与实训情况制作笔录，包括参加人员、时间、地点、工作内容、学生所提建议或接受组长指派临时任务、实训课堂汇报发言等。实训小组记录情况是成绩评定的重要依据。

（6）实训中承担特殊任务的学生，不能向他人透露其所知晓的案情内容，其他无关学生不能私自向承担特殊任务的学生打听案情。

（7）承担办案任务的学生应当注意就办案中遇到的问题、事项向小组组长请示汇报，小组组长不确定的事项向指导教师请示汇报。

（8）应当对小组实训过程、内容进行汇总，制作汇报 PPT。

（9）强调实训展开过程中应注意安全，如果确有外出校园的事项，须向实训指导教师请示，并听从实训指导教师指令。

（10）实训展开后，被小组组长临时指派任务的学生应当单独向指导教师报告。

2. 指定小组组长

教师在实训前一周指定小组组长，担任本次实训小组组长的学生应当具备以下条件：

（1）具有较强的组织能力；

（2）熟练掌握案件信息化侦查实施程序与要求。

3. 指导教师向实训小组组长发放本次实训组长手册

强调小组组长的主要职责是：

（1）扮演侦查指挥员，负责案件侦查指挥。

（2）根据案件办理的需要，小组组长可以随时指派学生承担某项办案任务，向接受任务的学生提出要求，被指派任务的学生也可以向小组组长提出工作建议。

（3）组织小组学生就某些问题进行集体讨论。

（4）汇集多数学生意见，向办案人员阐明工作计划并阐述理由。

（5）负责办案中需要审批或作出决定的事项。

（6）按规定对有关文件签字。需要盖章的地方，用红色圆圈表示。

（7）审查指导记录员对实训情况的记录工作。

（8）为了小组总结汇报和 PPT 制作，小组组长可以自行决定或者根据小组组员建议，指派具有某些特长（写作能力、视频编辑、PPT 制作等）的学生专门负责某项具体工作。

（9）强调每个组员都应当有笔记本电脑，没有电脑的学生应提前告知，协调借用实验室电脑。

4. 承担实训角色任务安排

（1）指导教师在实训小组中确定 2 名学生 A、B 承担特殊实训任务，学生 A 负责布置物证，学生 B 扮演报案人，并向小组组长说明该 2 人不再承担实训中的其他任务。

（2）指导教师单独对确定的 2 名承担特殊实训任务的学生 A 和 B 发放材料，并告知其应当熟记材料中的内容，在被问及材料上相关内容时，有的是自己主动讲，有的必须根据材料上要求，在被问到时才可以讲。

（3）实训小组确定后立即根据小组组长提议确定本次实训小组记录员和侦查人员，并通知侦查人员和记录员知晓其实训角色任务。实训小组的记录员可以由多人承担，记录方式可以是笔录、照相或录像。具体实训的记录方式由小组组长与参加实训学生集体讨论确定。

（4）实训小组记录员应当将参与实训情况制作笔录，包括：

① 参加人员；

② 实训时间；

③ 实训地点；

④ 具体工作内容；

⑤ 学生所提建议或接受小组组长指派任务；

⑥ 小组讨论的过程情况和结果；

⑦ 实训课堂汇报发言。

5. 其他注意事项

（1）指导教师应当向小组组长和承担受案任务的学生反复强调本次实训过程为发现信息化侦查要素至定位侦查目标。

（2）承担受案任务的学生（侦查人员）使用真实姓名，但所在单位为资料上所提供的单位。

（3）指导教师应当向承担受案任务的学生及小组组长指派临时办案任务的学生强调，对自己承担任务的执行程序、要求和方法事前进行充分的熟悉掌握、反复推演。对存在的某些疑问，可以在小组内进行讨论或向指导教师请教。

（4）要求组长组织参训学生进行讨论，提醒学生对该次实训的知识点进行回顾、学习与资料查阅。

（二）实训展开

1. 实训前强调的内容

需要再次向全体实训学生集中强调的内容：

（1）本次实训的内容是信息化侦查要素的发现、提取、查证、扩展，信息化侦查途径的选择，高危人员、假设、数据碰撞等的分析应用，侦查目标的定位。

（2）实训中应当注意安全。凡是需要外出校园处理的事务，均应提出书面理由和请求，交由指导教师协调处理。

（3）强调承担不同角色任务的学生注意根据自己的任务清单严格执行，不向他人出示自己的任务清单材料。

（4）在规定时间内完成相关办案任务与文书制作。

（5）有关文书需要盖章的地方，用红色圆圈表示。

（6）实训展开前，实训小组必须全员在场并签名，记录员严格做好出勤和分工情况记录，将出勤签名表及时提交指导教师。

（7）指导教师向学生再次强调，实训展开后被小组组长临时指派任务的学生应当单独向指导教师报告：执行任务前报告自己承担的任务以及计划如何完成，并听取指导教师意见；执行结束后向指导教师报告结果情况，指导教师向任务执行人提供汇报材料。指导教师不主动向实训小组建议办案中有哪些临时任务需要完成。

（8）在学生实训过程中，教师不主动介入，不问不答，鼓励学生对实训中遇到的问题相互讨论、查阅文献。但在实训的全程中应当仔细观察并做好发现问题的记录，对某些特殊问题展开引导。

（9）若实训过程中出现本实训指导材料案情设计中某些未尽情形，需要其他有关部门给予支持的，应当由办案人员制作相关报告，经过组长批示后将书面请求交给指导教师，由指导教师予以协调和回复结果。回复结果的方式可以由指导教师直接回复或者指定学生回复。

2. 实训前准备

（1）实物准备工作。

① 烟头；

② 电脑；

③ 数据采集器。

（2）指导教师实训前告知学生 A 将一个烟头放置于西南政法大学新校区北门围墙外侧，北门公交站后面。

（3）指导教师与承担临时指派任务的学生单独见面，并在该学生执行任务后向其汇报时，给予该学生相应的案件材料：

① 指导教师向负责实地勘验的侦查人员提供 DNA、基站数据库，强调执行任务结果汇报时根据提供的资料进行回答；

② 指导教师向负责调查访问的侦查人员提供材料，强调执行任务结果汇报时根据提供的资料进行回答；

③ 指导教师向负责视频侦查的侦查人员提供视频资料数据库，强调执行任务结果汇

报时根据提供的资料进行回答；

④ 指导教师向负责技术侦查的侦查人员提供话单、智能卡口数据库，强调执行任务结果汇报时根据提供的资料进行回答；

⑤ 指导教师向负责信息研判的侦查人员提供执法办案系统数据库，强调执行任务结果汇报时根据提供的资料进行回答。

3. 教师实训过程指导

（1）对于接受现场勘验任务的学生，由指导教师告知学生：

① 提示现场勘验、刑事技术人员仔细梳理所接受任务的工作内容和要求；

② 明确告知现场勘验人员完成小组组长指派任务后，应当立即向实训指导教师汇报并听取指令。

（2）现场勘验人员在完成现场勘验、技术比对任务后向指导教师汇报时，指导教师提示学生向小组汇报内容：

① 在西南政法大学北门公交车站发现并提取一枚烟头，已经送刑事技术人员做进一步检验；

② 在西南政法大学北门公交车站提取了基站数据，已经送刑事技术人员进行分析。

（3）指导教师应当注意实训过程中办案的规范性，对明显违法或者严重违规的情形予以当场纠正。

（三）汇报与点评

实训小组汇报前应当整理完善案卷材料，装订成册。

实训小组汇报前应当准备汇报文字材料与 PPT。汇报人可以是小组组长，也可以是小组确定的其他学生。

汇报的程序如下：

首先，小组用 PPT 展示汇报实训过程情况和实训自评。实训过程情况包括组织情况、讨论决策情况、执行情况及执行结果。实训自评包括知识强化内容、存在的不足。

其次，各承担角色学生口头汇报实训中自己的感受、体验以及存在的问题。

最后，指导教师对发现的实训存在的问题及学生表现等进行点评。

二、实训小组组长手册

本手册供实训小组组长使用。本次实训教学内容为在具体案件情景中通过分析研判信息，运用信息化侦查方法实施案件侦查。

1. 实训前组织小组全体成员知晓下述事项

（1）围绕本次实训目标——信息化侦查的实施，组织学生讨论所涉及的知识点，梳理尚未理解、掌握的难点，并向指导教师请教。

（2）强调承担明确角色任务的学生应依据自身角色需要，查阅相关法律规范，熟悉掌握相关知识技能。

（3）增强集体荣誉感，加强团队合作，相互协助，强调组织纪律和时间观念。

（4）小组成员应依角色完成任务。

（5）实训展开后，教师不主动干预学生实训进程，不主动解答案件办理中的疑问，仅仅做观察记录和提供相关文书资料。

（6）遇到问题时应当先在小组内予以讨论，若需向指导教师提问，应以书面形式进行。

（7）承担角色的学生应当充分理解自己的角色特点，承担特殊角色的学生不能擅自向其他任何人透露其知晓的案情内容，特别是材料中指定的内容。

（8）需要其他有关部门给予支持的，应当由办案人员制作相关报告，并将书面请求交给指导教师，由指导教师予以协调和回复结果。凡是需要外出校园处理的事务，均应提出书面理由和请求，交由指导教师协调并回复结果。

（9）每一个小组实训任务完成后，应当组织召开小组总结会议。会议总结中，小组成员充分表达实训体会和自己存在的不足。小组组长在小组总结会议基础上，形成本次实训总结报告，并制作汇报 PPT。

（10）内勤人员需要将相关文书资料整理装订成册。

（11）凡是需要盖章或捺指印的地方均用红色圆圈表示。

（12）除小组组长指派的侦查人员和指导教师指定任务学生以外，临时接受小组组长指派任务的办案人员在执行任务前须先接受指导教师的工作指导，再展开相应工作。

2. 实训要求

（1）注意安全。

（2）团结协作，共同完成任务。

（3）各小组成员积极向小组组长提出建议，听从小组组长指挥。

（4）承担某些角色的学生应当提前准备书写工具及其他材料。

（5）其他未尽事宜由各小组自行拟定。

（6）实训小组组长应当组织协调全部侦查工作，并注意向全体学生阐明每一项工作内容和工作要求，记录办案过程中学生的建议，向全体办案人员学生阐明工作计划。

3. 小组组长应当注意的特殊事项

（1）办案中全部决策事项需要由办案人员集体讨论确定。讨论中，鼓励办案人员阐述各自主张的理由或根据。

（2）与承担任务的办案人员一起分析研究，确定完成任务的方法、步骤和要领。

（3）要求记录人员对办案过程进行同步记录，记录内容作为考核依据和办案总结依据。

（4）带领办案人员对办案过程中存在的问题进行自查，并研究、分析、完善措施。同时，将自查与完善措施进行记录。

（5）对办案进行全面跟踪，确定需要采取的措施，并迅速指派相应办案人员执行。

（6）办案进程中应当主动听取办案人员的建议，对应当及时采取措施的情形，迅速作出决定并指派相应办案人员。

（7）及时组织学生进行办案情况总结，制作汇报 PPT。

三、报案人资料

1. 注意事项

（1）实训报案人使用真实姓名。

（2）实训报案人应当认真分析研究刑事案件中报案人的心理与行为特征，并根据设计案情，分析研究报案人陈述案情的特点。

（3）报案人在得到本材料后，应当仔细分析全部可能情形，对于案情中某些不能确定、无法处理的情形，应当积极单独与指导教师联系，商讨并征询解决办法。

2. 主动陈述内容

报案人报案时按照下面内容进行叙述：我是×××，我来报案。实训当日（2月22日）8时许，我在西南政法大学北门公交站等公交车时，一个自称香港商人的说在重庆发生车祸，急需用钱，自己的银行卡是在香港注册的，在重庆用不了，想借用我的银行卡让朋友打款。拿到我的银行卡后，说是担心把我的钱给错取了，于是用自己的手机拨打重庆农商行的客服电话查询余额。查询后又借用我的手机，说是给朋友打电话转钱，要找个僻静的地方打电话，一会儿就把手机还给我。我等了一会儿见那人没回来，发现被骗，赶紧来报警。

3. 报案人在受案“警官”提问时才回答的问题

（1）报案人的基本情况：西南政法大学刑事侦查学院（报案人所在年级）学生，姓名×××（真实姓名），住址使用扮演报案人的真实情况。应当问什么答什么，不主动补充。如问“姓名”，报案人仅仅回答“×××”，不再回答其他内容。

（2）犯罪嫌疑人的体貌特征：男，四十岁左右，身高175cm上下，平头，体态偏胖，南方口音。能够辨认出犯罪嫌疑人。

（3）打电话的过程：他表示不会动用我银行卡里的一分钱，为显示诚意，犯罪嫌疑人用自己的手机打了重庆农商行的客服电话查询了余额。然后借用我的手机给他朋友打电话催促尽快转款，我没多想就借给他了，他说找个僻静的地方打电话，手机一会儿就还我，就边打电话边走向小北门方向。

（4）手机特征：今年刚买的华为荣耀9X 麒麟810，黑色，有购物发票，购买金额是1300元，手机盒上有手机串号：3245 6744 ×××× 69870。

（5）银行卡的情况：重庆农村商业银行卡，卡号为6628 6666 ×××× 3333，余额有12300元，开户人是我本人，开户行是渝北支行。

（6）犯罪嫌疑人抽烟情况：犯罪嫌疑人看见我后，说想请我帮个忙，紧接着就递给我一支烟，我没接，他就自己抽了，显得很着急的样子。在打电话的过程中，他顺手把烟头扔在公交站后面的围墙根了，烟的品牌没看清。

四、现场勘验人员资料

现场勘验人员仔细梳理所接受任务应当做的工作内容和要求。完成小组组长指派任务后，应当立即向实训指导教师汇报并听取指令。

现场勘验人员第一次报告时，提供以下资料。强调该材料是现场勘验人员向小组汇报的内容：

（1）在西南政法大学北门公交站附近发现并提取烟头一枚，已经送刑事技术人员检验；

（2）提取了公交站、工商银行00002345A（犯罪嫌疑人取款的ATM机）自助取款机附近的基站数据，已经送刑事技术人员分析。

五、技术人员资料

技术人员第一次向指导教师报告时，提供以下资料：

（1）强调向小组汇报技术检验结果：烟头上提取了 DNA，经比对，比中张某某被诈骗案，案件编号为：A5001067337××××476。

（2）技术人员向小组提供根据学校北门公交站基站、工商银行 00002345A（犯罪嫌疑人取款的 ATM 机）自助取款机附近基站分析出的数据。

（3）技术人员调取受害人的手机包装盒，查询手机串号为 3245 6744 ×××× 69870，手机关机地点为学校小北门附近。

（4）技术人员向小组提供手机号码为 177××××7736 的电子轨迹数据。

（5）根据手机号码的电子轨迹数据分析，犯罪嫌疑人活动轨迹经过人和较场口、民安大道、民安大道邮政局、渝澳大桥北和北区路 5 个卡口，技术人员向小组提供 5 个卡口数据。

六、视频调查人员资料

视频调查人员仔细梳理所接受工作的内容和要求，第一次向指导教师报告时，提供以下资料：

（1）7 点 55 分 2 秒，犯罪嫌疑人和受害人攀谈几分钟，有打电话抽烟等情节。8 点 1 分 50 秒，犯罪嫌疑人走向西南政法大学小北门方向。犯罪嫌疑人有意选择监控死角，无法辨认其体貌特征。

（2）调取工商银行 00002345A 自助取款机的视频监控，发现 8 点 10 分 05 秒，犯罪嫌疑人步行走到取款机取款，戴了墨镜，年龄 20 岁左右，偏瘦。

（3）视频调查人员通过电子轨迹分析及视频追踪，发现犯罪嫌疑人住宿在天恒商务宾馆，调取宾馆视频监控发现犯罪嫌疑人共 6 人，3 男 3 女，驾驶三辆汽车，1 辆黑色丰田，1 辆黑色本田，1 辆白色起亚。

七、情报研判人员资料

（1）调取重庆农商行的话单，分析犯罪嫌疑人的手机号码为：177××××7736。调取了该手机的通话清单。通过重庆刑侦情报平台话单分析软件研判发现：133××××9898、152××××8900、186××××6969、186××××2030、187××××2538 手机号码与嫌疑号码位置多次重合，可能系该团伙成员。

（2）对手机号码 177××××7736 开户信息查证，该号码专卡专机专用，开卡日期为 2016 年 1 月 19 日，在重庆九龙坡区西亚大酒店附近一私人柜台购买，开卡人为朴某某，调查发现，朴某某为重庆市奉节县农民，2016 年 1 月到广东打工，其身份证曾在 2014 年年底遗失，其生活轨迹及身份证补办记录均能排除嫌疑。

（3）查询取款地点为西政街，在工商银行 00002345A 自助取款机取走 12300 元。

（4）情报研判民警通过重庆刑侦情报研判平台，以“香港、车祸”等关键词对全市近半年同类手法案件进行串并发现，全市共发同类案件 30 余起。通过受害人描述的犯罪嫌疑人的体貌特征、作案手段等筛查发现，可以认定系同一个团伙作案的有 11 起，涉及重庆市大渡口、九龙坡、沙坪坝、合川、忠县、垫江等区县。

（5）情报研判民警通过对 177××××7736 手机号码的电子轨迹分析发现，犯罪嫌疑人活动轨迹为“渝北→綦江→巴南→大渡口→沙区→璧山→铜梁→合川→垫江→忠县→石柱”，且犯罪嫌疑人于 2 月 18 日晚住璧山，2 月 19 日晚住合川，2 月 21 日晚住忠县。

（6）情报研判组民警从 2 月 22 日犯罪嫌疑人电话 177××××7736 的轨迹入手，嫌疑手机轨迹在 2 分钟内经过人和较场口、民安大道、民安大道邮政局 3 个卡口，3 个卡口彼此间距在 1 公里内，整体距离在 3 公里内，且均位于直线主干道上。

（7）情报研判民警从 2 月 22 日犯罪嫌疑人电话 177××××7736 的轨迹进一步分析，得到嫌疑号码 177××××7736 一段较长距离的轨迹，该号码从 9 点 8 分 20 秒自江北区观音桥出发，于 9 点 29 分 10 秒到渝中区临江门。这段距离跨度大，中间经过几个卡口不确定，经情报研判民警驾车复走，得到这条线路必须经过 2 个卡口，即渝澳大桥北和北区路。

第八章　侦查讯问的实施

第一节　侦查讯问知识重点及实训目的

一、侦查讯问知识重点

侦查讯问是讯问双方面对面进行的尖锐、复杂较量。为了获取有效口供，侦查人员从讯问前的准备到第一次讯问（以下简称初审）、续审、结束审等各环节都需精心组织、策划，以保证讯问的顺利进行。刑事案件侦查从立案开始，到查明主要犯罪事实，需经历一个过程，在一段或长或短的时间内，侦查人员同侦查对象之间一般没有正面的接触，侦查活动常常不为侦查对象所知。通过侦查，发现了犯罪嫌疑人，收集了部分犯罪证据，查明了主要犯罪事实，即可将犯罪嫌疑人依法逮捕或拘留。至此，侦查活动由暗转明，侦查人员开始对侦查对象进行正面的讯问，进一步查明事实真相。实践中，很多案件（尤其是那些缺少见证人、知情人和其他直接证据的案件）非经正面讯问，无法查清和认定案件事实。因此，讯问是指侦查人员为了查明案情，用问答的方式，依法对犯罪嫌疑人进行正面审查的一项侦查活动。

（一）讯问的基础知识

讯问的基础知识包括讯问的主体、对象、任务、原则，以及讯问前的准备等方面。

1. 讯问的主体

根据我国《刑事诉讼法》第 118 条的规定，讯问犯罪嫌疑人必须由人民检察院或者公安机关的侦查人员负责进行。讯问的时候，侦查人员不得少于二人。

2. 讯问的对象

侦查人员讯问的对象主要包括下列五种。

（1）依法被逮捕的犯罪嫌疑人。由于主客观条件的限制，往往很难查清案件的全部事实情节，特别是那些只有通过采取面对面的公开的侦查措施才能发现和证实的犯罪事实及线索。通过讯问犯罪嫌疑人和公开调查取证，既可以彻底揭露和证实犯罪嫌疑人的全部犯罪事实情节，又可以听取犯罪嫌疑人的申辩，从而做到不错不漏，不枉不纵。侦查人员要注意的是，第一次讯问被逮捕的犯罪嫌疑人，必须在逮捕后 24 小时内进行。如果发现有不应逮捕的情况，应及时予以释放。

（2）依法被拘留的犯罪嫌疑人。根据我国《刑事诉讼法》第 82 条的规定，拘留的对象是现行犯和重大嫌疑分子，包括：正在预备犯罪、实行犯罪或者在犯罪后即时被发觉的；被害人或者在场亲眼看见的人指认他犯罪的；在身边或者住处发现有犯罪证据的；犯罪后企图自杀、逃跑或者在逃的；有毁灭、伪造证据或者串供可能的；不讲真实姓名、住址，身份不明的；有流窜作案、多次作案、结伙作案重大嫌疑的。侦查机关对于被拘留的犯罪嫌疑人，必须在24小时内进行讯问，如果发现不应当拘留时，必须立即释放；如果认为需要逮捕的，应当在法定的时间内办好逮捕手续，宣布逮捕；如果需要逮捕而又证据不足，或者发现了法定的其他不宜拘留的情况，可以对拘留人采取取保候审或监视居住的措施。

（3）不需要逮捕、拘留的犯罪嫌疑人。根据我国《刑事诉讼法》第119条的规定，对于不需要逮捕、拘留的犯罪嫌疑人，可以传唤到犯罪嫌疑人所在市、县内的指定地点或者到他的住处进行讯问，但是应当出示人民检察院或者公安机关的证明文件。

（4）准备拘留、逮捕的犯罪嫌疑人。侦查过程中，对于那些同犯罪嫌疑人关系十分密切，为犯罪嫌疑人提供方便条件，帮助藏匿犯罪嫌疑人，藏匿、销毁和转移犯罪证据，知情不报的人员，在查明有关事实情节后，如果认为需要追究其刑事责任，可以对他们进行讯问。

（5）被群众扭送的犯罪嫌疑人和投案自首的犯罪嫌疑人。对于被群众扭送的犯罪嫌疑人和投案自首的犯罪嫌疑人，侦查机关要通过讯问，弄清案件性质，并作出相应的处理。

3. 讯问的任务

（1）查清犯罪嫌疑人的全部犯罪事实，收集犯罪证据。讯问需要查清的犯罪事实包括犯罪嫌疑人的身份，犯罪行为是否存在，犯罪行为是否是犯罪嫌疑人所为，犯罪嫌疑人行为的目的、动机、时间、地点、手段、经过、危害后果以及其他情节，同案犯罪嫌疑人之间的责任以及与其他同案人的关系，其他与案件有关的事实等。

在讯问过程中，必须深入全面，不仅要查清事实真相，而且要注意发现疑点，抓住线索，详细追查，深挖侦查阶段没有掌握的其他犯罪事实，获取犯罪证据。

（2）追查同案犯和发现其他犯罪线索。侦查实践表明，不少刑事案件，特别是重大刑事案件，往往是多数人结伙作案，有的已经形成有组织的犯罪集团。对于这类案件，有的在破案时就已将同案犯全部抓获，但有的在破案时只查获部分犯罪嫌疑人，而没有捕获其他同案的犯罪嫌疑人。所以，讯问时应当讯问被讯问人是否还有未被捕获的同案犯，以便不失时机地追查，将其及时捕获归案。

（3）追究犯罪嫌疑人的刑事责任，保障无罪的人不受刑事追究。打击犯罪与保障无罪的人不受刑事追究是一个问题的两个方面，理应兼顾。进入讯问阶段的犯罪嫌疑人虽然被拘留或逮捕，但仍然存在有罪和无罪两种可能性。这就要求侦查人员在讯问过程中，必须认真检验审核侦查材料的真伪，注意发现侦查工作中的疏忽和错误，及时进行补救和纠正。保证既不放纵一个有罪之人，又不冤枉一个好人。

（4）了解和掌握刑事犯罪动态。研究和掌握犯罪动态，是侦查机构一项经常性的重要工作。通过对犯罪嫌疑人的讯问，可以了解其犯罪的思想因素、犯罪手段的特点、选择侵害目标的心理活动和逃避侦查的方法等同犯罪活动有关的因素，从而分析犯罪和促成犯罪的主客观原因，以便有针对性地提出预防犯罪的有效措施和建议，提高同犯罪作斗争的能力。

（5）对犯罪嫌疑人进行认罪服法、弃恶从善教育。根据犯罪的事实情节，对犯罪嫌疑人依法给予不同的刑事处罚。但是，这种惩罚只是一种手段，不是刑罚的目的。我国刑罚的目的是教育改造，化消极因素为积极因素，以预防和减少犯罪。讯问犯罪嫌疑人，是侦查人员同其进行面对面的斗争，结合犯罪嫌疑人的犯罪事实对他们做耐心、细致的政治思想教育和法治教育，使之认罪服法，不仅能够促使犯罪嫌疑人如实交代自己的全部罪行，而且还可以为服刑改造奠定较好的思想基础。因此，侦查人员在讯问过程中，既要揭露犯罪嫌疑人的罪行，又要抓住机会对其进行政治思想教育和法治教育，使其认识到所犯罪行的严重危害性，并决心弃旧图新，接受改造。

4. 讯问的原则

为确保顺利完成讯问工作任务，侦查人员必须遵循实事求是、重证据、重调查研究、严禁刑讯逼供等原则。

（1）实事求是原则。讯问工作的复杂性，要求侦查人员必须运用辩证唯物主义认识论指导讯问，遵循“以事实为根据，以法律为准绳”原则。实施讯问时，应当从案件的实际出发，全面占有材料。讯问的对象十分复杂，犯罪的动机、目的、方法手段多种多样，犯罪嫌疑人为逃避惩罚、对抗审讯的伎俩也是五花八门。侦查人员必须坚持实事求是原则，反对主观臆断，敢于坚持真理，勇于修正错误，做到准确、有效。

（2）重证据原则。讯问的目的之一是获取犯罪嫌疑人的真实供述和辩解。讯问的中心问题就是解决其他犯罪证据与犯罪嫌疑人口供之间的矛盾问题，而收集证据、审查证据、核对犯罪嫌疑人口供也就贯穿讯问的始终。正确处理两者的关系，是坚持重证据原则的关键所在。不轻信口供，这是重证据原则的充分体现。

（3）重调查研究原则。调查研究是正确认识事物的科学方法，也是讯问中收集证据、核实证据的正确途径。讯问犯罪嫌疑人的过程中一定要坚持审、调结合，对于犯罪嫌疑人供述的事实和线索，必须深入群众做周密的调查，经过分析研究，互相印证，才能得出正确的认识和判断。总之，讯问犯罪嫌疑人必须树立并坚持辩证唯物主义的思想方法，坚持实践第一和正确的认识来源于实践并受实践检验的观点，加强调查研究，才能获取确实、可靠的定案证据。

（4）严禁刑讯逼供原则。刑讯逼供是以肉刑或变相肉刑等手段，强迫犯罪嫌疑人承认被指控的犯罪事实。刑讯逼供为我国现行的法律和政策所禁止。逼供不仅会造成冤假错案，而且还会给犯罪嫌疑人的翻供制造借口，给定案造成困难。讯问犯罪嫌疑人必须坚决反对刑讯逼供，坚持以事实为根据、以法律为准绳，重证据、重调查研究，文明办案的原则。

5. 讯问前的准备

讯问是讯问人员同犯罪嫌疑人面对面的攻心战，必须做好讯问前的准备工作。如果侦查人员没有准备或准备不足，讯问时就可能抓不住中心和要害，问话缺乏逻辑联系。这样不仅达不到查明案件真相的目的，甚至还可能给讯问工作带来困难。

（1）做好人员配备。我国《刑事诉讼法》规定，讯问犯罪嫌疑人，侦查人员不得少于二人。要根据具体案情和难易等情况，确定能胜任该案件讯问工作的办案人员。讯问案情复杂的重大案件，应配备较有实战经验的讯问力量，必要时，领导同志可以参加讯问，以便指导。公安机关侦查的案件，可以根据需要商请检察机关派员参加讯问。讯问聋哑人，应当有通晓聋哑手势的人参加。讯问不通晓当地语言文字的犯罪嫌疑人，应当配备翻译人员。

（2）熟悉案情和犯罪嫌疑人情况。讯问人员要全面熟悉案情，研究被讯问人情况和心理状态，掌握犯罪嫌疑人心理活动规律和特点。熟悉案件情况可从以下五个方面进行。

第一，熟悉犯罪嫌疑人的基本情况。比如，犯罪嫌疑人的姓名、化名、曾用名、籍贯、住址、民族、年龄、职业、职务、文化、经历、家庭情况，有无前科；犯罪活动的时间、地点、手段、动机、作案经过、人数、造成的危害后果等。

第二，研究犯罪嫌疑人的个性特点。主要研究犯罪嫌疑人的性格、兴趣、爱好、能力、气质。这些特点是在长期的教育环境、家庭和社会生活中逐渐形成的。

第三，研究犯罪嫌疑人被羁押后的心理状态。犯罪嫌疑人被拘捕后，心理状态比较复杂，有的认罪悔罪，有的存在侥幸心理，有的存在畏罪心理等。

第四，研究犯罪嫌疑人的社交关系。比如平时和谁来往密切，同谁有矛盾。

第五，熟悉案件的证据材料。熟悉案卷中有哪些证据材料，收集证据的方法手段，证据的可靠程度，能证明哪些问题，还有哪些问题缺乏证据，还需要收集、查证哪些证据，哪些证据在讯问中可以使用等。

（3）制订讯问计划。讯问计划是指对某一具体案件进行讯问所要采取的步骤、方法和策略等的安排。重大案件应当制订详细的书面讯问计划，一般案件也要有所考虑和安排。制订讯问计划，是为了保证讯问工作有计划、有步骤地进行。讯问计划内容通常包括：简要案情，通过讯问所要查明的主要问题，讯问的目的和要求，讯问的重点和采取的方法、步骤，预测可能出现的情况以及应采取的对策，等等。

在讯问计划执行过程中，还应当根据审讯活动进展和被讯问人的思想状况，及时修改、补充。每一次讯问还要根据讯问计划和讯问目的，拟定具体讯问提纲。只有根据客观情况的变化，灵活地执行计划，才能收到良好的效果。

6. 讯问应当注意的问题

（1）讯问时应注意选择提问方式。提问方式是指在侦查讯问中，讯问人员为了达到预定的讯问目的，在讯问策略的指导下，按照一定的次序编排的一组提问的构成特点、类型和方式的总称。在侦查讯问实践中，常见的提问方式有探索提问、突然提问、迂回提问、渐进提问、借言提问、含蓄提问、跳跃提问、命题提问、纵横提问等。

讯问人员不仅要善于从犯罪嫌疑人的供述中发现问题，还要善于向犯罪嫌疑人提出问题。提问的策略水平高低取决于讯问人员业务能力的强弱和实际工作经验的多寡。一般而言，提问应注意以下几点。

① 提问时不能对被讯问人进行诱供或指人指事问供。

② 当发现被讯问人供述的矛盾时，不应急于揭露，也不应就这些矛盾进行提问，而应该灵活机动地提出问题，让矛盾充分暴露。

③ 提问不能暴露讯问的目的，不能让被讯问人得知其罪行暴露的程度。在任何情况下，提问都应沉着冷静，不能让被讯问人从问话中察觉出讯问人对供述的看法。特别在缺少证据的讯问中，讯问人员更应注意提问的方式。一般应概括、迂回地提出问题，不宜过于具体、直接地提出问题。

（2）讯问时应当注意保障犯罪嫌疑人的权利。为了保证讯问工作顺利进行，侦查人员讯问犯罪嫌疑人时，应当注意保障犯罪嫌疑人依法享有的诉讼权利。根据我国《刑事诉讼法》的规定，犯罪嫌疑人在接受讯问时享有下列诉讼权利。

① 有对自己的行为进行辩解的权利。讯问人员对于犯罪嫌疑人的辩解，应当耐心听取，认真研究。对犯罪嫌疑人提供的反证，要认真查对，辨明真伪。

② 对侦查人员提出的与案件无关的问题，有拒绝回答的权利。法律赋予犯罪嫌疑人这项权利的目的，主要是保证侦查人员集中精力查清案情，及时准确地揭露犯罪和证实犯罪，防止侦查人员讯问与案件无关的国家机密、个人隐私等问题，以维护国家利益和犯罪嫌疑人的合法权益。但是，根据法律规定，犯罪嫌疑人对自己所犯的罪行，无权拒绝侦查人员的提问，应当如实回答，不得作虚伪陈述。侦查人员在讯问中提出的问题虽与本案无关，但与其他犯罪案件有关，犯罪嫌疑人也应如实回答。

③ 有要求阅读或向其宣读讯问笔录的权利。如果认为笔录的记载有错误或遗漏，有要求改正或者补充的权利。

④ 有用本民族的语言文字回答侦查人员讯问的权利。

⑤ 对非法讯问及刑讯逼供行为有提出控告的权利。

对犯罪嫌疑人所享有的上述权利，讯问人员不得予以限制或剥夺。

（3）正确对待犯罪嫌疑人的供述和辩解。犯罪嫌疑人的口供，包括犯罪嫌疑人的供述（承认自己犯有某种罪行的交代）和辩解（否认自己犯有某种罪行和反驳指控等的申辩和解释）两个方面。根据《刑事诉讼法》的规定，犯罪嫌疑人的供述和辩解，经过查证属实后，也是一种证据。

讯问犯罪嫌疑人是一种重要的调查研究工作，是要犯罪嫌疑人自己供述有关案件的事实情况。因为犯罪嫌疑人对于自己是否实施了某种犯罪活动，以及如何进行犯罪，最为清楚。他的口供无论是供述自己的罪行，还是辩解，总要直接或间接地涉及与案件有关的事实，经过查证核实，可以据此了解案件事实，因而能够成为认定案件事实的一种根据。特别是在强奸、诈骗、扒窃等案件中，口供对查明案情更具有重要意义。同时，通过口供可以对其他证据进行鉴别和印证，并且可以发现新的证据和线索，有利于追查新罪行，揭发新的犯罪嫌疑人。另外，通过口供还能够具体衡量和评断犯罪嫌疑人坦白认罪态度，有利于正确贯彻“惩办与宽大相结合”的政策。即使是犯罪嫌疑人狡辩抵赖或胡编乱造、以假乱真的口供，也可以从中发现疑点和矛盾加以利用。所以，在讯问过程中，应当采取正确的策略方法，进行艰苦细致的工作，尽量取得犯罪嫌疑人的口供，如果犯罪嫌疑人什么都不讲，则势必会给定案处理增加困难。

犯罪嫌疑人是受审查的对象，与案件的审查结果有着直接的利害关系，这种特殊的诉讼地位，决定了犯罪嫌疑人口供的复杂性。有的为了掩盖自己的罪行，逃避惩罚，而故意编造谎言，捏造事实，避重就轻，狡辩抵赖，嫁祸于人。有的感到自己的罪行已经败露，推脱不了，或者经过政策教育后有了悔悟，愿意争取得到从宽处理，而供述自己犯罪活动的真实情况。有的本来虽未实施犯罪，但基于某种原因而承认本来不是自己所实施的犯罪活动。因此，对于犯罪嫌疑人的口供，无论是辩解，还是承认罪行，还是检举揭发别人，都必须持十分慎重的态度，不能盲目轻信，更不能作为查明案件事实的唯一根据。

（4）严禁刑讯逼供。刑讯逼供行为严重侵犯了犯罪嫌疑人、被告人的权利，为此，我国《刑法》中规定了专门的罪名。《刑法》第 247 条规定：“司法工作人员对犯罪嫌疑人、被告人实行刑讯逼供或者使用暴力逼取证人证言的，处三年以下有期徒刑或者拘役。致人伤残、死亡的，依照本法第二百三十四条、第二百三十二条的规定定罪从重处罚。”同时，

《刑事诉讼法》第 52 条明确规定："严禁刑讯逼供和以威胁、引诱、欺骗以及其他非法方法收集证据。"这些规定为追究刑讯逼供行为人的法律责任提供了依据。

（5）注意审查判断犯罪嫌疑人的供述和辩解。对犯罪嫌疑人的供述和辩解必须认真细致地进行审查判断，以确定其是否真实可靠，与案件事实有无联系。审查判断犯罪嫌疑人的口供主要采取以下四种方法。

① 审查犯罪嫌疑人口供是否符合客观事物发生、发展的一般规律。对犯罪嫌疑人供述的犯罪事实，从犯罪时间、地点、动机、目的、手段和后果等各个方面进行综合分析研究，判断在当时的具体条件下，犯罪嫌疑人是否可能实施某种犯罪行为，是否合乎情理。如果发现矛盾，则应进一步调查、核对。对于犯罪嫌疑人的辩解，同样也要审查是否具有合理性，是否符合客观事实。

② 审查犯罪嫌疑人供述或辩解的动机。实践表明，犯罪嫌疑人供述或辩解的动机是复杂多样的。由于动机不同，供述或辩解的真实程度也就明显不同。所以，查清犯罪嫌疑人提供口供的动机，是甄别犯罪嫌疑人口供真伪的一个重要方法。

③ 审查犯罪嫌疑人是在什么条件下作出供述或辩解的。即查清犯罪嫌疑人是否受到讯问人员的刑讯逼供或诱供、骗供，是否受到同案犯的威胁、引诱，以及外界的其他不良影响。这对于正确判断供述和辩解的真实性，具有重要意义。

④ 审查犯罪嫌疑人的口供与同案件中其他证据是否一致。首先要审查犯罪嫌疑人前后多次口供以及与同案犯罪嫌疑人之间的口供有无矛盾，如有矛盾，则应分析研究存在矛盾的原因；如果与同案犯罪嫌疑人之间的口供完全一致，还应查清他们之间是否订立攻守同盟或者相互串供。然后，将犯罪嫌疑人的口供同案件中的其他证据联系起来，进行综合分析判断，使之相互印证，看它们彼此之间是否协调一致，鉴别其真伪。

综上，侦查讯问是指侦查人员为了查明案件事实和其他有关情况，依照法律程序，以言词方式对犯罪嫌疑人进行审讯，以获取真实供述或者辩解的一种侦查活动。侦查讯问是侦查机关办理刑事案件的必经程序，它具备以下五个方面的法律特征：第一，侦查讯问的主体是侦查机关的侦查人员，其他任何机关、团体和个人都无权讯问犯罪嫌疑人；第二，侦查讯问的对象只能是犯罪嫌疑人或被告人；第三，侦查讯问的方式是正面审查；第四，侦查讯问属于一种侦查措施；第五，侦查讯问的目的是获取犯罪嫌疑人真实的供述和辩解，进而查明案件的全部事实真相。侦查讯问必须在《刑法》与《刑事诉讼法》等法律规范之下进行，就实体法而言，侦查讯问的内容要根据犯罪嫌疑人涉嫌的犯罪罪名，围绕犯罪构成的四个要件（犯罪主体、犯罪客体、犯罪的主观方面、犯罪的客观方面）展开，侦查讯问中要重点问清犯罪时间、地点、当事人、起因、经过、后果、动机、目的、手段及相关证据等，以利于最后对犯罪事实的认定。实训中，要注意讯问内容的全面细致。讯问必须受到非法证据排除规则、不得强迫自证其罪规则，以及对讯问过程进行录音录像等一系列规定的约束。

（二）讯问笔录的制作方法

1. 熟悉案情和讯问计划

侦查人员应该通过阅卷、听取介绍、参加讨论等途径全面熟悉案情，包括案件基本情况、涉嫌罪名和证据材料、犯罪嫌疑人情况及同案关系人等。熟悉讯问计划，主要是明确讯问的目的、要求、重点、步骤和策略方法等。

侦查人员应做好下列具体准备工作。

（1）全面了解案件情况，了解主要犯罪事实；

（2）了解证据材料的主要来源和主要内容；

（3）熟记与案件有关的人名、地名、单位名称、专用名词和术语；

（4）熟悉讯问策略、方法以及讯问要领和讯问语言；

（5）准备好制作笔录的书写工具和其他用品。

2. 熟悉格式，规范制作

对讯问笔录的格式，公安部作了统一的规定，因此，熟悉格式是规范制作讯问笔录的必要条件。讯问笔录包括首部、正文和尾部三部分。

（1）首部。首部由标题，讯问的起止时间，讯问地点，讯问人员、记录人员、被讯问人的基本情况等内容组成。这一部分的格式由公安部统一规定（见图 8－1），需按要求填写。

第___次

讯问笔录

时间____年___月___日___时___分至____年___月___日___时 __分

地点______________________________

讯问人（签名）_______、_______工作单位__________

记录人（签名）_________工作单位______________

被讯问人_________性别____年龄____出生日期__________

身份证件种类及号码______________________

现住址______________________联系方式________

户籍所在地__________________________

（口头传唤/被扭送/自动投案的被询问/讯问人于___月___日___时___分到达，__月__日__时__分离开，本人签名：____________）。

问：______________________________

答：______________________________

第　　页共　　页

图 8－1　讯问笔录首部格式

① 标题。标题（文书名称，即"讯问笔录"）已印刷好，标题的右侧填写讯问的次第。

② 讯问的起止时间。写明讯问开始和结束时间，要具体到“××时××分”。

③ 讯问地点。

④ 讯问人员。讯问犯罪嫌疑人时，按照讯问犯罪嫌疑人程序的有关规定，讯问人员不得少于2人。在“讯问人员”这一项目中填写负责讯问的侦查人员的姓名。

⑤ 记录人员。记录人员一般由一人担任，要填上姓名。

⑥ 被讯问人的基本情况。被讯问人的基本情况包括被讯问人的姓名、性别、年龄、出生日期、身份证件种类及号码、住址。

（2）正文。正文部分是笔录的中心部分，包括开头、主体和结束语三个层次。

① 开头。这个层次要问清、写明三个方面的问题：基本情况、家庭情况、是否受过处罚（包括刑事处罚和治安处罚）。

② 主体。这个层次主要是记载与案件有关的人和事。对被讯问人的供述，要清楚地将其犯罪时间、地点、起因（原因）、动机（目的）、手段、情节和危害结果等记录下来。如果被讯问人提出无罪的辩解，应允许其详细陈述，并如实地记录下来。

③ 结束语。在主体之后，通常用一句固定语，如“你以上说的是实话吗”或“你以上讲的都是事实吗”，以表示正文结束。如果是第一次讯问，在此之后，应告诉犯罪嫌疑人有聘请律师为其辩护的权利。

（3）尾部。这部分主要记录讯问后履行法律手续的情况，包括以下几个方面。

① 将笔录交给被讯问人核对。被讯问人没有阅读能力的，应向其宣读。

② 若有差错、遗漏，允许被讯问人修改、补充，并且在该处捺指印；没有差错、遗漏，被讯问人借机翻供的，则不允许其修改。

③ 如果被讯问人在前面的供述中多次说谎话，但后来终于说了实话，这时应当允许被讯问人更改供述中的谎言，并详尽地说明撒谎的原因。

④ 笔录经被讯问人核对后，认为没有差错、遗漏时，令其在末页写上“以上笔录我看过”（或“以上笔录向我宣读过”）、“以上笔录和我说的相符”的字样，并逐页签名捺指印。

⑤ 如果被讯问人拒绝在笔录上签名、捺指印，记录人员应在笔录上注明。

3. 集中精力

制作讯问笔录是一项十分紧张的工作，眼观、耳听、脑思、手记几乎同时进行，即便如此，还不一定能够赶上讯问双方言语交流的速度。因此，记录人员的注意力一定要高度集中。只有全身心地投入，才能保证讯问笔录的准确性、完整性和系统性。

4. 审记配合

主审人员与记录人员是一个办案的集体，两者既要分工负责，又要互相配合。作为讯问人员，为了配合记录人员做笔录，应该有计划、有步骤地提问，语言精练，吐字清楚，并善于把握节奏，适当照顾记录速度。对于重要情节，讯问人员可以采取变换提问角度的方式让被讯问人重述，或者采取概要复述等办法，确保记录人员能完整无误地将其记录下来。

5. 抓住重点

讯问笔录要求尽可能详尽，但这并不意味着要机械、逐字逐句地记录被讯问人所说的和表露的一切，事实上不可能，也没必要。因此，记录时既要力求全面系统，又要突出案件的基本事实、基本证据、供述中的矛盾点以及新的犯罪线索等重要内容，做到繁简适度，主次分明。

6. 使用辅助设施

为了保证笔录的准确性、客观性和完整性，在讯问中，可以使用有关设施来帮助记录人员。例如，使用录音、录像设备辅助记录；在审讯室的前、后方设置一块浅色的黑板，遇到生僻的字词或者听不清的词句，便可以发挥其独到的作用。这样既可以保证讯问双方语言交流顺畅，也可以保证记录的准确性。

（三）讯问的策略方法

所谓讯问策略，是指在讯问过程中，侦查人员根据法律规定，针对案件和犯罪嫌疑人的具体情况，以促使犯罪嫌疑人作出彻底的、真实的供述为目的而采用的各种有效的讯问方式方法。讯问犯罪嫌疑人，是一种面对面的斗智斗勇活动。除少数已交代全部罪行的犯罪嫌疑人外，其他犯罪嫌疑人对于讯问一般都有不同程度的对立情绪和畏罪心理，并由此派生出恐慌、抵触、绝望、侥幸心理，等等。因此，讯问人员除了要针对犯罪嫌疑人的思想状况进行细致耐心的教育外，还应当善于根据案件的具体情况运用相应的讯问策略。讯问策略的内容包括讯问方式，讯问内容，使用证据的方式方法，运用策略的方法、时机、手段，以及审讯时讯问人员所持的态度、言行举止等。根据具体案件制定的讯问策略应当具有针对性、计谋性、灵活性和合法性的特点。侦查讯问中常见的策略方法有以下五种。

1. 及时做好初审策略

初审，也叫第一次讯问，还叫初讯，是指侦查人员在法定的时限内对犯罪嫌疑人所进行的初次讯问，是侦查人员同犯罪嫌疑人进行的第一次面对面的交锋。按照《刑事诉讼法》的规定，被告人或犯罪嫌疑人被拘捕后，必须在 24 小时以内进行第一次讯问。讯问犯罪嫌疑人，应当由二名以上的侦查人员进行。

法律对初审所作的时间规定，既是认真执法、严格依法办案的要求，也是迅速完成侦查任务的策略要求，其重要意义如下。

（1）及时进行初审可以及时发现和纠正被错拘、错捕的犯罪嫌疑人，防止无罪的人被长期关押。侦查机关无论对犯罪嫌疑人采取何种措施，都应在法定时限内及时对犯罪嫌疑人进行讯问，这是及时发现和纠正错误羁押，保护无罪的人的人身权利和民主权利的重要手段。

（2）初审是突破案情的极好时机。犯罪嫌疑人被拘捕后，由于环境的突然变化，心理受到强烈的冲击，精神紧张，情绪慌乱，还来不及形成抗拒审讯的防御体系，这是突破案情的极好时机。充分利用这一时机做好初讯工作，出其不意，攻其不备，就有可能迅速突破案情，促使犯罪嫌疑人尽快交代罪行，为最后查清全部案情打下良好基础。

（3）做好初审工作，有利于及时获取新的犯罪证据和犯罪线索。一些集团犯罪中的部分人一旦在同案中被拘捕，其他同案嫌疑人就会潜逃、藏匿、销毁证据或进行其他破坏活动。因此，抓紧时间进行第一次讯问，当犯罪嫌疑人供出同案嫌疑人后，迅速采取措施查缉，扩大战果。

（4）做好初审工作，可以为以后的继续深入讯问打下良好的基础。第一次讯问是侦查人员同犯罪嫌疑人的初次交锋，双方均在试探摸底。侦查人员给予犯罪嫌疑人第一印象的好坏，将对犯罪嫌疑人的心理产生深刻的影响，直接关系到以后讯问局势的发展。同时，通过初讯，侦查人员可以直接观察、了解、掌握犯罪嫌疑人的心理状态、个性弱点、认罪态度以及口供中暴露的矛盾、线索等，为研究确定继续深入讯问的方向和对策打下良好的基础。

初审的基本步骤和方法。首先，从犯罪嫌疑人的基本情况问起，包括犯罪嫌疑人的姓名、年龄、民族、职业、籍贯、文化程度、家庭成员、经历以及有无前科等。讯问以上基本情况不仅是一般的履行程序、核对情况，而且是为了解犯罪嫌疑人社会经历、智力情况、个性特点等创造正常的讯问气氛和讯问条件的有效步骤。其次，讯问人员应当按照既定的侦查计划或讯问提纲提出问题。案情差异和犯罪嫌疑人自身的个性、心理、文化、经历等条件的不同，决定了犯罪嫌疑人认罪态度的不同。讯问人员应当根据掌握的实际情况以及犯罪嫌疑人的具体特点，审时度势，牢牢把握讯问的主动权。同时，向犯罪嫌疑人指出，按照法律规定，对讯问人员的提问，应当如实回答，不得隐瞒，否则将承担法律后果，以打消其拒供念头。再次，要听取犯罪嫌疑人的供述和辩解。对于犯罪嫌疑人的供述和辩解，讯问人员都应耐心听取，一般不要随便打断犯罪嫌疑人的陈述。在讯问的过程中，要避免只听供述不听辩解的错误做法。在初审中，应当允许犯罪嫌疑人进行辩解，即使是狡辩，也不要轻易阻止，而要让其充分暴露，然后选择时机，有理有据地进行批驳。最后，要根据案件的具体情况，在适当的时候结束讯问。结束讯问时应该明确提出问题，让犯罪嫌疑人继续反省，为下次讯问打好基础。

2. 法律、政策的教育策略

讯问中的教育内容主要包括政策和法律教育。对犯罪嫌疑人进行思想、政策、形势与前途教育，是从心理上征服犯罪嫌疑人，促使其彻底交代罪行的讯问策略。政策和法律教育贯穿讯问的始终，是讯问犯罪嫌疑人的一项行之有效的策略，即通常所说的攻心。

侦查人员必须审时度势，宽严相济，在运用攻心的策略时，必须要创造有利于讯问和犯罪嫌疑人供述的心理环境，既要给犯罪嫌疑人一定的压力，又要给其留有“出路”。为此应当选择有利的时机，在把握犯罪嫌疑人的心理状态的基础上，因人而异地进行政策、法律、前途教育，并作适当的解释。针对回答问题的情况，调节犯罪嫌疑人的心理压力，根据犯罪嫌疑人的个性心理特点，施加影响，分情况进行处理；或者根据犯罪嫌疑人罪责感促使其感情冲动，削弱其警戒心理；或者利用犯罪嫌疑人感情脆弱的特点对其进行感化教育；或者激起犯罪嫌疑人的辩解，利用其辩解中的漏洞和矛盾之处适时进行反击；或者在讯问中促成并运用对侦查人员有利的形势、局势和声势，对犯罪嫌疑人形成强大的心理压力，促使其转变思想态度，如实供述罪行。

3. 重点突破策略

重点突破，需要利用薄弱环节。所谓重点突破策略，是指侦查人员在讯问犯罪嫌疑人时，运用已经取得的证据或者利用犯罪嫌疑人心理上的弱点，对查明全案具有关键意义的某一环节主动发起进攻，从而打开缺口，迫使犯罪嫌疑人不得不交代主要犯罪事实或者全部犯罪事实的策略。

重点突破策略，一般是在讯问人员已掌握了关于犯罪事实的部分证据，而被讯问人侥幸心理严重，不愿交代问题的情况下采用的。犯罪嫌疑人在实施犯罪后，为了逃避惩罚，一般都会考虑对付侦查的办法，对于讯问人员已掌握了什么证据材料也有大致分析。一般而言，对于已估计到讯问人员要提问的问题和已经掌握的证据材料的问题，被讯问人准备得较为充分，而对其他问题准备得较少或毫无准备。被讯问人反审讯的“防线”不可能处处都无懈可击，其中总会有薄弱环节存在。要突破被讯问人的“防线”，不应平均用力，盲目进攻，应仔细分析，抓住其真正的薄弱环节，集中力量重点突破，以达到突破弱点，震动全线的效果。采用这种讯问策略的条件包括：首先，要选准真正的而不是表面的薄弱环节。讯问人员在准备讯问时，应全面掌握案情，考虑提问的内容和策略，分析被讯问人将会如何回答提问；同时，还应了解哪些问题已有充分的证据材料，哪些问题尚未引起被讯问人的注意等情况，以便发现薄弱环节，出其不意地实施重点突破。其次，要在选定作为突破口的问题上，收集准备充分可靠的证据，以揭露驳斥被讯问人的谎言，并确认被讯问人是否在这以后已开始进行如实的供述。再次，应抓住有利时机，直击问题的核心，既要出乎被讯问人意料，又要使其无法回避。讯问人员的态度应严肃，语气坚定有力，言词明确肯定，使被讯问人的心理压力急剧上升，在穷于应付之际被迫作出如实供述。如果被讯问人已经理屈词穷，但仍然犹豫动摇，应及时采用合情合理、耐心诚恳的方式对其进行进一步的认罪服法教育，以巩固和发展有利于讯问的形势。最后，如果被讯问人依然试图狡辩抵赖，讯问人员则应及时出示证据，揭露驳斥其谎言，彻底消除其侥幸心理。有时，被讯问人也可能对突如其来的变化过度惊慌，以致回忆再现和供述发生障碍，讯问人员则应设法缓和其心理压力，并用适当的提问，启发被讯问人的联想，以利于回忆和交代问题。

4. 利用矛盾策略

利用矛盾策略，是指侦查人员在讯问犯罪嫌疑人时，利用犯罪嫌疑人口供与犯罪事实的矛盾，口供自身的矛盾，口供与客观条件的矛盾，犯罪嫌疑人之间的矛盾等，使其无法自圆其说，或使他们为自己的利益互不信任、互相揭发，从而突破犯罪嫌疑人口供的讯问策略。

利用矛盾的讯问策略，首先要善于发现矛盾，其次要善于利用矛盾，最后选准薄弱环节，打开缺口，各个击破。要做到这些，就要促使被讯问人充分暴露矛盾。在讯问中应当允许被讯问人无限制地编造谎言，不要一发现矛盾就立即予以揭露和驳斥。讯问人员应沉着冷静地向被讯问人提出有关的问题，让其充分暴露，同时认真听取和记录。这样不仅能发现矛盾和线索，还可以削弱被讯问人的戒备心理，使矛盾暴露得更加充分。在被讯问人编造谎言的同时，讯问人员还可以通过分析谎言，判断被讯问人特别希望掩饰的是什么，特别强调和注意的又是什么，从而准确地找出讯问的突破口。当讯问某些被讯问人事先不曾有所准备的问题时，其虚假供述常常会矛盾迭出。因此，深入追问相关的数个重要细节，再对被讯问人就此的供述进行对比分析，是发现矛盾的重要方法。这对于发现事先订有攻守同盟的同案犯罪嫌疑人供述之间的矛盾，尤为有效。

5. 出示证据策略

证据是定案的根据，是揭露犯罪、证实犯罪的有力武器。讯问中有选择、有准备、有控制地适时出示证据，对于瓦解犯罪嫌疑人的顽固态度有重要意义。证据对于任何被讯问人都具有一定威慑和制服作用，不出示任何证据便能取得讯问的成功是很少的，适当地出示证据是其他讯问策略的必要前提和基础。但是，讯问人所掌握的证据常常由于各种原因的限制，不能随便使用。使用证据除了要注意保护秘密侦查手段和要求保密的证人外，已获证据的多少、可靠程度如何、对被讯问人的心理作用如何以及对有关问题的证明力如何等，都是需要精心考虑的。

采用出示证据这一讯问策略，需要注意以下五个问题。

（1）正确选择出示证据的时机。能否选择适当的时机是出示证据策略能否奏效的关键。讯问实践证明，出示证据的有利时机是，被讯问人经过思想教育，侥幸心理已有所削弱，顽抗态度已开始发生转变，正处于交代与继续抗拒的思想斗争之中；被讯问人的虚假供述已被揭露，但仍有侥幸心理，对讯问人员已掌握证据持怀疑态度而迟疑不决；被讯问人对于将要出示的证据，已无狡辩抵赖的可能。在被讯问人思想已有所触动，出现交代问题的可能性，适当地出示证据，就可能彻底瓦解被讯问人的对抗心理，促使其彻底交代自己的罪行。

（2）正确选择出示的证据。并不是所有的证据都能够或者应该在讯问中使用。正确选择证据，是使用证据的必要前提。选择证据时应注意：首先，准备出示的证据必须是切实可靠的，没有绝对把握的证据不能轻率使用，否则其结果可能适得其反；其次，准备出示的证据必须是可以公开的证据，凡属秘密侦查手段获取的证据，或证人要求保密，而一经出示就必然暴露证人的证据，不宜在讯问中使用，如果必须使用这类证据，则必须对取证手段和证据的来源作相应的形式转换；再次，出示证据前应衡量得失，使用证据不能得不偿失，如同一问题有几个证据，一般应先使用次要证据，后使用或不使用主要证据。当然，在很多情况下，出示哪一种证据更为合适，要由需证明的问题性质、复杂程度和重要性而定。

（3）出示证据要讲究方式方法。使用证据不是简单的出示，应当采用适当的方式方法。讯问实践证明，既要让被讯问人确信讯问人员已掌握了证据，但又不让其清楚掌握了多少证据及哪方面的证据，是使用证据的最佳效果。运用出示证据策略，应适当地对被讯问人进行正确心理诱导和刺激。一般应引导被讯问人客观地回忆事件经过，同时适时点出与证据内容相关的一些细节，瓦解被讯问人的侥幸、怀疑心理，使其明确意识到罪行已经暴露，罪证已被掌握，感到再也无法隐瞒下去，同时又觉得讯问人员还给自己留有争取宽大处理的机会，从而容易转变立场。这样使用证据能够取得较好的效果，而且可以避免出现讯问僵局。

（4）使用证据要留有余地。对案件中的证据，不能悉数都在讯问中使用。必须在讯问中使用的证据，也不能将证据的每一个细节都让被讯问人知道。这对于分析被讯问人的认罪态度和甄别其供述是否真实，都是十分必要的。同时，始终保留一部分证据或某一证据的部分内容，也有利于保持进攻的态势，控制和威慑被讯问人的心理，使其不敢轻易停止供述，从而被迫作彻底交代。

（5）分析判断被讯问人可能作出的辩解，然后出示对应证据这一策略，通常是在被讯问人对犯罪事实矢口否认、拒供抵赖的情况下使用的。所以，在使用证据之前，一定要分析判断被讯问人可能对证据作何种解释，针对这些辩解事先应向被讯问人提问，通过这些提问，可先行截断被讯问人狡辩抵赖的退路，使其面对出示的证据不得不如实交代。

（四）各类犯罪案件的讯问要点

1. 故意杀人案件的讯问要点

犯罪嫌疑人的基本情况；杀人的时间、地点和犯罪手段；被害人的伤势和致伤的情况；与被害人之间的利害关系；凶器、药物及其他作案工具的来源和下落；杀人的预谋及实施过程；杀人的动机、目的；是一人作案还是共同犯罪，如果是共同犯罪，需要问清同案犯的下落及其在犯罪活动中所起的作用。

2. 故意伤害案件的讯问要点

犯罪嫌疑人行凶伤人的具体时间、地点、手段及作案经过；作案凶器的来源及下落；与被害人之间的关系以及发生冲突的原因；被害人致伤的直接原因；犯罪嫌疑人行凶伤人的动机、目的；如果是共同犯罪，则要问清其他犯罪嫌疑人的下落及其在共同犯罪中所起的作用。

3. 盗窃案件的讯问要点

①犯罪主体情况。包括犯罪嫌疑人的姓名（原名、曾用名、化名、绰号）、性别、年龄、民族、籍贯、文化程度、职业、工作单位、住址、简历、社会关系、有无前科。②犯罪客观方面的情况。包括实施盗窃犯罪行为的时间——某年、某月、某日（上午、中午、下午、晚上、夜间、凌晨）、某时；为什么要选择这一时间，是临时起意还是事先踩点，如何进行踩点的；实施盗窃犯罪行为的参加人；实施盗窃犯罪的工具（工具的品种、型号、来源及下落）、方法和手段；为什么选择这种工具、方法和手段；实施盗窃犯罪的具体过程：从何处进入现场、如何进入，进入现场后的行走路线，触碰过哪些物品，盗得哪些财物（盗窃财物的名称、规格、品种、花色、型号、货币金额、数量，有价证券的数额、金银的数量、文物的件数，等等），如何逃离现场；赃款赃物的下落：赃物的存放地点，有无赃物保管人，保管人是谁，其是否明知是赃物而予以保管；销赃的时间、地点，购物的名称、数量，买赃人是谁，是否明知是赃物而购买，销赃有无中间介绍人，介绍人是谁，其是否明知是赃物而予以介绍；所盗窃的货币、有价证券和销赃款的去向；退赃情况：什么时间向什么机关或者个人退赃的，所退赃物的名称、数量、金额；如果是共同盗窃犯罪，还应当问明：共同盗窃犯罪是由谁纠集组织的，预谋和分工情况，成员都有谁，主要成员是否固定或者基本固定，各成员在各次共同盗窃犯罪中的地位和作用，有无教唆或者被胁迫参加盗窃的情况；如果犯罪嫌疑人与受害人相互熟悉，甚至关系密切，或者有雇佣等关系，那么，在讯问时还应特别注意问明犯罪嫌疑人与受害人之间的经济往来情况。③犯罪主观方面的情况，包括实施盗窃犯罪的动机与犯意形成时间。

4. 抢劫案件的讯问要点

抢劫的时间、地点和周围环境；抢劫财物的名称、数量、特征、价值、物主；被抢前财物存放情况，被抢劫后的去向；犯罪嫌疑人持有或使用何种凶器、工具，它们的特征、来源和下落；抢劫的方法和过程，被害人是否进行抵抗和如何抵抗，被害人身体是否被伤害及被伤害的情况；被害人的身份、性别、年龄、口音、体貌衣着特征；犯罪前有无预谋以及抢劫的动机和目的；是否是初次犯罪；如果是多人共同作案，要问清同案犯下落以及在犯罪活动中的作用、分赃情况。

5. 强奸案件的讯问要点

犯罪嫌疑人实施强奸的时间、地点、气候、现场及周围环境等；与被害人之间的关系，若犯罪嫌疑人与被害人过去相识，要查清他们之间的认识过程和接触情况，有无通奸、私仇旧恨或其他纠纷；被害人的身体状况和实际年龄。例如，是否为病妇、孕妇、哑女、精神病、痴呆病患者，是否满 14 周岁等。实施强奸的具体手段（使用暴力、胁迫等)、暴力程度及过程；预谋过程以及造成的危害后果（致伤、致死等）情况；是否是初犯；是投案自首或被拘捕后主动交代，还是被迫交代。如果有同案犯，应问清同案犯的下落以及在犯罪中所起的作用。

二、侦查讯问实训目的

（1）熟悉讯问的准备工作；

（2）制订侦查讯问计划；

（3）理解和运用讯问策略、方法；

（4）基本掌握讯问语言技巧；

（5）熟练掌握讯问笔录的制作方法。

第二节　侦查讯问实训操作要求及评价

初审和之后的讯问在目的和侧重点方面存在区别，由于初次接触讯问情景，有部分学生会有兴奋或手忙脚乱、毫无头绪之感，所以要求所选案例简单明了，问答语速不宜太快。通过初审，让学生初步感受和体验讯问氛围，明确讯问目的。初审之后，及时总结经验，根据初审中对犯罪嫌疑人个性心理特征的了解，迅速制订第二次讯问计划，在第二次的讯问实训中重点训练讯问策略，目的是攻克重要案情，明确下一步的侦查方向和侦查范围。

一、初审的操作指导

（一）初审要点提示

1. 初审要遵循一般原则

首先，尽量避免主观臆测，坚持从案件的实际情况出发。不能想当然，囿于成见。其次，重证据，不轻信口供。既不过度依赖口供，要认识到口供存在着虚假性；又要重视口供，口供一旦被查实，就可以作为重要的证据。最后，要遵循规范要求，严禁以非法的讯问方法获取口供。

2. 初审必须有计划、有准备地进行

在开展讯问工作之前，要认真做好各种准备工作，安排合适的侦查人员，案情复杂重大的，要适当增加讯问力量。主审由熟悉案情或审讯经验丰富的侦查人员担任，所有参与讯问的人员应共同研究分析案情，制订讯问计划，确定讯问策略、步骤和方法。讯问时，分工负责，互相配合。

讯问计划的制订依赖侦查人员对案情和犯罪嫌疑人的熟悉程度。因此，应在讯问前认真分析案件材料和已有证据（哪些证据已证实，哪些证据还有疑点、矛盾）。在讯问时，应紧紧围绕本案案情深入、细致、全面地发问，与本案证据无关的问题应尽量避免；讯问应坚持实事求是的原则，不作无根据的猜测、假定；审记要配合，同步进行，讯问笔录制作要符合规范要求。

（二）初审实务要点提示

1. 初审时应当注意的问题

第一，迅速及时地开展讯问；第二，重视给予犯罪嫌疑人的第一印象，防止出现讯问僵局；第三，在犯罪嫌疑人承认犯罪，并作出某些有罪供述时，要善于抓住战机，及时追清主要事实和情节；第四，耐心听取辩解，及时调查核实。

初审实训的目的，就是让学生体验现场讯问的气氛，发现和体会自己在记录能力方面存在的不足；初步了解侦查讯问笔录的文书格式、内容结构和制作讯问笔录的具体要求；力争突破主要案情。

2. 初审的基本步骤

讯问犯罪嫌疑人的基本情况，包括姓名（化名、绰号、曾用名）、年龄、民族、职业、籍贯、文化程度、家庭成员、经历以及有无前科等；讯问犯罪嫌疑人是否有犯罪的行为，听取犯罪嫌疑人的供述和辩解；进行有计划的讯问；结束讯问；签字。

3. 初审的实训要求和步骤

实训时间为2学时；实训结束后每位参加训练的学生必须按要求制作完成一份侦查讯问笔录；实训结束后应由教师根据学生制作讯问笔录的质量、参与实训情况，逐个按百分制打分作为平时成绩。

初审的实训步骤：实训老师提前发放侦查讯问笔录用纸（空白）；可以发放讯问笔录参考范例材料，也可以由学生自己查找讯问范例材料；让学生熟悉讯问笔录格式，通过阅读示范笔录，了解讯问笔录的结构内容和制作要求；通过角色扮演，要求学生同步进行记录；实训汇报总结和教师点评。

4. 初审的实训器材

讯问笔录用纸一套（空白）；讯问笔录参考范例材料一份（也可以由学生自行查阅）；训练用的完整视听教学资料一套（光盘、录音带或录像带）（另行提供）；联系或者准备侦查讯问视听室，如果没有专用视听室，可以用具备各视听设备的普通房间或教室模拟；准备消耗物品，如材料纸、印泥等。

5. 初审的实训内容和要点

制作讯问笔录采取操作性训练方法进行。

初审的实训内容：熟悉讯问笔录文书的规范格式，学习并初步掌握讯问笔录的内容结构，感受和体验讯问现场的特有气氛，明确制作讯问笔录的具体要求。

初审的实训要点：实训用的案例应该精心选择，一般可根据实际情况选择一段内容要素较为完整的初次讯问的录音、录像或文字，也可以由学生先查阅范本再参加初审。由于学生是初次接触讯问情景，要求所选案例应该简单明了，问答语速不能太快，只要能够反映出讯问笔录中需体现的内容即可。

初审实训结束后，学生上交讯问笔录，并在总结课上总结优势和不足。指导老师在实训过程中不干预学生的实训工作，做好记录，在总结课上对学生的实训情况进行总结评析。

本章实训内容主要类别和具体评价要点如表8－1、表8－2、表8－3所示。

表 8－1　初审实训操作内容主要类别和具体评价要点

主要类别	具体评价要点
团队表现	充分利用线索
	讯问计划制订得当
	审、记配合同步
	报告有理有据
角色评价	案情熟悉程度
	角色扮演到位
	讯问程序规范
	讯问要点突出
	讯问内容细致
	讯问策略得当
	笔录格式规范
	笔录内容完整
	笔录表述清晰
	汇报清晰明了

二、制作讯问笔录专项训练

（一）讯问笔录制作的实训目的和要求

1. 实训目的

通过对讯问笔录内容结构方面的分步训练，使学生切实掌握讯问笔录的内容结构和制作要求，能够熟练地制作出比较规范的讯问笔录，进一步提高自己的书写速度和记录能力。

2. 实训要求

（1）实训结束后每位参加训练的学生必须按要求制作完成相应讯问笔录；

（2）训练结束后应由指导教师根据学生制作讯问笔录的质量，逐个进行讲评并按百分制打分。

3. 实训资料准备

（1）讯问笔录用纸一套（空白）；

（2）犯罪嫌疑人权利义务告知书；

（3）印泥；

（4）书写工具等。

（二）讯问笔录制作的实训要点与要求

1. 实训内容

通过讯问笔录整篇分段的写作方法的练习，学习和初步掌握讯问笔录的文书格式、内容结构，体验讯问现场的气氛，明确制作讯问笔录的具体要求。

2. 实训要点

学生应当熟练掌握讯问笔录的格式、结构内容及填写要求。

（1）讯问笔录的规范格式。

（2）讯问笔录的结构内容。

① 首部内容（上述规范格式要填写的内容）；

② 正文部分（含犯罪嫌疑人基本情况、告知诉讼权利和义务、与案件事实有关的内容）；

③ 尾部内容（履行法律手续情况）。

3. 讯问笔录的填写要求

（1）首部内容。该部分的填写要求如下：

① 本文书名称。使用讯问笔录专用纸记录时，文书名称已印制好。名称后括号内的讯问次第根据实际情况填写。

② 起止时间，即讯问的开始和结束时间。注意应精确到某时某分，如果是整点开始或结束，"分"前也不能空白，应填上"00"。如果是讯问羁押于看守所的犯罪嫌疑人，笔录上的起止时间应与提讯证上的时间一致。

③ 讯问地点。无论是在公安机关，还是在被讯问人的住处、单位、学校或其他指定地点，都要写清楚，而且要写具体，如"××市看守所第×审讯室""××市公安局××审讯室"，不能仅写"××市看守所""××市公安局"。

④ 侦查员、记录员姓名、单位。这里应当由侦查员和记录员本人分别在横线上亲自签名，不能互相代替；侦查员和记录员单位不能省略不填；侦查员和记录员不能由一人同时担任。

⑤ 犯罪嫌疑人的姓名。要弄清犯罪嫌疑人姓名的写法，即究竟是哪几个字。犯罪嫌疑人是少数民族的，应当写明其汉语音译名，必要时也可以在汉语音译名后注明其使用的本民族文字姓名；如果是外国人，应当写明其汉语音译名，必要时也可以在汉语音译名后注明其使用的本国文字姓名。注意姓名写法应与其身份证上的姓名写法相同，还应与讯问结束后犯罪嫌疑人在笔录上的签名完全一样。

（2）正文部分。

① 犯罪嫌疑人基本情况。第一次讯问时，要详细记清犯罪嫌疑人的身份，即基本情况，包括姓名（户籍上注明的常用姓名）、曾用名、别名、化名、绰号、乳名、笔名、网名、性别、民族、出生年月日、出生地点、身份证号码、籍贯、文化程度、户籍所在地、现住址、职业和工作单位、政治面貌、家庭成员、社会经历，是否受过刑事、行政处罚等情况。

上述基本情况，在第二次及以后的讯问中一般可以不必再记。但如果对犯罪嫌疑人的基本情况有疑问，需要进一步核实，或要改变、补充以前的供述，则可以有针对性地进行讯问和记录。

② 告知诉讼权利和义务。履行告知程序时，首先将犯罪嫌疑人诉讼权利义务告知书送交犯罪嫌疑人，如果犯罪嫌疑人没有阅读能力，侦查人员要向其宣读。然后，问其是否看清或听清了告知书的内容，如果看清了或听清了，应当在笔录上记明。还要问犯罪嫌疑人有何要求，如是否需要聘请律师，是否申请有关人员回避。对于犯罪嫌疑人有具体要求的，一定要如实记录下来。

③ 与案件事实有关的内容。案件事实既包括犯罪嫌疑人的有罪供述，也包括其无罪辩解。一般情况下，从所占篇幅看，有罪供述即犯罪事实是讯问笔录的记录重点。当然，因为关系到一个人应负的法律责任、命运前途甚至生命，对其无罪辩解也要予以同等的重视。

记录案件事实，要围绕犯罪构成的四个要件，重点把握“八要素”，即时间、地点、当事人、起因、手段、经过、后果、证据。由于案情的不同，有的案件还包括其他一些特殊要素，即该案所特有的影响定罪量刑的某些事实和情节，如共同犯罪中的地位与责任、有无自首情节、认罪态度如何、有无立功表现以及犯罪嫌疑人的年龄等，也都应该写清楚。

（3）尾部内容。按照预定计划，需要讯问的内容问完、记完后，最后一般是问犯罪嫌疑人以上所述是否属实，能否全部负责，回答一般都是肯定的。如：

问：你以上讲的是事实吗？

答：是事实。

至此，讯问即告结束。然后应该履行法律手续，具体包括以下内容：将讯问笔录交犯罪嫌疑人核对；没有阅读能力的，要向其宣读。如果记载有误或遗漏，应当允许犯罪嫌疑人更正或补充，并在更正或补充的文字上捺指印。讯问笔录经犯罪嫌疑人核对无误后，应当由其在笔录的末尾写明对笔录的意见，即“以上笔录我看过（或向我宣读过），和我说的相符”，并签名和捺指印。如果犯罪嫌疑人没有书写能力，由办案人员代为书写上述内容，并由其本人捺指印。

最后，犯罪嫌疑人还要在讯问笔录除最后一页以外的每页末尾右下角签名（盖章）、捺指印。

（三）讯问笔录制作的考核要求

1. 内容客观

内容准确、全面，不失原意。

2. 法律手续完备

包括在讯问结束时将讯问笔录交犯罪嫌疑人核对。对于没有阅读能力的，应当向其宣读。如果笔录中有遗漏或差错，犯罪嫌疑人可以提出补充或更正，补充或更正的文字要由犯罪嫌疑人捺指印。犯罪嫌疑人承认笔录没有错误后，应当在笔录上逐页签名和捺指印，并在笔录末页写明“此笔录我已看过（或向我宣读过），和我所说的相符”的字样。侦查人员和记录员也要签名。另外，对犯罪嫌疑人的每次讯问，笔录上还要反映讯问的地点、起止时间、序数等情况。

3. 表达清楚

语言通顺、字迹清晰。

4. 便于长期保存

使用公安部统一印制的讯问笔录专用纸，可以用钢笔或毛笔书写，或者电脑记录打印，不能用铅笔、圆珠笔等书写（详见表8－2）。

表 8-2 讯问笔录制作实训内容主要类别和具体评价要点

主要类别	具体评价要点
角色表现	熟悉案情
	扮演真实
	审、记同步
	报告有理有据
笔录形式与内容	准确、全面
	格式规范
	字迹清晰
	语言通顺
	工具完备

三、第二次讯问：讯问策略的训练

第二次讯问可以是续审，也可以是针对重新设计的新案情进行的讯问。在第二次讯问实训中，讯问的侧重点在于熟练运用讯问策略，突破重要案情。讯问策略是指在讯问对抗中，讯问人员为查明案情，打破犯罪嫌疑人对抗讯问的防御体系，迫使其如实供述犯罪事实而采取的计谋方略。讯问策略的使用是给犯罪嫌疑人施加精神压力，从而改变其拒供的内心信念和犯罪认知。侦查人员不仅要围绕犯罪构成的四个要件展开讯问，还要注重内部的逻辑一致性，及时排除口供中出现的矛盾。

（一）第二次讯问操作指导

在实施讯问策略时，侦查人员要注意对氛围的控制和对犯罪嫌疑人情绪的调动。在其他证据比较充分时，用说理促使犯罪嫌疑人改变认知；在证据明显缺乏时，善用情感唤醒责任良知；在极端棘手的犯罪嫌疑人面前，也要坚信己方的正义和意志力，坚持获取供述。

初讯之后，侦查人员应该对犯罪嫌疑人的心理状态、个性特征、个人基本情况以及涉案缘由有了更深一步的了解和印证。在第二次讯问中，可将犯罪嫌疑人分为情感型和非情感型，并据此编制和展开提问的主题。对于情感型犯罪嫌疑人，主要利用表示同情、合理化、归责他人、降格犯罪后果等方式，从罪责感、道德感、虚荣心等情感弱点入手拉近心理距离，即通常所称的“最小化策略”；对于非情感型犯罪嫌疑人，主要利用揭露谎言、分析利弊、分化瓦解等方式，引导其产生“供述有利”的认知，从而产生供述动机，即通常所称的“最大化策略”。常用的讯问策略有攻心夺气、避实击虚、重点突破、迂回渐进、将计就计、引而不发、攻其不备等。攻心夺气是一种通过采用各种说服教育的手段对犯罪嫌疑人进行心理刺激和情感影响，纠正错误认知，达到瓦解对抗意志的目的的讯问策略。攻心是用正确的思想观念、道德意识和客观事实、利害关系，去揭露、批驳犯罪嫌疑人的错误认识，去启迪、激发犯罪嫌疑人的正确情感，使犯罪嫌疑人接受和相信讯问人员传达的信息。夺气是夺其志、挫其锐、消其势，促使心理防线瓦解。避实击虚，是指利用犯罪嫌疑人防御的薄弱环节，造成其疏忽大意或自相矛盾，进而使犯罪嫌疑人的防御体系崩溃，不得不如实供述罪行的一种讯问策略。一般来说，犯罪嫌疑人在被提审之前都已有对付讯问的防御计划，但该防御计划因信息限制必然有其虚弱之处。因此，越早找到薄弱环节，越容易攻克犯罪嫌疑人的心理防线。

（二）第二次讯问实务要点

1. 第二次讯问的目的与要求

通过第二次讯问，使参加实训的学生熟悉常用的几种讯问策略，包括攻心夺气、避实击虚、重点突破、迂回渐进、引而不发、将计就计等，进一步加深对这些常用讯问策略的理解与把握。而且要熟练掌握单一讯问策略的实施要领与实施过程，要求学生能把课堂教学中学到的理论知识运用于训练之中，训练时对各个环节的操作要认真、细致，并严格按照训练安排进行。

2. 第二次讯问前的准备

模拟审讯室及相关的设施；空白的讯问笔录、模拟的案例材料；案件涉及的物品、书证及音像资料等。

3. 第二次讯问的内容与方法

学生可以就第一次讯问的材料展开第二次讯问，也可以改变实训案例或者自己编制案例，案例分设计组和侦查组，这样不仅更加灵活多变，而且能让学生更加主动积极地参与实训。当然，指导教师也可以精选几个能够突出地反映讯问策略的讯问片段，对此讯问片段进行简要分析评判后，组织学生进行模拟演练，再现该讯问片段的真实状况。组织学生模拟讯问的过程，就是模拟运用讯问策略的过程。学生要对照所学过的理论知识，正确理解和认识讯问策略的精髓。

4. 第二次讯问的注意事项

模拟讯问活动一定要形象、逼真，尽可能地真实再现讯问过程。第二次讯问的主要目的是加深对讯问策略的理解，掌握讯问策略的实施要领；要精心选择进行模拟讯问的学生，尤其是犯罪嫌疑人的选择。

第二次讯问实训操作内容主要类别和具体评价要点参见表8－3。

表8－3 第二次讯问实训操作内容主要类别和具体评价要点

主要类别	具体评价要点
团队表现	对线索有效、充分利用
	对犯罪嫌疑人的分析合理
	审、记配合
	总结分析到位
角色评价	案情熟悉程度
	角色扮演真实，对材料以外内容作合理补充、解释
	讯问程序规范
	讯问重点突出
	讯问内容细致
	讯问策略得当
	笔录格式规范
	笔录内容完整
	笔录记载清晰
	汇报人思路清晰、语言明了

第三节　侦查讯问实训操作手册及资料

一、教师实训指导手册

（一）实训总体思路

1. 基本案情

实训当天上午 11 点 30 分，外卖小哥罗某把摩托车停在西南政法大学渝北校区博学楼靠外面马路的停车位上，因急于送外卖忘记拔下车钥匙便离开了。罗某送完外卖回来后，发现摩托车不见了，在校园找寻一番后报警。通过监控、GPS 定位以及现场访问等线索，侦查人员很快锁定犯罪嫌疑人杨某，并将其抓获，现提审杨某。

2. 实训整体设计

（1）采用情景展开式加操作性训练的实训模式，学生角色扮演。

（2）实训模式分三步进行。

第一步，讯问人员在讯问前熟悉案情。由相关人员陈述基本情况，对应当根据案件侦查需要追问的事实采取“不问不说”的方式。这个方法便于让学生对所学知识学会灵活运用。

第二步，讯问人员应做好讯问计划的制订工作。

第三步，操作训练中审讯和记录同步进行，录音、录像同步进行。

（3）制作讯问笔录的空白文书由指导教师于讯问开始前发给学生。

（4）在学生实训过程中，指导教师不介入，但应做好发现问题的记录，并鼓励学生在实训中遇到问题时要相互讨论、查阅教材和相关法律规范。

（5）汇报总结。实训结束后，组织安排全班学生进行汇报总结。顺序依次为组内自评、小组互评以及未实际参与实训的学生补充发言，最后由指导教师对此次实训中存在的问题及学生表现进行点评。

（二）实训组织工作

1. 实训准备工作

（1）实训案例物品的准备，包括摩托车图片、事发地方位图、GPS 轨迹图。

（2）实训文书材料的准备。要求实训小组在对知识点进行回顾后，准备侦查启动阶段相应的文书资料以供实训使用。具体包括：受案登记表、受案回执、立案决定书各一份，报案人陈述、询问通知书、被害人诉讼权利义务告知书、询问笔录、证人诉讼权利义务告知书、亲笔证词各两份，犯罪嫌疑人诉讼权利义务告知书，讯问笔录。

2. 实训学生分组

（1）实训小组分组建议：15 人左右为一组。

（2）小组组长的指定。指导教师应在实训前一周指定小组组长，其他应当开展调查工作的侦查人员由小组组长指定。并要求小组组长提醒全组学生对包括但不限于讯问的基础知识进行回顾。

（3）实训记录人员、报案人和证人的指定。实训记录人员非讯问记录人员，负责记录实训参与情况。实训指导教师指定小组组长的同时，应指定其他非侦查组角色的扮演者。其他非侦查角色扮演人员包括组长助手、报案人、证人，由指导教师在担任小组组长、侦查人员以外的学生中单独指定并说明任务、要求和相关注意事项。

3. 实训任务安排

（1）实训案例所需角色及其人数分配。

① 报案人，1 人；

② 证人，3 人；

③ 小组组长，1 人；

④ 组长助手，1 人；

⑤ 侦查人员，6 人；

⑥ 观察人员（剩余人员皆为观察人员）。

（2）具体任务安排。

① 报案人，负责陈述案件事实，对材料没有的内容作合理的补充和解释。

② 证人，以真实姓名和提供的资料内容为基础，作合理延伸，但不主动提供线索。

③ 小组组长，使用真实姓名，负责侦查人员的确定、召集小组成员、工作安排及模拟主管领导审批，应当将侦查人员的确定情况向指导教师报告。

④ 组长助手，使用真实姓名，负责记录实训情况、过程及参加人员情况。

⑤ 侦查人员，使用真实姓名，负责调查访问、视频侦查等具体侦查工作，根据指挥员要求向主审人员报告线索收集情况，根据提供的资料进行回答。主审人员应熟悉材料，有效利用线索，做好讯问准备工作。在讯问过程中，讯问人员与记录人员应分工合作，审、记同步。

⑥ 观察人员，使用真实姓名，做好观察记录。

4. 实训教学事项

（1）指导教师应当告诉全体学生，本次实训的内容是侦查讯问的实施。

（2）单独告诉报案人报案内容以及不问不答的注意事项。

（3）单独告诉证人应回答的内容以及不问不答的注意事项。

（4）告知小组组长扮演主管局长一职，职责是按规定对有关文件签字及盖章（凡是需要盖章的地方，用红色圆圈表示），向办案人员及未承担角色的学生阐明工作计划，听取未承担角色学生的意见。

（5）需要其他有关部门给予支持的，应当将书面请求交给指导教师，由指导教师予以协调和回复。

（6）凡是需要出校园处理的事务，均提出书面理由和要求，交给指导教师协调。

（7）指导教师向每个小组提供一张地图或建议学生自行查找案发地坐落位置。

（8）告诉全组学生凡是需要领取有关文书的，应到指导教师处领取，但必须指明需要什么文书材料，指导教师不主动提供。

（9）告知实训小组应当准备书写工具、录音录像器材。

（10）要求实训小组在规定时间内，完成讯问计划的制订和讯问笔录的制作。

（11）指导教师对于实训过程中应注意的相关安全事项要提前告知并予以具体说明和

指导。

（12）指导教师要遵循相应的程序规范，以最为贴近实务部门的标准予以指导。

（13）指导教师应与教务处协调上课的形式与实训地点。实训教学可以在校园外展开，但案情设计时应尽可能安排在校园内。

（14）关于侦查文书的管理，未经允许不准对提供的空白侦查文书进行复制，实训结束后将全部侦查文书资料收回，领取侦查文书的学生应当登记签名。

5. 其他实训要求

（1）实训前指导教师准备案情材料或者由学生自己设计案情。

（2）未承担角色的学生可以就办案中存在的问题或工作建议向小组组长提出，由小组组长助手记录在案，视为实际参与实训。其他未实际参与实训的学生在实训结束后需要提交1000字以上的实训报告。

（三）实训考查内容

1. 讯问前准备的考查要点

（1）考查小组对案情的熟悉情况。

（2）考查专案组民警对线索的查证意识以及对其他证据的使用意识。

（3）考查对已获证据的应用意识与应用能力（包括但不限于查找视频以及对视频进行分析与利用等能力）。

2. 讯问笔录制作的考查要点

（1）对制作讯问笔录规范的熟悉、熟练程度。

（2）对讯问策略的熟练运用能力。

（3）审、记的配合能力。

二、实训小组组长手册

本实训手册供实训小组组长使用。本次实训教学的内容为在具体案件情景中对讯问犯罪嫌疑人工作的准备、讯问的实施、讯问录音录像和讯问笔录的制作。

（一）实训小组应清楚实训考查的要点

1. 讯问前的准备考查要点

（1）考查小组对案情的熟悉情况。

（2）考查讯问人员对已获线索的运用意识与运用能力（包括但不限于查找视频以及对视频进行分析与利用等能力）。

（3）考查讯问人员对讯问计划拟定的合理性、周全性。

2. 讯问笔录的制作考查要点

（1）对制作讯问笔录规范的熟悉、熟练程度。

（2）对讯问策略的熟练运用能力。

（3）审、记的配合能力。

（二）实训小组应注意的事项

1. 侦查组人员的指定和所承担的任务

（1）小组组长的指定和所承担的任务。由指导教师指定各小组组长，并告知其扮演主管局长一职，职责是按规定对有关文件签字及盖章（凡是需要盖章的地方，用红色圆圈表示）。实训小组组长应当组织协调全部侦查工作，并注意向实训小组学生和未承担角色学生阐明每一项工作内容、工作要求和工作计划。

（2）侦查组的其他成员由小组组长指定，其分工由小组自行决定，指导教师不介入或者仅针对个别问题提示操作。

2. 其他成员的指定和所承担的任务

（1）组长助手。由指导教师指定非侦查小组人员扮演，负责考勤、记录实训内容和办案过程中未承担角色学生的建议。

（2）报案人和证人。由指导教师指定，应做到熟悉自己的材料，对材料没有的内容作合理补充；对侦查人员的提问，问答应符合角色，不问不答。扮演具体角色的学生不能擅自向其他任何人透露其知晓的案情内容，特别是材料中指定的内容，不主动透露角色信息给侦查组。

（3）观察记录人员。未承担角色的学生应仔细听取和观察办案过程中的活动情况，针对讯问过程中存在的问题，以及其他角色扮演情况提出自己的见解及依据，该学生可以视为实际参与实训；其余未承担角色且在实训中没有提出建议的学生，应撰写 1000 字以上的实训报告。

3. 实训小组应清楚的事项

（1）指导教师不干预小组的实训，仅仅做观察记录和提供相关文书和视频资料，原则上不解答案件办理中的疑问。针对实训中存在的疑问，实训小组应积极查阅相关规范及其他书籍予以解决，例如，如何制作讯问笔录，讯问笔录包括哪些内容等。

（2）实训小组应当准备书写工具及其他记录材料。凡是需要领取有关文书的，应到指导教师处领取，但必须写明需要什么文书材料，指导教师不主动提供。指导教师发放材料时，应在相关材料上签名并注明日期。实训结束后，各小组应提交讯问计划、讯问笔录等相关书面文书材料。

（3）需要出校门调查的项目或需要其他技术支持的项目，请书面提出要求，交由指导教师协调并反馈结果。

（4）实训结束后，全班统一回到教室进行总结。首先，由各小组以 PPT 的形式进行汇报总结，汇报应包括讯问计划制订的依据和内容、讯问笔录的内容，以及讯问中的不足和改进方法。其次，由在实训过程中未实际参与角色扮演的学生进行补充发言；各小组组织发言完毕后，再由小组互评，指出其他组讯问计划、讯问笔录和讯问策略的优点及不足，其他组可对其评论作出回应。最后，由指导教师对自己发现的讯问实训中存在的问题、学生的表现包括汇报时的表现等逐一点评。

另外，讯问实训结束时，实训小组应提交讯问计划、讯问笔录，以及有关考勤、参与情况的记录。

（三）实训组织纪律要求

1. 团结协作

讯问实训的过程中各小组成员之间要团结协作，注意安全，共同完成讯问任务。讯问计划制订的好坏取决于对案情的熟悉程度，以及对犯罪嫌疑人情况的了解程度，所以应充分利用各种线索。

2. 保守秘密

各小组之间不能私下互相打听掌握的情况，应独立完成任务。尤其是有关设计组和侦查组的情况，两组相互之间应形成对抗关系。

3. 全员在场

实训过程中无论是否承担角色，必须在场，实训记录人员应做好考勤记录，无故不到者视为缺课。

其他未尽事宜由各小组自行拟定。

三、报案人资料

1. 报案时所陈述内容

外卖小哥罗某报案称，实训当天上午 11 点 30 分，自己在重庆市渝北区回兴镇宝圣大道 301 号西南政法大学博学楼靠马路边停车位处停放的一辆摩托车被盗，该摩托车价格为 7860 元，年前刚买的，是一辆黄色本田牌 WH125 - 11 型普通两轮摩托车。并称自己安装了 GPS 定位系统。但不巧的是，送了外卖发现手机停电自动关机了，想回摩托车车上拿充电宝充电，却发现摩托车不见了，起初还以为是哪个学生开去玩了，因为自己经常在校园送外卖，钥匙不取也不是一次两次，自己觉得在校园里还是很安全的，但在校园内找寻一番未果后立即报警。

2. 关于合格证

证明被盗车辆品牌为本田牌 \ HONDA，颜色为黄色，车架号 LWBPVJB03B1013112，发动机型号 WH152FMI - 3。

3. 购买摩托车的发票

发票上显示购买价格为 7860 元。

四、调查访问资料

1. 证人甲

证人甲，使用真实姓名，女，20 岁，系西南政法大学学生，陈述在案发时间段，报案人送了外卖给自己。自己当时在博学楼 208 教室自习。提供了通话记录、证人证言以及外卖订单记录。

2. 证人乙

证人乙，使用真实姓名，男，47 岁，系西南政法大学民商法教师，陈述在案发时间段，自己正在案发地附近寻找停车位，看到一个戴鸭舌帽的男子正骑在摩托车上，因该摩托车占了一个停车位，于是便问该男子是否准备走，该男子“嗯”了一声就把摩托车开走了，驶向西南政法大学中门方向，自己随即把车停在了原摩托车所在车位上。

3. 证人丙

证人丙，使用真实姓名，男，54 岁，系金碧园小区保安，陈述监控中的戴鸭舌帽的男子是该小区的租赁户。经常见该男子戴着帽子，但案发当天并没有看到其骑涉案摩托车。小区环境不太好，一面是马路，小区多为租赁户。

五、犯罪嫌疑人资料

犯罪嫌疑人，杨某，男，2002 年 5 月 28 日出生，重庆长寿人，无固定职业，租住金碧园小区近半年。

案发当天真实情况：实训当天上午 11 点多从西南政法大学渝北校区小北门进校，沿着操场在校园闲逛，走到博学楼靠马路的长下坡路段时，看到一辆较新的黄色摩托车停在停车位上，走近发现车主没拔钥匙，兴奋不已。当自己正骑在摩托车上准备离开时，碰到开私家车的人问我是否要走，我"嗯"了一声就开走了，因为对校园环境比较熟悉，知道南门监控最近坏了，于是骑车从南门出去，出了南门右转往下开，绿化带结束掉头往回兴方向开，开回自己租住的小区（金碧园），下车时无意中发现了座位下隐藏的 GPS 定位器，随即拆除，还没来得及卖出就被抓获。

六、视频侦查人员资料

学生请求调取事发现场附近视频资料时回复：查看该视频资料发现，实训当天上午 11 点 34 分 42 秒，报案人骑着涉案摩托车进入北门，进北门后左转行驶。12 点 42 分 51 秒该男子从北门出校门。摩托车丢失地点无监控。

学生请求调取南门视频资料查看犯罪嫌疑人活动轨迹时回复：事发前两天南门监控出了故障未修复。

学生请求调取学校小北门视频资料查看犯罪嫌疑人活动轨迹时回复：学校小北门视频显示，10 点 40 分，一名戴鸭舌帽男子从小北门进校，向球场方向走去。后校内无视频显示其行踪轨迹。

学生请求调取校外公路沿线视频资料查看犯罪嫌疑人活动轨迹时回复：后经沿线方向的视频查看，发现疑似戴鸭舌帽男子于 11 点 47 分骑着疑似涉案摩托车出现在天高鸿苑小区大门监控范围内，驶向农业园区方向，行动轨迹至此停止，无其他方向的活动轨迹。

七、其他侦查人员资料

侦查人员拥有的证据及其证明目的。

接警处登记表、受案登记表、立案决定书：证明已立案侦查。

现场示意图、现场勘验照片：证明现场位于西南政法大学渝北校区内。

物证照片：证明被盗摩托车为一辆黄色本田牌普通摩托车。

GPS 运动轨迹记录：证明该车从西南政法大学南门出，向农业园区方向行驶，行驶至绿化带结束掉头驶往回兴方向，在金碧园小区轨迹中断。

抓获过程：GPS 落地于金碧园小区，通过小区视频，人赃俱获。

第九章　查缉犯罪嫌疑人

第一节　查缉犯罪嫌疑人知识重点及实训目的

一、查缉犯罪嫌疑人知识重点

（一）查缉犯罪嫌疑人的基本情形

查缉一词有广义和狭义之分。广义的查缉包括“查”和“缉”两个方面，即查找犯罪嫌疑人的踪迹，并将其缉捕归案。狭义的查缉仅指将犯罪嫌疑人缉捕归案。因此，从广义上讲，查缉犯罪嫌疑人必须解决如何查明其踪迹、怎样将其缉捕归案两大问题。

实践中，查缉犯罪嫌疑人主要适用于以下情形。

（1）犯罪嫌疑人身份不明、踪迹不明，需要查找踪迹，并缉捕归案；

（2）犯罪嫌疑人身份已明、踪迹不明，需要查找踪迹，并缉捕归案；

（3）犯罪嫌疑人身份不明、踪迹已明，需要将其缉捕归案；

（4）犯罪嫌疑人身份已明、踪迹已明，需要将其缉捕归案。

（二）犯罪嫌疑人潜逃的主要规律

1. 心理规律

（1）趋利避害心理。趋利避害是人类行为的基本原则，是人类普遍存在的心理。尽管逃犯逃跑的内心起因复杂多样，但都是为了一个共同的目的，那就是逃避法律的制裁。因此，逃犯在逃跑过程中的趋利避害就是保证自己不被侦查机关发现而被捕。逃犯的一切潜逃行为和反侦查行为都是在这种心理支配下产生的。

（2）恐惧、紧张心理。绝大多数逃犯在逃跑过程中都不同程度地存在恐惧、紧张心理。特别是在逃跑初期，这种心理十分强烈。他们在逃跑过程中不可能像正常人那样轻松，随心所欲，相反，他们必须时刻保持高度警惕，防止被人发现是逃犯。在这种心理的支配下，他们变得十分敏感，一旦有风吹草动，就恐惧万分。

（3）反社会心理。逃犯在逃跑过程中为了不被侦查机关抓获，为了自身的生存，一切行为几乎都围绕是否有利于自我保护和自我生存进行，缺乏社会责任心，道德沦丧。一旦遇到于己不利的情况，极易与人民和社会为敌。在与警方正面对抗中，极易出现暴力拒捕行为。

（4）恋巢心理。家庭成员是绝大多数逃犯所依赖的主要关系，是感情最深的人，是最值得信任的人。逃犯在长期外逃过程中，时刻处于高度恐惧紧张之中，不敢过多地与陌生人交流和接触，会越来越孤独。这种孤独感越强烈，渴望亲情的心理就越强烈。外逃中生活困难的逃犯会想到家的温暖，原来为家族提供主要生活来源的逃犯会担心家中的境况。在这些因素的综合作用下，恋家返巢心理在逃犯中普遍存在。

2. 逃向规律

逃犯选择逃向是有一定规律的。这种规律不仅受社会环境因素的影响，还受逃犯本身各种条件的限制，如年龄、职业、文化、经验等。每个逃犯逃向的选择都是逃犯在特定的环境条件下，考虑自身条件而付诸行动的结果。因此，分析逃犯逃向、寻找逃犯的踪迹主要有以下依据。

（1）案件性质及罪行程度。暴力犯罪、大要案件的逃犯一旦被捕就会被处以重刑，因此，这类逃犯心理罪责感较大，对其罪行有相当的思想准备，案发后多远走高飞，尽量远逃，与家人联系也十分谨慎，尽可能逃离侦查视线。轻罪逃犯心理上罪责感小，侥幸心理大，认为公安机关不会组织专门力量进行抓捕，他们一般选择本地甚至离家较近的地方隐藏。即使一时远走，也是为了暂时躲避风头，风头一过，又潜回本地。

（2）逃跑动机。逃跑动机是促使逃犯实施逃跑行为的内在动力或内心起因。不同逃跑动机或目的会驱使逃犯作出不同的逃向选择。

① 为逃避法律制裁的，只要认为未被紧追或风声已过，或认为未引人注意，就会藏匿在家及附近；

② 为逃避法律制裁与继续作案的，逃向多选择其认为有条件能够成功作案的地方；

③ 为逃避法律制裁与合法生存的，多选择人员复杂的开放地区或经济发达地区寻找职业谋生；

④ 为继续完成未达到目的的犯罪行为的，多逃向欲继续侵害对象的周围；

⑤ 为了申诉的，一般不会远遁久藏。

（3）社会交往关系。逃犯的社会关系对其逃向选择有着十分重要的影响。逃犯的社会交往关系可以分为三个层次。

① 家庭成员。

② 亲戚朋友。包括亲戚、学生、同事、战友、狱友、同伙、情人等。逃犯在逃跑中选择这个层次的关系人的情况较多。通过这个层次的关系人，他们可以找到工作、落脚地或得到庇护，还可以通过他们与家庭成员联系。

③ 亲戚朋友的关系人。这一层次的关系属“外延关系”，有的逃犯会选择这个层次的关系人。对于逃犯而言，选择这一层次的关系人，能最大限度地避开追捕，同时又能有所依靠。

（4）犯罪经历。犯罪经历不同，逃犯的心理承受能力和反侦查经验也不同，对逃向选择也会产生不同的影响。偶犯心理罪责感较大，案发后迅速逃跑，一般活动范围不大，流向地一般比较明确，出逃后一般不再作案。惯犯的心理承受力较强，罪责感弱，家庭观念淡薄，逃跑时比较有计划，活动范围广泛，居无定所，潜逃中多流窜各地继续作案。

（5）个人职业技能和活动能力。从事过不同职业、具有不同技能的人，活动能力大小不同，对其逃跑中的生存能力的影响也不同。职业技能和活动能力不强的人在性格上依赖性强，只能通过各种渠道与家人或关系人取得联系，靠人资助才能生存；职业技能和活动能力强的人，心理素质较稳定，适应能力强，能够远离原籍外出打工、经商或从事其他职业进行生存。

（6）生活经历及经验。生活经历复杂、社会经验丰富的人，能够承受各种挫折和困难，适应能力强，这种人逃跑到任何地方都能够适应，所以在逃跑时多选择过去熟悉的地方或者想去的地方；相反，生活经历简单、没有经受过挫折的人适应能力较差，其逃向多选择有关系人的地方。

（7）社会环境情况。一个时期犯罪地所处的外部环境也对逃向的选择有一定的潜在影响。如地理位置、交通状况等自然环境情况，经济文化、社会形势等人文环境情况，治安防控、破案打击等法治环境情况。

3. 行为规律

对于绝大多数逃犯而言，在逃跑过程中为了生存的需要，在其主要心理活动的支配下，一般都会实施以下行为，使逃跑行为体现出特定性。

（1）伪装身份。为在逃跑中不引人注意，逃犯在逃跑过程中多有身份伪装，改名换姓的情况，如将自己装扮成守法公民，以外出旅游、经商、务工、探亲访友为借口进行活动，掩盖外逃目的。

（2）寻找栖身处所。逃犯在逃跑过程中，要么住宾馆、旅店，要么到关系人处寄居，要么租房居住。如果找不到合适的栖身处所，就很容易被发现。

（3）谋求经济来源。绝大多数逃犯在逃跑过程中都要寻找经济支持，这是逃犯生存的又一基本条件。因此，有的逃犯会借用各种名义和理由与其关系人或亲人联系，从关系人处取得资金；有的会从事一定的工作，通过劳动赚取经济来源，即使有的逃犯携带赃款赃物外逃，寻找一定职业提供经济来源也是一种身份掩护的需要；有的可能通过继续从事违法犯罪活动，非法获取钱财。正是基于对钱财的需要，逃犯在逃跑中从事侵犯财产犯罪的比例较高。

（4）联系家庭成员。逃犯在初期一般不敢与家庭直接联系。但是，随着时间的推移，无论是出于感情因素，还是经济因素，绝大多数逃犯都会与家人联系，但联系方式比较隐蔽：有的探家却不在家中居住；有的采取在异地投邮的方式给亲人投寄信件，通信署假名或找亲友转交；有的在异地用公用电话、匿名卡电话、网络同家人通话、联系；有的甚至在一些特殊日子潜回家中与家人直接见面。

（三）查找犯罪嫌疑人踪迹的方法

1. 现代大数据智能信息技术追踪方法

（1）网上追逃。经过多年的建设、发展与完善，全国公安信息系统建设应用已形成一定的规模。据不完全统计，全国公安系统已有各类应用系统一百多种、一千多个，采集存储各类业务数据达数十亿条，它们在业务管理、侦查破案和服务群众等公安工作中发挥了较好的作用，为我国追逃工作奠定了良好的信息基础。网上追逃是指将在逃人员录入全国在逃人员数据库，由全国各地公安机关立足本地、立足本岗、立足本职，结合刑事侦查、人口管理、治安管理、阵地控制、刑事技术、出入境管理等日常公安业务工作，利用日常工作掌握的对象或相关信息与该库进行网上比对、自动预警、检索查询，抓获全国在逃人员的一项侦查措施。网上追逃通常有以下五种方式。

① 从已占有对象入手比对。对于在看守所、拘留所、强制戒毒所等地收押人员，以

及抓获的现行违法犯罪嫌疑人员，将其身份核实后，上网进行查询、比对，以认证上述人员的身份。这种方式的主要流程为：已有对象—身份核实—网上比对—身份认证。

② 从工作中发现的嫌疑对象入手比对。对于在集中行动、巡逻盘查、设卡堵截、专项清查行动中发现的可疑人员，将其身份资料上网查询、比对，查证其是否为网上逃犯。这种方式的主要流程为：发现嫌疑对象—查验身份证件—网上比对—身份认证。

③ 从工作中占有的名册入手比对。对于常住人口，暂住人口，宾馆、旅店、招待所内的流动人口，利用已经占有的登记簿册中的基本情况、照片等资料上网查询、比对，以发现是否为网上逃犯。如经确认，予以缉捕；如名册对应的人员已经离开，则寻迹追踪。这种方式的主要流程为：占有名册—网上比对—调查核实—全力缉捕。

④ 从行业社会信息入手比对。侦查部门通过加强与社会各界、各部门、各行业的协调合作，多方位、多渠道收集各类信息资源，拓宽网上追逃的信息比对范围，将侦查触角延伸到社会各类信息系统，如劳动力市场管理系统、银行账户系统、社会保险信息系统、企业工商注册登记系统、民航售票信息系统等，实现全国在逃人员信息系统与社会各类信息系统的广泛交叉比对。

⑤ 从警用电子地图系统信息入手比对。警用电子地图能够将人、物（建筑）和案件信息采集上图，满足侦查分析的需要。例如，浙江金华的警用电子地图建设，对所有建筑物进行标注，有外观图和人、户特殊标注，关联人员所涉信息，当中有旅客入住酒店实时人脸采集信息，还将出租车 GPS 位置纳入警用电子地图，数据库内全部信息可以通过关键字搜索，利用网上大排查的方式识别逃犯。

（2）利用视频监控信息追踪。当前，视频监控已成为继刑事技术、行动技术、网侦技术之后重要的侦查破案技术支撑手段之一。随着“天网工程”的实施和建立，公安机关或有关单位根据侦查破案和社会秩序的管控需要，通常会在犯罪热点区域、治安复杂地域、重要交通路段（口）等特殊区域，辖区进出口、居民住宅院等住户区，大型娱乐场所、商场、珠宝店等商业区，银行、金库等金融区，以及文物保护单位、军事重地等非开放式办公区，机场、车站、港口等交通枢纽区，酒店、饭庄、医院等地布建监控视频。侦查人员在确定犯罪嫌疑人体貌特征和逃跑方向后，可以通过各种视频监控方法锁定犯罪嫌疑人的逃离路线及活动情况，明确侦查方向和范围，追缉犯罪嫌疑人。

（3）利用大数据信息追踪。随着社会的发展，我国建立了各种各样的信息系统，既有公安机关自己建立的信息系统，如各类公安信息网；也有其他社会单位建立的各类信息系统，如航空售票信息系统、银行管理信息系统。这些信息系统中包含大量的信息资源，也可称为大数据信息。比如犯罪嫌疑人在潜逃过程中，只要有住宿、消费、乘坐飞机等活动，就必定会在相应的信息系统中留下旅店住宿或租住信息、银行账户资金变动信息、乘机信息等。对于这些客观存在的隐含犯罪嫌疑人活动情况的大数据信息，利用大数据信息技术对其进行信息关联和数据挖掘，查找犯罪嫌疑人的踪迹，已经成为查控嫌疑人的一种重要手段。

① 利用通信信息。通信信息指在逃犯罪嫌疑人在潜逃前和潜逃中所持有、使用的手机信息与住宅、公用固定电话信息（含 IC 卡信息），是在逃人员犯罪信息的重要构成要素之一。其中，手机通信信息主要包括手机的物理信息（手机号码、品牌、型号、串号等物理特征）、通信信息（话单分析）、SIM 卡信息（记事本、通讯录等信息）、手机上网信息

等方面的信息；固定电话通信信息主要包括在逃人员所使用住宅电话和公用电话两个方面的信息，尤其是利用IC卡拨打电话时，挖掘IC卡通信信息，对追逃行动价值极高。通过挖掘通信信息可以掌握在逃人员身份资料、活动轨迹、活动范围以及社交关系等情况，在电信、网侦、技侦等相关部门的配合下，通过基站定位、追踪等侦查技术措施，发现在逃人员的藏匿位置，实施抓捕行动。

② 利用资金信息。追查在逃人员的资金情况也是常用的信息驱动型追逃措施之一。在逃人员往往会和其重要关系人在资金上存在一定联系。但是，为了躲避公安机关的视线，在逃人员常常会采取使用他人身份证开设银行账户或使用他人银行卡等反侦查行为。因此，在追逃工作中，侦查部门可以通过关注在逃人员重要关系人的资金流动情况发现在逃人员线索。侦查部门可以结合在逃人员的实际情况，对在逃人员重要关系人的资金信息进行查询。例如，考察其银行存汇款信息是否有可疑之处、资金往来是否存在大额交易等；抑或是利用银行内部查询功能对重要关系人的资金信息进行分析和研判，从中关联和挖掘在逃人员的资金信息，为查证在逃人员身份奠定基础。尤其在家里有年迈的老人需要赡养时，在逃人员有子女尚在读书需要交学费、生活费时，侦查人员需要特别关注其关系人账户信息流动情况。只有这样，公安机关才可以进一步挖掘在逃人员其他方面信息，实现缉捕在逃人员的目的。

③ 利用网络信息。互联网作为第三次工业革命的重要产物，已经存在于人们生活的方方面面，无论是对办公方式，还是对日常生活，其都产生了重要影响。尤其是近年来，随着“互联网+”、物联网等信息技术的不断发展，整个社会的生活方式和生产关系都发生了翻天覆地的变化，犯罪活动作为一种特殊的社会活动同样伴随着时代的潮流发生了变革。在当今社会，互联网在给人们生活带来诸多便利的同时，也在被诸多不法之徒利用，电信诈骗、网络贩毒、网络传销等新型犯罪活动不可否认都是互联网带来的犯罪变革。同时，在其他犯罪类型中，互联网即便不是犯罪发生的主要场所，也发挥着交流犯罪信息、共享反侦查技能等辅助作用。在追逃方面，在逃人员作为生活在当今时代的个体，必然会接触和享用信息革命带来的技术成果。因此，利用网络信息同在逃人员作斗争成为追逃工作的一种必然选择。追逃中利用网络信息寻找破案突破口逐渐成为一种新型的工作方式，能够发挥其特有的效用。追逃中的网络信息是广义上的网络信息，是依靠信息技术途径与平台获取的一切信息资源的集合。在追逃实践中，有些在逃人员作案潜逃后，仍然继续使用原有的社交平台账号，如游戏账号、论坛账号、QQ号、电子邮件等网络资源。这类资源信息的客观存在为侦查人员利用网络信息追捕在逃人员提供了条件。

④ 利用生物痕迹信息。生物痕迹信息是指在逃人员在犯罪现场遗留的或带走的人身生物印记。它是经过一定处理后能够获得相应生物个体或群体特征的物证。在追缉犯罪嫌疑人过程中，可以有效利用的生物痕迹主要包括在逃人员的指纹、足迹、DNA等信息。对于潜逃过程中再次犯罪的在逃人员以及通过整容手术逃避公安机关追捕的在逃人员，生物痕迹信息（指纹、DNA、足迹、声纹等）的分析和鉴定能够帮助侦查人员确认在逃人员身份，实现追逃目标的同一认定。

⑤ 利用个人活动信息。人们生活中的衣、食、住、行、乐等方方面面都难免会在各行各业中留下大量个人信息。在逃犯罪嫌疑人作为社会群体之一，必然与社会各行业有所

接触，相应地也会在与社会接触时有意或无意地留下其大量的个人信息。因此，利用社会行业信息发现在逃犯罪嫌疑人具有一定的可行性、科学性和合理性。社会行业信息范围广泛，其中与人们的生活息息相关的行业，如娱乐场所、小旅馆、商场、酒店、金融机构、电信通讯部门、物流行业、交通部门、医疗场所、学校、民政、水电等，都有可能隐含着在逃人员的相关信息，并且在逃人员很难做到在所有行业中都不留信息痕迹，或者在全部行业中都使用虚假信息。因此，利用社会行业信息追捕在逃人员可以进一步拓宽追逃信息来源，有效化解“信息孤岛”局面，扭转追逃工作的被动局面。

2. 传统追踪方法

（1）对犯罪嫌疑人的关系人进行调查监控。

潜逃犯罪嫌疑人的关系人包括犯罪嫌疑人的家庭成员、亲戚朋友及其他社会关系三个层次。犯罪嫌疑人潜逃前可能会向其亲人、密友透露潜逃方向的信息，甚至会征求他们的意见；潜逃后，出于生理、心理的需要，往往会与其亲人、密友联系，甚至躲藏到亲友家里。曾有资料显示，70% 的潜逃犯罪嫌疑人会与家庭成员有联系，22% 的潜逃犯罪嫌疑人会与第二层次的关系人有联系，8% 的潜逃犯罪嫌疑人会与第三层次的关系人有联系。即使关系人不能确切知道犯罪嫌疑人的潜逃地，也会根据他们对犯罪嫌疑人的了解，为判断潜逃地提供有效的信息。有些关系人经做思想工作后可能会与侦查机关合作，如同案犯罪嫌疑人、有证据证明追查对象曾与其有过联系的人和追查对象的家人。

因此，在具体的追查工作中，首先必须展开全面调查，尽可能地全面查明犯罪嫌疑人的各种社会关系。查找犯罪嫌疑人的社会关系的主要方法有查阅追查对象的档案，询问其家人、同事、邻居，讯问同案犯罪嫌疑人，分析对所获的能反映其交往关系的材料，等等。在调查追查对象的关系人时，最好将掌握的关系人逐一列表，分析关系人与追查对象的关系程度，从中确定重点关系人。调查监控关系人的常用方法有以下五种。

① 外围监控法。外围监控法是指动员重点关系人的邻居、同事等协助侦查机关了解追查对象是否与关系人交往的监控方法。关系人的邻居、同事、单位传达室工作人员、门卫、家属区治安值班人员等在工作和日常生活中，都可能了解关系人的交往情况，他们是协助侦查机关监控关系人交往关系的重要依靠力量。对这些人的选择既要考虑他们是否有监控的条件，又要考虑他们是否愿意协助侦查机关进行监控。对于愿意协助的，要交代任务和方法。

② 特情监控法。特情监控法是指选建特情监视重点关系人的交往情况，并伺机套取追查对象潜逃地情况的监控方法。适合作为特情的主要有重点关系人的邻居、同事及追查对象的其他亲友。对于确有选建特情进行监控必要的，要按特情工作规定选建专门特情，观察、打探、了解关系人的交往活动，从中发现追查对象的踪迹。

③ 技术侦查监控法。技术侦查监控法是指运用技术侦查措施监控重点关系人交往情况的监控方法。对重点关系人进行监控的主要技术侦查手段有通信监控、窃听和邮件检验等。

④ 外线监控法。外线监控法是指侦查人员对于可能与追查对象有交往的重点关系人进行跟踪盯梢、守候监视，以发现追查对象踪迹的监控方法。外线监控法的适用对象是有迹象表明与追查对象有往来的重点关系人。

⑤ 直接调查法。直接调查法是指直接询问关系人是否知道追查对象潜逃地情况的调

查方法。直接调查时，要注意发现和利用矛盾。

（2）针对犯罪嫌疑人及其关系人的通信进行技术查控。

随着社会的发展，人与人之间的联系方式也在不断更新。由于利用现代技术进行通信联系具有快捷方便、机动灵活的特点，人们越来越多地依赖于各种现代技术和通信工具进行联系。当前，依赖于现代通信技术和计算机技术产生的各种通信联络手段已经成为人与人之间交往联络的必不可少的重要手段。同样，这也成为犯罪嫌疑人在犯罪或潜逃过程中与外界进行联络的重要手段。而各种通信技术手段由于具有相当高的技术含量，技术处理过程十分复杂，一般犯罪嫌疑人只要使用了这些技术手段，就难以不露踪迹。这些技术手段既为犯罪嫌疑人提供了便利，同时也为侦查、缉捕工作提供了可利用的条件。因此，针对犯罪嫌疑人及其关系人的通信进行技术查控是现代侦查中的一个最新的方法，在有效查明犯罪嫌疑人的行踪方面具有不可替代的作用。针对犯罪嫌疑人及其关系人的通信进行技术查控的主要方法有以下三种。

① 通信工具查控。现代通信工具主要有固定电话、移动电话、寻呼工具、网络电话等。在电信部门、技侦部门的配合下，可以对犯罪嫌疑人或其关系人的通信工具进行跟踪、定位，也可以对其通信数据进行分析、梳理，查明其活动踪迹。

② 网络查控。随着现代网络技术的发展，出现了各种各样的网上联络手段或工具，如电子邮件、网上聊天、网上寻呼、网络游戏、网络留言等。犯罪嫌疑人利用这些手段或工具进行联络，必须以某个特定 IP 地址进入网络，其在网络上的活动信息必定会在相应部位留下踪迹。因此，在电信、网监、技侦部门的配合下，可以利用各种专用设备和软件在网上开展实时监控、扫描、跟踪、追踪、数据分析，通过查找 IP 地址，发现犯罪嫌疑人的活动踪迹。

③ 通信数据碰撞查控。有关部门可以针对犯罪嫌疑人稳定的社会关系，用犯罪嫌疑人原有的话单分析犯罪嫌疑人常用联系人、密切联系人的手机号码，再通过这些手机号码导出的话单进行数据碰撞，从而交汇出“最大公约数”的手机号码，继而分析该号码的使用情况，研判出该号码使用者的身份。

（3）根据犯罪嫌疑人潜逃方向进行追缉查控。

① 循迹追堵。侦查人员在十分清楚犯罪嫌疑人体貌特征、逃离方向和明确路线时，在地理环境和交通状况不太复杂、追缉力量较小等情况下，可以直接进行追堵。该方法要求侦查人员沿着犯罪嫌疑人逃离的方向和路线，在其后跟踪，紧追不舍，并在犯罪嫌疑人逃离路线的前方布置堵截，进而抓获犯罪嫌疑人。循迹追堵法使用的前提条件是侦查人员知道犯罪嫌疑人的逃跑路线，且没有变更逃跑路线的可能性。一旦犯罪嫌疑人变更逃离路线，侦查人员就要边追边防，及时调整初始的判断和追堵决策，从而及时抓获犯罪嫌疑人。

② 迂回包抄。该方法适用于犯罪嫌疑人逃跑的道路交叉纵横，且逃跑方向或目的地明确，但无法准确判断其具体的逃跑路线，或者估计犯罪嫌疑人可能施展声东击西、拐弯兜圈的伎俩，而侦查人员又具有快速迂回行动条件时。在这种情况下，侦查人员不可能无限制地分兵尾随追缉，也没条件采取常规的循迹追踪，需迅速迂回到犯罪嫌疑人逃跑的前方设卡堵截。

此外，还需要有重点地分兵追缉，防止犯罪嫌疑人途中藏匿或在卡点前回逃。指挥人员要和各个追缉、堵截组时刻保持联系，各追缉、堵截组之间也要及时联系沟通追缉进展情况，根据追缉堵截情况及时调整追缉计划，快速抓获犯罪嫌疑人。

③ 合围包剿。这种方法是在确定了犯罪嫌疑人体貌特征和隐藏范围的情况下采取的一种追缉堵截方法。在追缉堵截过程中，确认犯罪嫌疑人已经隐藏在一个明确的地点，或被逼入一个较小的区域范围内，缉捕人员应迅速四散分开，抢占有利地形，堵住进出通道，将犯罪嫌疑人包围起来，然后逐步缩小包围圈，将其捕获或迫使其自动放弃反抗或停止逃跑。合围包剿必须特别注意根据不同的地形、环境快速严密合围，及时疏散包围圈内的群众、机动车辆，转移贵重财物和危险物品，以免造成人员伤亡或物质的重大损失，以及让犯罪嫌疑人劫持人质或实施破坏、撞网突围等情况发生。在合围包剿时，可派少量精干的缉捕人员进入圈内紧逼或相机突袭。同时，辅之以必要的掩护牵制措施和宣传攻势，提高突袭成功率，或迫使犯罪嫌疑人投降就擒。对于使用杀伤力和破坏力较大的武器顽固抵抗的犯罪嫌疑人，为了避免人员伤亡和国家、集体、公民个人财产的重大损毁，应及时采取有效措施，速战速决。

④ 设卡堵截。该方法是指在犯罪嫌疑人体貌特征、逃跑方向和路线明确时，在其逃跑的前方设置卡点，进行守候抓捕的一种方法。设卡堵截一定要在卡前、卡中、卡后集中部署警力，防止犯罪嫌疑人冲卡、避卡、混卡。

在犯罪嫌疑人驾（乘）机动车辆逃跑时，侦查人员应迅速在各交通要道设卡堵截，同时派出机动车辆去搜寻发现目标。发现目标后，侦查人员应迅速超车拦截犯罪嫌疑人的去路，迫使其减速停车；当犯罪嫌疑人试图冲卡时，可利用路障、爆胎钉、防闯器等方式堵截，抓获犯罪嫌疑人。此外，如果犯罪嫌疑人藏匿，侦查人员可以组织大面积清查和宣传，将其逼赶出来，进而抓获。

⑤ 海陆空立体追堵。海陆空立体追堵法是使用现代化的海、陆、空交通运输工具，使地面、水面的追堵和空中侦查控制及指挥高度紧密结合起来，把犯罪嫌疑人控制在特定的空间范围之内，将其行踪轨迹纳入追捕人员的视线范围内，最终将其抓获。在抓捕驾驶机动车、船舶、扒乘火车逃跑的犯罪嫌疑人，或者犯罪嫌疑人在地势险要的崇山峻岭、荒野地带逃跑，其他追缉堵截方法难以奏效时，往往会采用这种方法。使用小型直升飞机、无人机，通过无线电通信，把犯罪嫌疑人逃跑的方向、路线、藏身的地点、使用的交通工具、携带的物品和武器以及犯罪嫌疑人的体貌特征、衣着变化等情况，通告给地面、水面的侦查人员，使其根据空中观察了解的情况，有方向、有目标地接近犯罪嫌疑人，或在其逃跑的前方设卡堵截，将犯罪嫌疑人抓获。

（4）在犯罪嫌疑人可能藏身落脚处架网布控。主要是指对追查对象可能落脚藏身的公共场所进行的布控，这种布控可称为查寻性布控。追查对象在潜逃过程中，有衣、食、住、行方面的需求，布控所针对的就是其衣、食、住、行的公共场所。它们包括车站、码头、机场的广场，候车、候船、候机的场所，列车、轮船、商场、闹市区、市场、旅馆、饭店、歌舞厅、录像厅、游艺厅、影剧院、洗浴场所等。对犯罪嫌疑人的关系人进行监控实质上也是架网布控的一个方面，但它与对公共场所的布控有所不同。架网布控有以下五种主要方法。

① 从业人员布控。布置公共场所的有关从业人员协助查寻潜逃犯罪嫌疑人。从业人员布控可以采用开会布控和个别布控两种方法。

开会布控是指召集有关公共场所的负责人集中进行布控，主要适用于需要严密布控、涉及场所多的重大案件潜逃的犯罪嫌疑人。

个别布控是指对追查对象可能涉足的公共场所以个别方式进行的布控，主要适用于涉及场所不多的情形和需要重点布控的场所。进行布控时，必须交代任务和相应的工作方法及发现可疑对象后的联系办法。

② 特情布控。按疏密适度原则架设特情监控网络，布置特情在公共场所查寻潜逃犯罪嫌疑人。特情监控网络包括整个辖区公共场所监控网，即面上监控网和具体场所点上监控网两个基本层次。指挥特情架网时，首先要充分运用已有的阵地控制力量。在阵地控制力量不够的时候，调配其他特情力量架网。

③ 基层治安组织布控。架网布控离不开群众的支持和配合。对于犯罪嫌疑人可能涉足的地区，要积极发动布控范围内的群众参与，特别要注意充分发挥治安积极分子的作用。必要时，可以通过发布悬赏通告，调动广大群众参与布控。

④ 视频、卡口建设布控。高清卡口系统采用先进的光电技术、图像处理技术、模式识别技术，能够拍下过往的每一辆汽车的图像，并自动识别出车辆的牌照，能够迅速地捕捉到肇事车辆、违章车辆、“黑名单”车辆相关影像情况。同时，越来越多的地方整合公安、卡口和出租车、公交车、旅业、大型商场以及特种行业等视频资源，建立了人像、车辆智能比对平台，实时提取车辆轨迹、号牌封控等，实现对视频的深度应用，在快侦快破案件中发挥极为高效、准确的作用。

⑤ Wi-Fi采集点、电子围栏、电子安防系统建设布控。Wi-Fi采集点、电子围栏、电子安防系统可以掌握城市往来人群中关键人员的活动轨迹和过往记录；可以记录特殊地域人群来本地的活动情况；可以了解特殊人群中个体和群体的反常活动；可以针对特殊人群进行电子布控等。在Wi-Fi采集点布建卡口，能够实现对车辆和车内人员通信设备情况同时抓取，提高了“图像+通信”的综合研判效能。

（5）其他常规查控方法。主要有追缉堵截、通缉、通报、边境控制、搜查、通告等。

（四）缉捕犯罪嫌疑人的方法

1. 缉捕犯罪嫌疑人应遵循的原则

各种缉捕战术形式各有利弊，适用条件也有一定的差异。每种战术形式的实施方法也多种多样。在选择实施缉捕战术时一般要遵循以下五种基本原则。

（1）以隐蔽行动为主，公开行动为例外。所有战术的实施及战术动作的实现应当尽可能隐蔽地进行，不要惊动缉捕对象，有时甚至连周围群众也不要惊动。只有这样，才能保证缉捕行动的突然性。只有在隐蔽失败或不具备隐蔽实施条件时才公开实施有关战术及战术动作。

（2）以智取为主，武装缉捕为例外。任何战术的实施都是非常灵活的，没有固定的套路。要保证各种缉捕战术方法的生命力，必须充分发挥缉捕人员的主观能动性，在每次行动、每次行动的各个环节中都要结合案件的具体情势，因时、因地、因情部署、实施具体战术行动，充分体现缉捕过程的策略性，提高缉捕效率。

（3）以非对抗方式为主，对抗方式为例外。任何缉捕行动从本质上来讲，都是敌我双方的一种对抗。但是，从缉捕的过程来看，有时缉捕行动一开始就出现明确对抗，有时犯罪嫌疑人来不及对抗就被抓获归案。一旦出现正面对抗，缉捕难度和缉捕可能付出的代价就会增大。因此，缉捕行动中应当尽量选择非对抗方式，在缉捕过程中尽可能达成突然性，避免或迟延对抗，从中获取战机，缉捕犯罪嫌疑人，这样可以最大限度地确保安全。除非对抗性缉捕已经在所难免，才选择对抗方式进行。

（4）以非杀伤性方式为主，杀伤性方式为例外。在缉捕过程中，使用杀伤性武器容易造成不必要的人员伤亡，给侦查工作带来不利，有时即使合法击毙犯罪嫌疑人，可能也会对查清案件事实造成被动。另外，法律对杀伤性武器使用的限制较为严格，缉捕过程中现场情况千变万化，有时对能否合法使用杀伤性武器难以判断，也会给缉捕工作带来不利。因此，在缉捕中应当优先考虑非杀伤性方式，采取“人力—警械”方式缉捕。只有在难以实施此方式时，才考虑是否采取“火力—警械”方式缉捕。

（5）以优势力量为主，平势或弱势警力为例外。缉捕行动过程具有复杂性和突变性。从理论上讲，任何缉捕行动都应当至少部署警戒力量、抓捕力量、机动力量，在警力上形成优势，才能适应缉捕的需要。同时，缉捕行动在实施抓捕时要求缉捕人员应当在第一时间有效控制住缉捕对象的双手，使其失去反抗的可能，这也要求要有足够的优势警力才能最大可能地实现。所以，在警力不足时，不要轻易采取行动，可以在跟踪、守候中调遣力量，待有足够的警力优势后再伺机行动。当然，在某些特殊情况下，确有成功缉捕的可能性时，也可以以少胜多、以弱胜强。

2. 缉捕犯罪嫌疑人的具体战术

（1）袭捕战术。

① 守候袭捕。守候袭捕的基本要领有：

A. 选择预伏地点。预伏地点的选择是守候袭捕成功的关键。选择室内预伏，至少要满足两个条件：一是要具备隐蔽进入的条件，如果不能隐蔽进入，则达不到伏击的目的；二是室内抓捕不存在有碍侦查的情形，如果对缉捕对象的抓捕需要保密，就不宜在其办公室或居住地抓捕。选择室外预伏，主要考虑缉捕对象是否必经某地、是否具备便于贴靠和控制缉捕对象的条件。缉捕人员进入预伏地点时不能引起周围人的注意。如在办公室预伏，可以在单位领导、同事配合下伪装成办事人员进入预伏地点。

B. 预伏与外围跟踪守候相结合。预伏在抓捕地点的缉捕人员一般按抓捕、警戒两组力量进行部署。为准确掌握缉捕对象的动态，可结合运用跟踪、守候措施。为避免因预伏过久而出现偶尔的松懈，应在预伏地点周围设置预警人员，负责预警、外围警戒和接应。在缉捕对象接近预伏地点时，及时向抓捕组通报；在缉捕对象进入预伏地点后，由抓捕人员突然实施抓捕，预伏人员的职责即转为警戒；如果抓捕失败，警戒人员转而负责追缉、堵截。

预伏突袭时优先选择“人力—警械”方式抓捕。只有在难以实施此方式时，才考虑是否采取“火力—警械”方式抓捕。“人力—警械”方式抓捕是指缉捕人员首先徒手钳制缉捕对象的肢体，然后使用约束性警械对其予以控制的抓捕方式。常用的“人力—警械”方式有两侧钳制、前后夹击等方法。“火力—警械”方式是指缉捕人员首先使用火力控制缉捕对象的行为，并表明身份，命其听从指令，然后以警械约束其肢体的抓捕方式。

② 跟踪袭捕。跟踪袭捕的基本要领有：

A. 选择缉捕地点以便贴靠和控制缉捕对象为原则，一般选择人员往来不多、可供缉捕对象逃跑的路线少的地点。

B. 抓捕前要按抓捕和策应两个小组进行分工。

C. 在跟踪过程中要进行伪装，防止引起跟踪对象的警觉。如伪装成行人。

D. 抓捕多采用前后夹击、以后为主的方式。负责前位夹击的缉捕人员快速到达预定的抓捕地点前即超过缉捕对象，然后折回实施夹击。也可采取两侧钳制式。

E. 策应人员在跟踪时，尽量分布在正后、侧后位；实施抓捕时，立即在外围形成对缉捕对象的包围圈。抓捕成功后，策应人员即负责疏通道路和外围警戒。

③ 借故袭捕。借故袭捕的基本要领有：

A. 接近缉捕对象的身份和理由要合情合理，能够取得缉捕对象的信任。借故入室一般可采用公用事业单位、计生、社区服务等部门的工作人员上门抄表、调查，或者采用有关单位的工作人员到办公室联系业务等理由。在室外可以通过制造车祸、故意打架等创造机会接近缉捕对象。

B. 选准抓捕时机。借故袭捕，只要缉捕人员一接近缉捕对象，就应当采取行动。因此，缉捕人员应制造各种机会主动贴靠、接近缉捕对象，如让其填表、签名等，分散其注意力，伺机抓捕。如果缉捕对象一直处于高度戒备状态，缉捕人员无法接近或缉捕对象始终面对缉捕人员、手始终不离口袋等情形，则应暂时放弃抓捕。

C. 借故接近的警力一般二人即可，人数多会引起缉捕对象怀疑。其他缉捕人员应隐蔽在可能的出入口或外围进行警戒、策应。

④ 强行袭捕。强行袭捕的基本要领有：

A. 以开锁、踹门、破窗等方法强行进入缉捕现场。

B. 进入口应选择在既容易破坏进入，又离缉捕对象最近的部位，否则，易惊动缉捕对象。不容易破坏的部位，不能在实施破坏行为后立即进入。离缉捕对象较远的部位，即使一经破坏就能进入，但由于破坏行为与接近或贴靠缉捕对象的时间差较大，将给缉捕对象进行抵抗提供时间条件。

C. 要根据缉捕对象的顽抗能力，选择强有力的手段，一招制敌，将其制服、抓捕。采用火力打击时，要配备精良武器，并注意火力掩护和把握火力程度。

（2）诱捕战术。

① 直接诱捕。是指侦查人员利用缉捕对象心理，以某种身份或借口，直接将缉捕对象诱离不利于缉捕的环境或诱入预伏地点伺机缉捕的方法。

A. 示利引诱。缉捕人员根据缉捕对象的生活习惯、从业活动、违法犯罪等具体情况，进行相应的化装，改变身份，编造事由，靠近联系，引诱缉捕对象上钩，伺机抓捕。例如可以利用推销、直销等身份接近缉捕对象，示之以利，使之心动，然后以看货、交货等名义诱使其到指定的地点实施缉捕。

B. 无中生有。缉捕人员以被缉捕对象冲撞、辱骂等借口制造纠纷，诱其就范。缉捕人员要按制造纠纷、主持公道和策应三项职责做好分工。制造纠纷后，有人前来主持公道，建议纠纷双方前往派出所等处所评理。待缉捕对象进入预伏地点后，即行缉捕。如果缉捕对象不按照预定计划前往预伏地点，则由策应人员跟踪或者采取其他方法缉捕。

C. 编造借口。缉捕人员根据缉捕对象的近况，编造比较合理的借口，把缉捕对象引诱到预定场所。如声称有人叫其接电话、外面有人找、停水停电等。

D. 商请配合。通过缉捕对象所在单位或其上级机关的领导，以工作需要为借口将缉捕对象调到预伏的地点。常用的借口包括出差、开会、领导谈话、工作调动等。在某些共同犯罪案件侦查中，对于暂不需要或者现有证据不足以对缉捕对象的同案犯罪嫌疑人采取拘留、逮捕措施，且对缉捕对象的拘捕需要对其同案犯罪嫌疑人保密时，可通过单位领导指派缉捕对象出差，将其调至适当的地方进行缉捕。开会、领导谈话等借口主要适用于职务犯罪案件犯罪嫌疑人的缉捕，尤其是对那些配有枪支或者有警卫人员的犯罪嫌疑人，一般都需要以此借口将其与警卫人员分离，以便实施抓捕。

② 间接诱捕。是指在不便于直接诱捕的情况下，侦查人员利用各种间接关系将犯罪嫌疑人诱出或诱入特定场所后，再伺机进行抓捕的方法。

A. 制造假象。通过缉捕对象身边的群众或关系人散布虚假消息、制造假象，诱敌出笼，如托其关系人传递口信、打电话等。

B. 虚留生路。缉捕人员根据缉捕对象戒备心较强的特点，故意制造放松抓捕的言论或行动，有意制造错觉，欲擒故纵，虚留生路，使缉捕对象麻痹，而在缉捕对象可能出没的路径、场所设伏守候，寻机抓捕。如有时为了引出主犯，可以通过破案留根或放出从犯诱其出笼。

C. 设置诱饵。缉捕人员根据缉捕对象的情况，针对其最大需求，巧设诱饵，利用有关人员进行贴靠，取得缉捕对象的信任后，诱其上钩，将其捕获。一般来讲，可以从以下三类人员中选择诱饵。一是同案犯罪嫌疑人。只要同案犯罪嫌疑人愿意与缉捕人员合作、缉捕对象并不知其是否被缉捕、与缉捕对象有交情或利益关系，就可以用其调动缉捕对象。二是缉捕对象的其他关系人，如亲人、朋友、情人等。在这些人中选择诱饵时，主要考虑合作可能性的大小和缉捕对象对其信任度的高低。三是特情人员。活动能力强的特情在侦查人员的指挥下，可以根据缉捕对象的人际关系、心理活动等情况进行贴靠，只要取得缉捕对象的信任，就可以将其引诱到预定场所。

（3）围捕战术。

围捕行动的基本步骤反映的是最复杂、最典型的围捕行动的主要过程。实际上，这些步骤并不是每一次围捕行动都必须经历的。在围捕行动的任何一个步骤中，只要犯罪嫌疑人放弃反抗或被抓捕，围捕行动即告结束。另外，在围捕行动中，有时这些步骤难以完全区分，有时有的步骤可能还会同时进行。

① 准备。围捕是对抗性强、危险性大的行动。缉捕人员接到情况报告后，要以最快的速度了解缉捕对象的情况，如涉嫌犯罪情况、人身特征、性格特点、携带物品及凶器、是否扣有人质及其藏身、活动场所在环境等。

在力量组织方面，确定现场指挥员一名，负责现场指挥，及时收集各小组行动情况，随时向上级汇报或向行动小组通报情况。设置三个至四个包围小组，负责从不同方向向中心进行包围。各小组人数可根据围捕范围、缉捕对象人数及其携带的凶器灵活确定，一般每组不得少于二人。规模较大的围捕行动，还要组织警戒组和机动组。警戒组负责疏散群众，维护周围秩序。机动组负责处置紧急事态，协助抓捕，武力掩护，抢占制高点及实施打击。

另外，还要做好物质条件准备工作，如交通工具、通信工具、武器配备等。

② 包围。在缉捕对象逃跑过程中或者逃入可以藏身的建筑物、山林、高秆作物庄稼地等地点后，缉捕人员应当尽可能地对缉捕对象或其逃入的地点形成包围之势。在包围时

要特别注意截断通往繁华地段和复杂地形的道路。

包围有明围、暗围、明围与暗围相结合三种方法。明围就是以缉捕人员着制式服装、设置警戒线、手持枪支等明确表示包围意图的方法所进行的包围。暗围则是以隐蔽方法所进行的包围，主要是为了不惊动缉捕对象，有效疏散人群、控制现场。明围与暗围相结合是指在包括公开力量与秘密力量相结合实施的包围。

当现场指挥员下达围捕的命令后，各小组迅速按预定方案到位，开始行动，利用地形地物，迅速形成包围圈。当缉捕对象逃入或者躲藏于建筑物中时，缉捕人员不能一窝蜂全部跟进，而要根据不同情况作出包围部署。遇缉捕人员紧追逃入建筑物的缉捕对象，其来不及反击或者躲藏或躲藏行为都处于缉捕人员视野时，应当派员立即跟进，同时部署机动力量对建筑物进行包围；遇只知缉捕对象在建筑物中，其余情况不明时，则首先部署包围，同时弄清建筑物的结构，及时调整包围力量。

对野外场所的包围一般适用明围方法，其基本过程与对建筑物的包围相同。

③ 搜索。包围圈形成后，应当尽快组织疏散、转移无关人员和易燃、易爆等危险物品，必要时还需要切断水、电、气。同时要向熟悉情况的人了解建筑物结构或地形特点，了解便于躲藏的部位、地点和暗道。然后按一定的顺序对包围场所进行搜索，逐渐缩小包围圈；有条件的话，要争取在搜索中缉捕犯罪嫌疑人。

组织搜索应当分组进行，对单个缉捕对象的搜索每组至少二人。对建筑物的搜索一般从入口处开始向两端、逐个房间推进，同时在通道处设警戒人员。每搜索完一个楼层，封锁一个楼层。有多个入口且有条件的，可以从多个入口同时推进。入口处的选择以安全、方便进入为原则，门、窗户、阳台甚至其他孔洞等都可能被选为入口。

对野外场所的搜索，如缉捕力量足够，一般分为警戒组、搜索组、机动组。警戒组负责封锁现场，切断缉捕对象逃窜通路，对逃跑的缉捕对象进行抓捕，疏散群众，维护现场秩序等。搜索组负责按照行动方案确定的行动方式、路线进行搜索，发现、抓捕缉捕目标。机动组负责处置紧急事态，协助搜索组对重点部位进行搜索，在制高点控制缉捕目标，准备武力掩护、打击等。对野外场所的搜索，可以以整个包围圈为起点向中心推进，也可以从包围圈的某一边开始平行推进，还可以从某一点开始扇形推进。如果包围圈大，搜索力量不足时，可以运用分片搜索方法压缩包围圈。有条件时，应当使用红外夜视仪、警犬等延伸搜索力量。

在搜索中，如果出现缉捕对象持有危险物品、劫持人质等现实危险，则不能盲目推进。

④ 施加心理影响。被包围的缉捕对象在暗处，缉捕人员在明处，搜索无法顺利推进时，应首先考虑向缉捕对象喊话，对缉捕对象施加心理影响，劝告缉捕对象放弃抗拒。施加心理影响的主要方式有：

A. 依法感召。依法感召就是运用缉捕对象的趋利避害、避死求生心理，引导其放弃继续抗拒，随缉捕人员到案。实施依法感召，关键要把握两点：一是选择喊话人，喊话人一般不宜由缉捕指挥员充当，喊话人在喊话时应首先表明自己的身份、职务；二是阐明缉捕对象面临的形势和抗拒缉捕在法律上的后果，喊话时语气要坚决，阐明形势、答复缉捕对象提出的问题和条件时，要援引法律的规定和政策的精神。如缉捕对象并不确切知道自己的犯罪行为造成的后果，应运用模糊语言，不告知其真相，必要时也可借机欺骗，使其认为自己的罪行并不严重而接受缉捕人员的引导。

B. 情感软化。如果依法感召不起作用，可以进行情感软化。情感软化就是运用缉捕对象对父母、子女、配偶或者异性朋友的关心、牵挂之情，动摇其继续顽抗的决心。情感软化的前提是充分了解其家庭和社会关系，找准其最牵挂、感情最深的人。情感软化最好采取直接劝诫法，由缉捕对象最牵挂或者最信任的人直接出面劝诫，切忌将与缉捕对象有过节的人作为劝诫人。缉捕人员要指挥劝诫人，劝诫人要以其与缉捕对象之间的深厚感情为基点，劝诫缉捕对象为最牵挂的人考虑，选择对自身和最牵挂的人最有利的行为——放弃抗拒而随缉捕人员到案。有时，也可由缉捕人员利用缉捕对象对其父母、子女等的关心、牵挂之情进行劝诫。

C. 分化瓦解。对于涉嫌共同犯罪的缉捕对象，可以根据不同缉捕对象在共同犯罪中所起作用的不同，引导涉嫌罪行较轻的缉捕对象主动投降，争取宽大处理，并由此孤立主犯，使主犯认识到大势已去而放弃继续抗拒。分化瓦解应首先从胁从犯入手；在没有胁从犯时，应选择从犯。鼓励胁从犯、从犯投降的理由，主要是根据他们涉嫌犯罪的情况，指出其应该承担的法律责任不值得他们抗拒缉捕。如他们与主犯之间有恩怨，可“借题发挥”；如缉捕对象之间的关系不甚密切，还可以鼓励胁从犯、从犯以扭送主犯的方式立功，以便争取更有利的处理。必要时，可以将已到案的同案犯罪嫌疑人押至缉捕现场向某个特定的缉捕对象喊话，以增强分化瓦解的力度。

⑤ 谈判。在对缉捕对象施加心理影响过程中，如果缉捕对象回话并提出条件，单方喊话则转化为谈判。对于劫持人质、持枪、持爆炸物品负隅顽抗的缉捕对象，在包围圈形成后，应当尽量争取通过谈判使其放弃对抗或制造缉捕机会。

劫持人质案件中，谈判是使人质安全获释和缉捕犯罪嫌疑人最基本的和首选的方式。谈判的基本步骤方法如下：

A. 谈判前的准备。主要包括了解劫持事件的基本情况和谈判人员的选择与分工。劫持事件的基本情况是指劫持人、被劫持人的姓名、性别、数量，劫持人是否持有枪支、爆炸物品，劫持地点的地形、交通和所在建筑物的结构、通道，是否有易燃、易爆等危险物品及其存放位置，劫持的原因等情况。这些情况一定程度上决定着谈判的内容。谈判人员的选择与分工，是谈判成功的重要条件。谈判人员主要由警察组成，必要时可以吸收心理学专家、劫持人的亲友参加。选择谈判人员的主要条件包括：一是具有较强的应变能力；二是具有极强的心理承受能力；三是具有较强的语言能力。谈判人员一般按组长、主谈员、辅谈员和其他辅助人员等进行分工。

B. 建立良好的心理接触和对话基础。主谈员首先要介绍自己和辅谈员的身份，接着说明自己的立场是与劫持人共同协商解决问题的办法，为其提供帮助，不是与其为敌；同时要求劫持人谈谈自己的情况，选择这种方式解决问题的理由等。如劫持人没有回应，则婉转地指出僵持下去并不能解决任何问题，希望其认清形势。如果劫持人作出回应，说明对话的心理基础已然建立。

C. 引导和倾听犯罪嫌疑人的倾诉。在建立对话基础后，应当首先寻找其感兴趣的话题与其对话，引导犯罪嫌疑人倾诉或让其倾诉，包括让其发泄不满，谈判人员应当细心倾听。一方面可以了解其思想动态，另一方面可以为相机解救人质和强攻赢得时间和机会。如劫持人不愿倾诉而直接提出条件，应当首先劝告其释放人质和投降。明确告知劫持人，释放人质、停止对抗是最明智的选择。如果劫持人坚持自己所提的条件，谈判则转入讨论条件的阶段。

D. 讨论条件。谈判人员根据劫持人提出的条件与其进行讨价还价。讨论条件一般应当遵循以下两项基本原则和五项基本要求。两项基本原则包括：充分利用讨价还价拖延时间，“拖延时间常常是最好的策略”；无论对方提出什么条件，都要始终围绕释放人质、投降进行开价。五项基本要求包括：对劫持人在不投降前提下提出的任何要求，都不能予以明确拒绝和立即答应；对合法且有利要求，也要提出交换条件；对非法或不利要求，要表明无法满足以使其主动降低要求，如不愿降低要求则转为讨论满足要求的时限，谈判人员切忌主动帮劫持人提出新要求或提出新时限，以免陷入被动；只能提供劫持人所要求的东西，而不能主动提供其要求以外的任何物品；讨价还价过程中的欺骗应当掌握在谈判结束前劫持人无法查明真相的范围内。

E. 在解救出所有人质以前，谈判人员永远不能结束谈判，即使谈判陷入僵局，也要尽一切努力重新开启另一轮谈判。人质未救，谈判不止。警方结束谈判的方式只能是行动，即突袭解救人质、强行进攻，不能由谈判人员向劫持人提出结束谈判。

⑥ 突袭强攻。一般来讲，从围捕一开始就要着手做好强攻的准备。对于经依法感召、谈判后拒不投降的缉捕对象，在需要且可能的情况下，实施强行进攻，以将其缉获归案或者击毙。强攻的方法包括警戒攻击法和武器攻击法。警戒攻击法，是指在非立即致缉捕对象死亡不可的情形下，使用催泪弹、震荡弹、麻醉弹等制服性警械进行的攻击。只要制服性警械足以制止缉捕对象继续实施危害行为，就应当首先选用制服性警械进行攻击。武器攻击法，是指使用枪支、弹药等致命武器进行的攻击。武器攻击法可以致缉捕对象受伤，也可以致其死亡。在精度射击中，如果击伤缉捕对象足以制止其继续实施危害行为，应当首先选择击伤而不是击毙。

A. 围而捕之。围而捕之是围捕行动常用的战术形式，是缉捕人员针对一般的缉捕对象进行包围、抓捕的一种形式。可分为先围后捕、围捕同步等具体形式。

B. 围而歼之。围而歼之是围捕战斗的特殊形式。缉捕人员针对持枪、持爆炸危险物品的缉捕对象，将其藏身场所包围，在无法接敌或迫降的情况下，进行火力打击，达到使其失去顽抗能力的目的。

C. 围而逼之。围而逼之是在缉捕对象占有有利地形，又无法将其直接抓捕或歼灭的情况下，采取包围后，喊话攻心、武力威胁，逼其投降或交出人质。

D. 围三缺一。为将缉捕对象包围在便于缉捕的地点或路段，截断通往繁华地段和复杂地形的道路，虚留逃路或逼其逃离有利地形，在逃离途中或到另一藏身场所将其抓捕、歼灭。

二、查缉犯罪嫌疑人实训目的

1. 熟悉查缉犯罪嫌疑人的基础理论、基础知识和基本原理

（1）了解实践中查缉犯罪嫌疑人的基本情形；

（2）掌握相关知识和原理，分析犯罪嫌疑人潜逃中的特殊心理和行为；

（3）掌握查找犯罪嫌疑人踪迹的基本方法及其适用要求 ；

（4）掌握现场缉捕犯罪嫌疑人的基本方法及其适用要求 ；

（5）熟悉侦查工作的基本程序；

(6) 熟悉侦查文书的制作与使用。

2. 熟练掌握运用现代大数据智能信息技术追踪犯罪嫌疑人踪迹的方法

(1) 熟练掌握网上追逃的操作方法及要领;

(2) 熟练掌握利用视频监控信息追踪的操作方法及要领;

(3) 熟练掌握利用各种大数据信息追踪的操作方法及要领。

3. 熟练掌握运用传统追踪方法查找犯罪嫌疑人的方法

(1) 熟练掌握调查监控犯罪嫌疑人及其关系人的操作方法及要领;

(2) 熟练掌握通信联络查控的操作方法及要领;

(3) 熟练掌握根据犯罪嫌疑人潜逃方向进行追缉查控的操作方法及要领;

(4) 熟练掌握常规查控的操作方法及要领。

4. 熟练掌握缉捕犯罪嫌疑人的方法

(1) 准确理解缉捕犯罪嫌疑人应遵循的原则;

(2) 熟练掌握缉捕犯罪嫌疑人的具体战术、操作规程及基本要领;

(3) 了解意外情况处置的常用技巧;

(4) 了解查缉行动中常用的安全技能。

第二节 查缉犯罪嫌疑人实训操作要求及考查要点

一、查缉犯罪嫌疑人实训操作要求

(一) 案情设计

此次实训的案情需要由学生在推进侦查活动中自主查明，基本案情仅反映在教师指导手册中。

1. 学生查明案情渠道

学生查明案情主要通过以下三个渠道进行。

(1) 找报案人及案件相关人员了解，由相关人员陈述基本情况。

(2) 学生认为案情尚需进一步查证，需要进一步采取相应侦查手段方法推进侦查的，在条件具备时，由实训小组通过组织开展侦查活动，查证相关情况。

(3) 学生认为案情尚需进一步查证，需要进一步采取相应侦查手段方法推进侦查的，在条件不具备时，通过向指导教师提出请求，由学生向指导教师提出侦查计划，再由指导教师根据情况组织学生开展模拟侦查或根据学生的请求补充请求内容涉及的案情。指导教师向学生提供案情时应遵循“不问不说”的原则。

2. 实训方式及内容

本次实训采取“模拟案情”和“模拟侦查”同步“双推进”方式，即在指导教师的主持下，由学生组织实训小组通过不断推进“模拟侦查”逐渐查明“模拟案情”，二者相互推进，直至实训结束。指导教师和学生分别按照《教师实训指导手册》《实训小组组长手册》进行实训。此次实训主要围绕以下四个方面的内容进行。

（1）查找犯罪嫌疑人的踪迹。

（2）查明犯罪嫌疑人的身份。

（3）查到两名犯罪嫌疑人的居住处所后，需要制定缉捕方案，利用夜暗条件（凌晨2点），趁犯罪嫌疑人熟睡之际，采用技术手段开门和突袭战术手段将两名犯罪嫌疑人抓获归案，必要时可以将其击伤或击毙。

（4）查到犯罪嫌疑人还有一个三年前结伙作案的同伙G正在西南政法大学南苑的一间学生寝室内，需要将其先行缉捕归案。

（二）实训组织

1. 教学展开形式

（1）与教务处协调上课的形式与实训地点。实训教学可能在教室外展开调查访问、侦查实验等，甚至可能需要赶赴校园以外的发案地实地观察现场环境及提取物证。但案情设计时应尽可能地安排在校园内。

（2）本案侦查分小组平行进行，每个小组就是一个专家组。采取角色扮演展开体验式实训。建议每个实训小组15人左右。实训小组侦查分工由小组自行进行，指导教师不介入或者仅针对个别问题提示操作。

2. 教学过程管理

（1）指导教师在实训前一周指定小组组长，并要求组长根据《实训小组组长手册》做好实训准备，提醒学生对该次实训的知识点提前进行消化学习。

（2）要求实训小组在对知识点进行消化学习后，准备侦查启动阶段相应的文书资料以供实训使用。

（3）指导教师应当事前对学生进行角色分配并交代相关注意事项。指导教师事先指定小组组长和承担特定角色任务的学生，承担办案任务的学生由小组组长指定安排。承担特殊任务的学生由指导教师在小组组长和承担办案任务学生以外的学生中单独指定并说明任务和要求。

（三）本次实训角色安排及注意事项

1. 指导教师指定并单独布置任务的角色

（1）受害人（1号），也是报案人，用真实姓名报案。

（2）两名犯罪嫌疑人和同伙G，都使用真实姓名成为案件角色，由指导教师找个合理理由安排其先回寝室，不能让本人知晓会成为抓捕对象。

2. 需指导教师确定的角色

（1）小组组长1人，负责组织专案组，确定侦查人员、组织开展侦查工作及模拟主管领导审批。

（2）如有必要，确定组长助手1人，负责记录实训情况、过程及参加人员情况。

3. 需小组组长确定的角色（组长应当将侦查人员的确定情况向指导教师报告）

（1）受理案件民警2人，使用真实姓名成为案件角色，模拟单位为山北区公安分局刑侦支队民警。

（2）现场勘查组组长1人，侦查人员6人，负责勘验、访问和视频侦查等工作。

4. 需指导教师单独布置任务和提出专门要求的人员

（1）小组组长。基本职责：负责召集小组成员；可扮演主管负责人、指挥员，按规定对有关文件签字及盖章（凡是需要盖章的地方，用红色圆圈表示）；组织协调整个案件侦查工作；向全体学生阐明每一项工作内容和工作要求；记录办案过程中未承担角色的学生的建议；向全体办案人员和未承担角色的学生阐明工作计划。

（2）受害人（1 号）。指导教师实训前单独告诉受害人（1 号）其受害经过，把报案人资料交受害人（1 号）单独阅读，提醒其只有在侦查人员询问时才能根据这些内容进行回答，不问不答。回答内容以基本案情及指导教师提供的内容为纲要，可以适当增加一些不真实情况。对增加的不真实情况，应当事先向指导教师汇报并征求意见。

（3）负责现场勘验及技术检验的侦查人员。负责根据提供的资料进行回答。

（4）负责调查访问的侦查人员。负责根据提供的资料进行回答。

（5）负责视频侦查的侦查人员。负责根据提供的资料进行回答。

（6）负责其他工作的侦查人员。负责根据提供的资料进行回答。

5. 需指导教师向全班学生明确强调的注意事项

（1）在学生实训过程中，教师不干预学生实训，不主动介入，学生不问则教师不答。鼓励学生在实训中遇到问题时相互讨论、查阅文献。指导教师仅仅做观察记录和提供相关文书资料，不解答案件办理中的疑问，但全程应当做好发现问题的记录。

（2）承担角色的学生除按指导教师要求进行回答外，不能擅自向其他任何人透露其知晓的案情内容，特别是材料中指定的内容。

（3）学生在侦查实训过程中发现的新的案情由组长指定学生根据指挥员要求向“专案组”报告结果。

（4）对于实训中侦查工作存在的疑问，应积极查阅相关规范，特别是刑事案件办理程序及相关规定。在规定时间内，完成相关文书制作。

（5）凡是需要领取有关文书的，应到指导教师处领取，但必须写明需要什么文书材料，教师不要主动提供。指导教师发放材料时在相关材料上签名并注明日期。实训结束后，各小组应提交相关书面文书材料。要严格侦查文书的管理，未经允许不得复制或截留，领取文书的学生应当登记签名。

（6）每个专案组中未承担特定任务的学生，应当仔细观察办案过程中的活动情况，针对办案中存在的问题或工作建议，可以提出自己的见解及依据，实训结束后撰写 1000 字以上的实训报告作业。无论是否承担特定任务，实训过程中每个专案组必须全员在场，并由专人做好记录。否则，记为缺课。

（7）实训结束后全班学生集中进行讨论总结，先由各小组组长汇报实训情况，再由本小组学生自由发言谈体会和自己存在的不足。最后，实训课全体教师对自己发现的实训存在的问题及学生表现等进行点评。

（8）其他未尽事宜由各小组自行拟定。

（9）整个实训中要坚持安全第一原则，坚决不能采取可能导致任何人员伤害的方案和做法。

（四）实训物质准备

指导教师应准备好实训所需文书材料，包括受案登记表、接受证据清单、受案回执、呈请报告书、立案决定书、不予立案决定书、不予立案通知书、不立案理由说明书各一份，被害人权利义务告知书、询问笔录各 2 份，笔录备用纸等，供学生在实训中选用。

学生应当准备书写工具及其他记录材料。

（五）讨论总结

1. 小组讨论

（1）先由每个小组组长组织本小组成员对整个实训进行集体讨论。主要总结讨论两个方面的问题：一是本案侦查过程的体会，包括经验与教训；二是本次实训过程的体会，包括成功与不足之处。

（2）小组组长指定专人记录发言情况。

（3）小组形成汇报意见。

（4）小组制作汇报 PPT。

2. 全班总结

（1）由班长组织各专案小组进行集体总结，全班学生参加。

（2）全班听取各小组组长汇报本组实训情况。

（3）针对各小组组长的汇报，各组讨论 10 分钟，然后派代表对其他小组汇报进行交叉点评。

（4）班长做最后总结。

3. 教师点评

（1）全班汇报总结完毕后，由指导教师对各个小组实训过程逐一点评。

（2）指导教师对全班实训情况进行总结。

（六）补充侦查

1. 各小组根据前期模拟训练情况，对相关问题进行梳理，制定《补充侦查计划书》。
2. 各小组根据《补充侦查计划书》，再次组织对补充侦查内容进行实训。

二、查缉犯罪嫌疑人实训考查要点

表 9－1　考查内容主要类别和具体评价要点

主要类别	具体评价要点
（1）查找犯罪嫌疑人的踪迹	①利用视频监控信息进行分析、追踪
	②利用大数据信息进行挖掘、分析
	③利用通信、网络技术进行查控、追踪
	④利用特情、外线、卡口监控等手段进行追踪
（2）查明犯罪嫌疑人的身份	①利用通信信息进行追查
	②利用资金信息进行追查
	③利用网络信息进行追查
	④利用生物痕迹信息进行追查
	⑤利用个人活动信息进行追查

续表

主要类别	具体评价要点
（3）犯罪嫌疑人居所缉捕方案	①缉捕方案是否科学可行
	②分工是否明确合理
	③准备工作是否充分
	④策略是否灵活可行
（4）学生寝室室内缉捕	①缉捕方案是否科学可行
	②执行缉捕方案是否规范高效
	③面对突发情况是否灵活应对
	④缉捕过程中的安全意识是否到位
（5）法律文书制作	①对相关法律文书规范要求的熟悉、熟练程度
	②考查专案组对办案程序及工作流程了解、掌握、运用的熟悉程度
	③考查专案组民警对文书运用、案卷制作的准确程度
（6）总结报告情况	①工作的条理性
	②开展的全面性
	③材料的完整性
（7）组织指挥	①组织指挥的力度与条理
	②专案组成员的团结协作和参与程度
	③安全意识是否到位

第三节　查缉犯罪嫌疑人实训操作手册与资料

一、教师实训指导手册

（一）案情设计与要求

1. 基本案情

昨日上午 12 时 50 分许，受害人（1 号）（女）到山海市玉崇区“和平酒店”负二楼地下停车库开车时，被两名犯罪嫌疑人挟持上了一辆长安面包车，捆绑、蒙眼后驶离车库。其间，犯罪嫌疑人抢走受害人（1 号）随身携带的 2 万余元现金、1 部 iPhone 手机和 1 张银行卡。当得知受害人（1 号）银行卡上有 80 余万元现金后，犯罪嫌疑人在受害人（1 号）的腰腹部捆绑遥控炸弹，用车将受害人（1 号）载至山北区郊外山上偏僻无人处，当着受害人（1 号）试爆了 4 枚遥控炸弹，胁迫受害人（1 号）取出银行卡上的全部现金，否则引爆受害人（1 号）身上的炸弹。当日下午 16 时许，犯罪嫌疑人用车将受害人（1 号）载至山北区“都市丽人医院”附近的建设银行，胁迫其取款 80 万元。受害人（1 号）害怕犯罪嫌疑人引爆炸弹，按犯罪嫌疑人要求独自下车取款。但是，因没有向银行预约而未取到现款。今日上午 9 时许，犯罪嫌疑人用车将受害人（1 号）载至建设银行仁和储蓄所，胁迫其取款19.9万元。受害人（1号）进入储蓄所营业大厅VIP客户区后，冒险取下炸弹脱险。受害人（1号）现场报警。

2. 实训目的任务

（1）查找犯罪嫌疑人的踪迹。

（2）查明犯罪嫌疑人的身份。

（3）查到犯罪嫌疑人的居住住所后，利用夜暗条件（凌晨2点），趁犯罪嫌疑人熟睡之际，采用技术手段开门，利用突袭战术手段将两名犯罪嫌疑人抓获归案，必要时可以将其击伤或击毙。

（4）查到犯罪嫌疑人时，发现还有一个三年前结伙作案的同伙G正在西南政法大学南苑的一间学生寝室内，当场将其缉捕归案。

3. 实物准备工作

（1）实训所需文书材料，包括受案登记表、接受证据清单、受案回执、呈请报告书、立案决定书、不予立案决定书、不予立案通知书、不立案理由说明书各1份；被害人权利义务告知书、询问笔录各2份等，供给学生在实训中选用。

（2）笔录备用纸。

（二）实训步骤方法

1. 实训组织工作

（1）每个实训小组即专案小组15人左右，全班分为若干实训小组。

（2）指导教师在实训前一周指定小组组长，并要求小组组长提醒学生对该次实训的知识点进行消化学习。

（3）准备侦查启动阶段相应的文书资料以供实训使用。

（4）指导教师应当事前对学生进行角色分配并强调相关注意事项。指导教师事先指定每个小组组长和承担特定角色任务的学生，承担办案任务的学生由小组组长指定安排。承担特殊任务的学生由指导教师在小组组长和承担办案任务以外的学生中单独指定，并说明任务和要求。

2. 实训角色分配

（1）指导教师指定并单独布置任务的角色。

① 受害人（1号）（也是报案人，使用真实姓名报案）。

② 两名犯罪嫌疑人及同伙G（都使用真实姓名成为案件角色，由指导教师找个合理理由安排其先回寝室，不能让本人知晓会成为抓捕对象）。

（2）需教师确定的角色。

① 小组组长1人，负责组织专案组，确定侦查人员、组织开展侦查工作及模拟主管领导审批。

② 如有必要，确定组长助手1人，负责记录实训情况、过程及参加人员情况。

（3）需小组组长确定的角色（小组组长应当将侦查人员的确定情况向教师报告）。

① 受理案件民警2人（使用真实姓名成为案件角色，模拟单位为山北区公安分局刑侦支队民警）。

② 现场勘查组组长1人，侦查人员6人，负责勘验、访问和视频侦查等工作。

（4）需要指导教师单独布置任务和提出专门要求人员。

① 小组组长。基本职责：负责召集小组成员；扮演主管局长、指挥员，按规定对有关文件签字及盖章（凡是需要盖章的地方，用红色圆圈图示）；组织协调整个案件侦查工作；向全体成员阐明每一项工作内容和工作要求；记录办案过程中未承担角色学生的建议；向全体办案人员和未承担角色学生阐明工作计划。

② 受害人（1 号）。指导教师实训前单独告诉受害人（1 号）其受害经过，把报案人资料交受害人（1 号）单独阅读，提醒其只有在侦查人员询问时才能根据这些内容进行回答，回答内容以基本案情及指导教师提供的内容为纲要，可以适当增加不真实情况。但是，增加不真实的情况，应当向指导教师汇报并征求意见。

③ 告诉受理案件学生报案人是谁，并告知报案内容：报案人称其被绑架勒索。

④ 负责现场勘验及技术检验的侦查人员。负责根据提供的资料进行回答。

⑤ 负责调查访问的侦查人员。负责根据提供的资料进行回答。

⑥ 负责视频侦查的侦查人员。负责根据提供的资料进行回答。

⑦ 负责其他工作的侦查员。负责根据提供的资料进行回答。

3. 需指导教师向全班学生明确强调的注意事项

（1）本案侦查分若干专案小组平行进行。采取角色扮演展开体验式实训。

（2）指导教师实训前告知受害人（1 号）知悉的发案经过情况。指导教师提供给每个小组一张地图（见报案人资料）。

（3）案情展开分两步进行：第一，由相关人员陈述基本情况；第二，办案人员应当根据案件侦查需要追查案情。相关人员对追问的事实采取“不问不说”的方式，这个方法便于让学生对所学知识学会灵活运用。

（4）学生对于认为案情尚需进一步查证，需要进一步采取相应侦查手段方法推进侦查的，均向指导教师提出请求，按照相关法律规定提出书面侦查计划，交给教师。需要其他有关部门给予支持的，应当提交书面请求，由指导教师予以协调。要求学生在规定时间内，完成相关调查与文书制作。由指导教师根据情况组织学生开展模拟侦查或告诉学生相应侦查能够获得的查证结果。

（5）在学生实训过程中，教师不主动介入，不问不答，鼓励学生在实训中遇到问题时相互讨论、查阅文献。但在实训的全程中应当仔细观察并做好发现问题的记录。

（6）侦查实训过程中发现的新的案情由小组组长指定学生根据要求向“专案组”报告结果。

（7）与教务处协调上课的形式与实训地点。实训教学可能在教室外展开调查访问、侦查实验等，甚至可能到校园以外的发案实地观察现场环境及提取物证。但案情设计时应尽可能地安排在校园内。凡是需要外出校园处理的事务，均应提出书面理由和要求，交给指导教师协调。

（8）告诉学生凡是需要领取有关文书的，应到指导教师处领取，但必须指明需要什么文书材料，教师不主动提供。领取文书的学生应当登记签名。未经允许不准对提供的空白侦查文书进行复制。实训结束后，对各小组全部侦查文书资料进行回收。

（9）实训中要团结协作，共同完成任务。

（10）学生应当准备书写工具及其他记录材料。

（11）实训小组组长应当组织协调全部侦查工作，并注意向全组成员阐明每一项工作内容和工作要求，记录办案过程中未承担特定任务学生的建议，向全体办案人员和未承担特定角色学生阐明工作计划。

（12）安排一次全班汇报与点评总结，要求全班集中回到教室进行总结汇报。先由各小组组长汇报，再由学生代表谈体会和点评，最后由实训课指导教师对自己发现的实训存在的问题及学生表现等进行点评。

（13）每个小组未承担特定任务的学生可以就办案中存在的问题或工作建议向专案组长提出，由记录员记录在案，视为实际参与实训。未实际参与实训的学生需要在实训结束后提交1000字以上的实训报告。

（14）其他未尽事宜由各小组自行拟定。

（三）指导教师需要根据不同情况告诉学生的相关内容

指导教师在学生提出请求时才根据不同问题选择以下内容回答相应问题。

学生请求了解是否有同类案件情况时，回复学生：本案与前年10月18日19时许受害人（2号）（女）在高新区“华宇名都”地下车库被抢劫案、去年10月17日受害人（3号）（女）在玉崇区“谊德美食城”地下车库被抢劫案作案手法极为相似。

学生请求了解其他同类案件情况时，回复学生：①三案犯罪嫌疑人均为2名男性；②三案犯罪嫌疑人都是在高档酒店的地下停车库守候受害人作案；③三案中有两案犯罪嫌疑人是驾长安面包车作案；④三案犯罪嫌疑人都是针对驾驶高档轿车的单身女性作案；⑤三案犯罪嫌疑人都是将受害人强行推上车后，用粘胶带对受害人捆绑、封嘴、封眼后抢劫，挟持到另外地点释放；⑥三案中有两案犯罪嫌疑人胁迫受害人说出银行卡密码后支取了卡内现金，其中一案因受害人未携带银行卡未取款。三起案件已经完全并案。

学生请求检验炸弹装置的情况时，回复学生：经检验受害人（1号）脱下的炸弹，发现该炸弹是以烟花爆竹火药为原料的自制炸弹，是利用烟花点火器遥控引爆的，点火器不是自制的，但该点火器也无生产厂家等标识。

学生请求调查炸弹点火装置的情况时，回复学生：通过互联网检索、走访烟花爆竹专家，判断该烟花点火器为湖南省浏阳市生产。

学生请求查找点火装置的来源时，回复学生：派员赶赴浏阳排查生产厂家的销售情况，走访了100余家烟花爆竹及点火器生产商，没有发现同样型号的点火器。

学生请求调取“和平酒店”视频资料时，回复学生：通过调取案发前后进出“和平酒店”的车辆，发现牌号为海ARN323的微型长安面包车系作案车辆。该车为珍珠银色长安之星2代，车型为SC6399D4Y或SC6399B3S，排量为1.0L，该车前挡玻璃左上角贴有4个标识。

学生请求调取嫌疑车辆运行沿线视频资料时，回复学生：通过视频追踪该车运行轨迹，发现犯罪嫌疑人于当日11时从松北区经过陵江大桥进入“和平酒店”地下停车库，作案后又驾车原路返回松北区，最终消失在山北区花卉园附近。

学生请查询海ARN323车辆资料时，回复学生：经查，海ARN323车辆于一个月前在飞龙区石坪桥被盗。因此，犯罪嫌疑人作案车辆系套牌或盗窃所得车辆无疑。专案民警调取了海ARN323车辆被盗后的交通卡口信息，但没有发现该车的日常活动情况。

学生请求摸排调查海 ARN323 车辆使用情况时，回复学生：根据犯罪嫌疑人作案时在山北区一带活动较多的情况，在山北区秘密寻找作案车辆。在山北区花卉园西路公路边发现悬挂海 AHE050 的长安面包车与作案车辆特征相符，且该车车牌与去年 10 月 17 日在玉崇区“谊德美食城”地下停车库抢劫受害人（3 号）（女）的作案车辆悬挂车牌同一。

学生请求勘验海 AHE050 的长安面包车情况时，回复学生：①在车辆后排座位缝隙中发现了夹带毛发的餐巾纸团；②在车辆后排提取了 2 枚烟头，在方向盘及变速杆上提取了多个 DNA 生物检材；③提取了该车车架号。

学生请求通过车架号调查海 AHE050 长安面包车情况时，回复学生：通过车架号查证，发现该车为去年 4 月 17 日在山北区黄龙镇大龙路 151 号被盗的号牌为海 A5J052 长安面包车。

学生请求查看生物物证检验情况时，回复学生：①检验丢弃的夹带毛发的餐巾纸团，检出其 DNA 与受害人（3 号）（女）同一；②检验在车辆后排提取的 2 枚烟头，在方向盘及变速杆上提取的多个 DNA 生物检材，检出 2 名男性 DNA。

学生请求查询海 AHE050 车辆资料时，回复学生：去年 10 月 6 日，海 AHE050 号牌车辆在松北区被盗。

学生请求通过 DNA 比对查找犯罪嫌疑人时，回复学生：经比对，与前年 5 月 17 日在海岸区抢劫受害人（4 号）的长安面包车上提取的 2 名男性 DNA 基因型一致。又一案件并案，但没有增加有价值线索。

学生请求根据嫌疑车辆的作案路线建立手机使用数据模型比对时，回复学生：在视频追踪刻画出犯罪嫌疑人驾车作案路线图的基础上，结合其日常活动轨迹，建立了大量的数据模型进行比对，但未能发现任何使用手机的线索和其他有价值的线索。

学生请求对受害人（1 号）的 iPhone 手机进行侦控时，回复学生：暂时没有线索。（但半个月后，被抢手机在玉崇区大石坪通信市场出现，一男子将其销售给二手手机经营人员。）

学生请求调取大石坪通信市场视频资料时，回复学生：提取了犯罪嫌疑人在大石坪通信市场销赃的视频头像。

学生请求对大石坪通信市场视频进行辨认时，回复学生：经受害人（1 号）辨认，该视频头像与抢劫她的一名犯罪嫌疑人极像。

学生请求对大石坪通信市场出现的对象进行视频侦查时，回复学生：通过对犯罪嫌疑人销赃的视频循线追踪，发现犯罪嫌疑人从花卉园乘坐 815 路公交车（山北区花卉园——玉崇区大石坪）到达大石坪通信市场，而后乘坐从大石坪到三新桥医院方向的 871 路公交车（玉崇区东天门——大石坪——坪坝区三新桥医院）。通过调取犯罪嫌疑人乘坐的 815 路、871 路公交车全程各站点视频，发现犯罪嫌疑人于案发后第三天 11 时 50 分经过花卉园西路一游戏室前的人行道，11 时 52 分从花卉园西路和花卉园西二路交叉路口横向通过。

学生请求调查烟花点火器遥控装置网上销售情况时，回复学生：先期查询网上购买烟花点火器遥控装置的情况，没有发现线索。一周后，派人到杭州淘宝总部逐一排查名称为“点火器”商品销售情况。发现自今年年初以来，淘宝网“点火器”商家发往山海市的交易记录共 31 笔，其中有一条由湖南省浏阳市销往山海市花卉园红石支路的交易记录。该记录显示，购买的“点火器”为烟花点火器，收货人员为“陈川”，收件地址为山海市花卉园红石路（作案车辆停车附近），并且“陈川”留了一个手机号码。

学生请求查明“陈川”及其活动情况时，回复学生：“陈川”为真实陈川身份证遗失后被他人盗用。但有以“陈川”的身份信息在“淘宝网”注册的虚拟身份，有一个 QQ 号码，该 QQ 号码绑定一个手机号码。

学生请求查控“陈川”预留的手机号码使用情况时，回复学生：该手机号码除收取烟花点火器联系送货人外，没有其他任何使用记录。

学生请求查控 QQ 号码绑定的手机号码使用情况时，回复学生：该手机号码使用人为犯罪嫌疑人甲（男，26 岁，山海市松南县人，暂住花卉园）。该手机号码的重点通话对象犯罪嫌疑人乙（男，29 岁，山海市松北区人，暂住花卉园）。

学生请求对犯罪嫌疑人甲、犯罪嫌疑人乙进行辨认时，回复学生：经与大石坪通信市场销赃视频比对，确定犯罪嫌疑人乙系在大石坪通信市场销售被抢手机的犯罪嫌疑人。通过受害人（1 号）辨认，犯罪嫌疑人甲、犯罪嫌疑人乙为抢劫她的犯罪嫌疑人。

学生请求查找犯罪嫌疑人的踪迹时，回复学生：通过技侦手段精确定位、跟踪守候查明，犯罪嫌疑人甲、犯罪嫌疑人乙隐藏在花卉园东路 E 座一单元四楼 404 号，同居者分别有两人的女友，犯罪嫌疑人可能持有 2 支自制枪支、2 把匕首。现场情况：404 号有三间卧室（其中两间连接阳台），一间客厅，一间厨房，一间卫生间。两名犯罪嫌疑人各和一个女友分别睡在三间卧室的任意两间内。阳台、窗户有防盗网，大门为铁门，其余门为木质门（如图 9 -1 所示）。

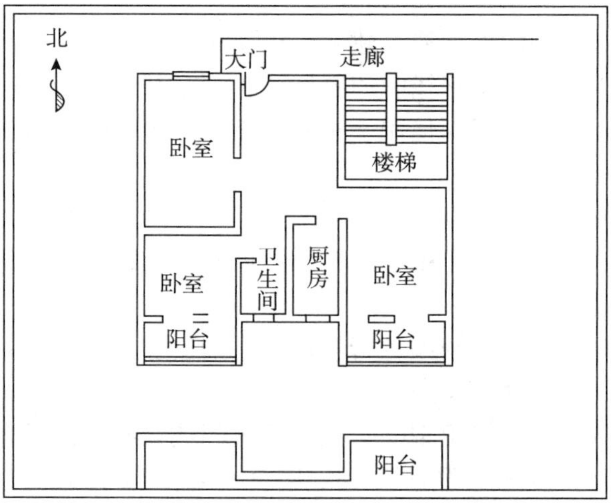

图 9 -1　犯罪嫌疑人居住房间布局示意图

（四）教师点评

1. 系列案件案情

（1）“5·17”抢劫案。前年 5 月 17 日 16 时许，犯罪嫌疑人甲、犯罪嫌疑人乙以租车为名，骗取受害人（4 号）驾驶海 BS1729 长安面包车从山海邮电学院至海岸区内环高速桂花新村大桥后，持刀威胁，用事先准备好的封口胶将受害人（4 号）封嘴、封眼、绑住手脚后，抢走受害人（4 号）现金 600 余元和 1 部手机，并驾驶受害人（4 号）的汽车将受害人（4 号）载至海岸区国际会展中心后逃离。

（2）“10·18”抢劫案。前年 10 月 18 日 19 时许，受害人（2 号）（女）驾驶海 AS2441 天籁轿车到高新区“华宇名都”负二楼地下车库停车后，被守候在此的犯罪嫌疑人甲、犯罪嫌疑人乙持刀、卡脖挟持，犯罪嫌疑人甲、犯罪嫌疑人乙用粘胶带将受害人（2 号）封口后锁进车子后备厢并将车子开出小区，抢走受害人（2 号）人民币 3 万余元、美元 120 余元、价值 1400 元的“高美高”挎包 1 个、价值 1000 元的铂金手链 1 条、价值 2100 元的诺基亚手机 1 部。还逼迫受害人（2 号）说出银行密码，因受害人（2 号）没有说出真实密码，犯罪嫌疑人甲、犯罪嫌疑人乙未取到钱。19 日 1 时许，犯罪嫌疑人甲、犯罪嫌疑人乙将受害人（2 号）连人带车丢弃在山北区加州花园附近后逃离。

（3）“8·18”抢劫案。去年 8 月 18 日，犯罪嫌疑人甲、犯罪嫌疑人乙驾车潜入高新区“珠江华轩”地下车库，将正准备驾驶自己奔驰 E200 外出的黄某（女）挟持上车，用透明胶带将黄某捆绑、封口后，抢走黄某 3000 余元，黄某未报警。

（4）“10·17”抢劫案。去年 10 月 17 日 18 时，犯罪嫌疑人甲、犯罪嫌疑人乙驾驶面包车潜入玉崇区“谊德美食城”地下停车库，将正在开自己车门的受害人（3 号）（女）挟持上面包车，用透明胶带捆住其手脚、封嘴、封眼，抢走受害人（3 号）现金 4000 元左右，并胁迫受害人（3 号）说出银行卡密码，取走受害人（3 号）银行卡上现金 30000 元。

（5）持爆炸物抢劫受害人（1 号）案。犯罪嫌疑人甲、犯罪嫌疑人乙认为挟持受害人后自己支取银行卡中的存款暴露的可能性非常大，共谋在受害人身上捆绑遥控炸弹，让受害人自己支取银行卡中的存款，遂于今年 4 月利用捡拾的身份证注册虚拟身份在淘宝网购买烟花点火器，并自制炸弹抢劫受害人（1 号）。

2. 可能存在的问题

（1）区域合作是否缺位。烟花点火器作为本案重要的作案工具，确定其来源、去向对破案有重要意义。侦查工作中，专案组要准确判定点火器的生产地，也要及时派员前往浏阳排查。事实上，销售厂家发往山海市的烟花点火器非常少，登记得非常清楚，查阅所有厂家的销售记录完全可以发现犯罪嫌疑人。但如果专案民警缺乏区域合作意识，没有争取到当地公安机关全力支持，排查工作未能引起当地公安机关的重视，没有得到生产厂家的配合，工作没有能够深入销售一线发现销售记录，可能致使战机遗失。公安机关在强调区域合作的同时，更要注重提高民警个人的沟通协调能力，提高合成作战能力。

（2）电信侦测是否缺位。犯罪嫌疑人在抢劫受害人（1 号）前几天，先后 4 次到“和平酒店”车库踩点，为逃避电信追踪，都采取进入车库时关机、出车库后立即开机的方式，时间节点十分精确，通过技侦手段完全可以发现该电子信息并锁定犯罪嫌疑人。侦查工作中，技侦人员虽然采集了中心现场地下车库手机数据，也通过作案车辆轨迹、视频轨迹建立了大量的数据模型进行比对，但却没有想到“和平酒店”车库门口开关机数据的采集，使侦查工作走了很多弯路。采集通信数据时，不能拘泥常规，要综合考虑犯罪嫌疑人可能出现的种种情况，多角度、全方位采集数据。

（3）视频侦查是否缺位。侦查中专案民警一般会提取、审看大量视频，发现犯罪嫌疑人踪迹。但是，有时因为视频提取不够及时、全面，特别是部分单位视频保存不完整等，根据视频追踪犯罪嫌疑人落脚地点及活动轨迹一度出现偏差。侦查实践中，如果侦查工作需要，应尽量组织更多的人员及早、全面提取视频，再组织人员审看。

（4）基础工作是否缺位。本案犯罪嫌疑人采取“专机专卡”、遥控引爆等手法作案，专案民警可能普遍认为犯罪嫌疑人的反侦查能力极强，在本地销售赃物的可能性几乎为零，因此可能忽略了刑侦基础工作，没有物建专案特情，没有对犯罪嫌疑人可能销售赃物手机的阵地进行控制。大石坪通信市场作为山海市最大的通信市场，也是赃物手机的集散地，公安机关进行着日常管理工作，收购该手机的业主也是公安机关物建的重点关系人。如果公安机关立案后没有在二手手机市场布控该手机，极有可能导致犯罪嫌疑人销售手机时收购人员还不知道手机是赃物。如果在大石坪通信市场对该手机进行专门布控，完全可以在犯罪嫌疑人销赃时将其抓获，缩短侦查历程。任何有赃物的案件，侦查人员都不能武断确定犯罪嫌疑人不销售赃物、不在本地销售赃物或不使用赃物，放弃专案特情、阵地管控等赃物控制工作。

（5）刑事技术是否缺位。现场勘查中，技术人员如果将自己的DNA留在了烟花点火器和现场矿泉水瓶上，物证受到污染，会严重误导侦查方向。技术人员必须严格按照技术规程勘查现场、提取检材、检验鉴定，杜绝不必要的侦查偏差。

（6）物流管控是否缺位。近年来，越来越多的犯罪嫌疑人通过网络销售和物流购买作案工具、运送赃物，如盗窃车内物品案件的犯罪嫌疑人通过网络和物流公司购买、运送开锁工具；盗窃摩托车、电脑、挖掘机部件的犯罪嫌疑人通过物流运送赃物；涉枪犯罪嫌疑人通过物流渠道运送枪支或枪支部件；电信诈骗犯罪嫌疑人通过物流运送银行卡等。本案犯罪嫌疑人在淘宝网上购买烟花点火器，销售商通过物流渠道寄送货物。公安机关可以通过采集快递信息、列控阵地等方式加强管控，及时获取有价值的侦查信息。

3. 犯罪嫌疑人居所缉捕方案

（1）情况判断。

敌情：持枪抢劫犯罪嫌疑人2人，处于四楼封闭状态，孤立无援且不利于逃跑。但2人持2支手枪，2把匕首，凶残成性。我方攻击发起后必须动作迅猛，不给其反应时间。两名犯罪嫌疑人各和一名女友分别睡在三间卧室的任意两间内，所处具体居室不详，必须对三间卧室同时发起攻击。犯罪嫌疑人未发觉我方抓捕企图，正在熟睡，我方若破门迅速，可达成抓捕的突然性。

地形：404房有三间卧室（其中两间连接阳台），一间客厅，一间厨房，一间卫生间。阳台、窗户有防盗网大门为铁门，其余门为木质门。铁门、铁窗不利于我方发起攻击，但若破门手段有效，可达成战斗的突然性。木门可用脚踹开。敌所处404房的对面阳台，有利于我方观察和狙击。

我情：我方15人，与敌兵力对比为7：1，我方装备精良，主动进攻，士气高涨，我方处于绝对优势。

友邻：警队警力充足，又是秘密围捕，无须其他警种和单位配合。

社情：夜深人静，无围观群众。两名犯罪嫌疑人与两位女友在一起，我方抓捕时需防止误伤两位女性。

天候：夜暗有利于我方隐蔽企图，但需防止发生误会，识别信（记）号应清楚，抓捕时需一定照明条件；深夜犯罪嫌疑人熟睡，无围观群众，宜于我方突袭抓捕。

（2）行动决心。

利用夜间犯罪嫌疑人熟睡之际打时间差，用C炸药炸开铁门，用5~7秒时间突入卧室，将犯罪嫌疑人拖于床下擒获。

攻击点：大门。

攻击时间：凌晨2点。

战斗编组及任务区分：

① 破门组（2 名警员）：用 C 炸药将门锁打开，为突击抓捕组进入房间创造条件。

② 突击抓捕组（6 名警员）：趁铁门打开之机，2 名队员一组，分三路同时进攻三个房间，用脚蹬开木门，将缉捕对象拖于地下生擒。

③ 围控组（3 名警员）：部署在楼下，防止犯罪嫌疑人利用窗户和阳台逃跑。

④ 狙击组（1 名警员）：在对面楼顶平台占领有利射击位置，突击抓捕组进门突击不成时，以火力击毙（伤）犯罪嫌疑人。

⑤ 机动组（2 名警员）：在楼梯待命，随指挥员进入 404 房。

⑥ 指挥员（1 名）：随 6 名突击抓捕队员进入 404 房。

战斗要求在 10~15 秒内结束。缉捕攻击点选择及警力部署见图 9-2。

（3）协同动作。

① 破门组：破门后转为外围警戒，守于大门两侧，随时准备抓捕或击毙突围的犯罪嫌疑人；抓捕成功后入室协助机动组搜查取证。

② 突击抓捕组：各小组突入室内后，第二缉捕手即用手电为第一缉捕手照明并上前协助第一缉捕手抓捕；突入空房的小组应随即转而分散增援其他两个抓捕组；抓捕成功后即押解撤离现场；如遇顽抗可当场击毙；若遇意外抓捕失手，应迅即撤离现场，实施围控后相机抓捕。

③ 围控组：西侧队员需向北侧窗户游动警戒；全组除防止犯罪嫌疑人逃跑外，需劝阻被惊醒群众围观。

④ 狙击组：作好射击室内犯罪嫌疑人的准备，但攻击发起后，严禁向室内开枪射击。

⑤ 机动组：随指挥员进入室内，听从指挥员指挥，实施有效机动；抓捕成功后搜查房间取赃留证。

信（记）号规定：每位队员左大臂扎一白毛巾作识别记号；突击抓捕组攻击发起以破门爆炸声为号。

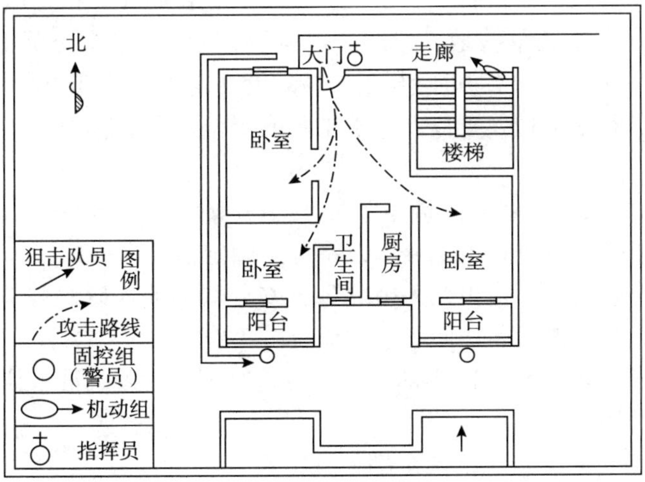

图 9-2　缉捕攻击点选择及警力部署

4. 学生寝室情境缉捕要点

（1）集体讨论制定缉捕方案，以智取为主，强行抓捕为辅。

（2）分工明确，至少有警戒组、抓捕组、机动组。

（3）准备工作充分，现场踏勘，观察踩点，了解犯罪嫌疑人情况。

（4）策略可行，在时间、空间选择上具有合理性和可操作性。

（五）补充侦查

根据前期模拟训练情况，要求每个小组对相关问题进行梳理，制定《补充侦查计划书》。

请各小组根据《补充侦查计划书》，再次组织对补充侦查内容进行实训。

二、实训小组组长手册

1. 实训目的任务

（1）查找犯罪嫌疑人的踪迹。

（2）查明犯罪嫌疑人的身份。

（3）查到犯罪嫌疑人的居住处所后，利用夜暗条件（凌晨2点），趁犯罪嫌疑人熟睡之际，采用技术手段开门和突袭战术手段将两名犯罪嫌疑人抓获归案，必要时可以将其击伤或击毙。

（4）查到犯罪嫌疑人时，发现还有一个三年前结伙作案的同伙G正在西南政法大学南苑的一间学生寝室内，需要将其先行缉捕归案。

2. 向指导教师领取实物

（1）实训所需文书材料，包括受案登记表、接受证据清单、受案回执、呈请报告书、立案决定书、不予立案决定书、不予立案通知书、不立案理由说明书各1份；被害人权利义务告知书、询问笔录各2份等。

（2）笔录备用纸。

3. 小组组长职责

作为专案小组负责人，负责召集小组成员；扮演主管局长、指挥员，按规定对有关文件签字及盖章（凡是需要盖章的地方，用红色圆圈图示）；组织协调整个案件侦查工作；向全体学生阐明每一项工作内容和工作要求；记录办案过程中未承担办案任务学生的建议；向全体办案人员和未承担办案任务的学生阐明工作计划。

4. 实训组织

（1）组织15人的实训小组，进行角色分工，采取角色扮演展开体验式实训。对实训小组成员按照侦查工作需要进行组织分工，将分工确定情况向教师报告。其中，受理案件民警2人，使用真实姓名，模拟单位为山北区公安分局刑侦支队民警。现场勘查组组长1人，侦查人员6人，负责勘验、访问和视频侦查等工作。

（2）提前安排提醒学生对该次实训的知识点进行消化学习，准备侦查启动阶段相应的文书资料以供实训使用。

（3）实训小组组长应当组织协调全部侦查工作。

（4）组织召开专案侦查讨论会，分析研究案情、讨论侦查措施、制定侦查工作方案。

（5）组织实施侦查策略措施，不断推进侦查工作。

（6）实训小组可以向相关人员调查了解案件基本情况。办案人员应当根据案件侦查需要追查案情，相关人员对追问的事实采取“不问不说”的方式。

（7）实训小组认为案情尚需进一步查证，需要进一步采取相应侦查手段方法推进侦查的，均可向指导教师提出请求支持。要按照相关法律规定提出书面请求和侦查计划，交给指导教师，指导教师根据申请反馈相关情况。需要其他有关部门给予支持的，应当提交书面请求，交由指导教师予以协调。要在规定时间内完成相关调查与文书制作。由指导教师根据情况组织学生开展模拟侦查或告诉学生相应侦查能够获得的查证结果。

（8）侦查实训过程中发现的新的案情由小组组长指定学生根据要求向“专案组”报告结果。

（9）需要在教室甚至校园以外展开调查访问、侦查实验、提取物证等工作的，均需提出书面理由和要求，交给指导教师协调。

（10）需要领取有关文书的，到指导教师处领取，但必须指明需要什么文书材料。领取文书的学生应当登记签名。未经允许不准对提供的空白侦查文书进行复制。实训结束后，将各小组全部侦查文书资料收回。

（11）实训中要团结协作，共同完成任务。坚持安全第一原则，坚决不能采取可能导致任何人员受伤害的方案和做法。

（12）学生应当准备书写工具及其他记录材料。

（13）全班汇报与点评总结。先由各小组组长汇报，再由学生代表谈体会和点评，最后由实训课指导教师对自己发现的实训存在的问题及学生表现等进行点评。

（14）每个小组未承担办案任务的学生可以就办案中存在的问题或工作建议向专案组长提出，由记录员记录在案，视为实际参与实训。未实际参与实训的学生需要在实训结束后提交1000字以上的实训报告。

（15）其他未尽事宜由各小组自行拟定。

5. 基本要求

（1）实训小组的分工由小组自行进行，指导教师不介入或者针对个别问题提示操作。

（2）承担角色的学生只能按指导回答问题，不能擅自向其他任何人透露其知晓的案情内容，特别是材料中指定的内容。

（3）对实训中出现的疑问积极查阅相关规范，特别是案件办理程序及相关规定。

（4）指导教师不干预学生实训，仅仅做观察记录和提供相关文书资料，不解答案件办理中的疑问。

（5）没有实际承担角色实训的学生，应当仔细观察、记录并向相关侦查人员提出书面建议（凡是向侦查人员提出建议的，都应当在记录员处留下相应记录），并在点评环节发言，就发现实训存在的不足进行分析并指出其建议内容。

（6）实训小组成员无论是否承担角色，实训过程中必须在场，并做好记录。否则，记为缺课。

6. 其他可利用的条件和信息

（1）本案受害人（1号）正在公安机关报案，随时可以对其询问。

（2）假设实训小组配有以下装备可以使用：配有狙击步枪1支；破门工具（金属切割

器）1 套，可在 2 分钟内把铁门锯开；C 炸药两块，可瞬间将铁门炸开。每个侦查人员配备 64 式手枪 1 支，防弹头盔 1 顶，防弹背心 1 件，催泪弹共 15 枚，手电筒 8 支。

（3）位于西南政法大学学生寝室的犯罪嫌疑人 G 没有凶器，警惕性也不高。室内人员情况不清楚。

7. 讨论总结

（1）小组讨论。

① 由小组组长组织本小组对整个实训进行集体讨论。主要总结讨论两个方面的问题：一是本案侦查过程的体会，包括经验与教训；二是本次实训过程的体会，包括成功与不足之处。

② 小组组长指定专人记录学生发言情况。

③ 小组讨论形成汇报意见。

④ 小组制作汇报 PPT。

（2）全班总结。

① 由班长组织各小组全体学生进行总结。

② 全班听取各小组汇报，小组成员补充。

③ 其他各组讨论 10 分钟后，派代表对小组汇报进行点评。

④ 班长总结发言。

（3）指导教师总结点评。

8. 补充侦查

（1）各小组根据前期模拟训练情况，对相关问题进行梳理，讨论制定《补充侦查计划书》。

（2）各小组根据《补充侦查计划书》，再次组织对补充侦查内容进行实训。

三、报案人资料

1. 注意事项

（1）本材料仅限报案人本人阅读知晓，不能给其他任何人阅看。

（2）报案人在得到本材料后，应进行提前消化。如有任何疑问，单独与指导教师联系商讨并征询解决办法。

（3）遇有人调查时，报案人使用真实姓名陈述本材料相关信息。

2. 陈述要求

向侦查人员陈述报案材料时，应当分析报案人心理和陈述的表达方式。报案材料中的细节内容应当在侦查人员提问时才回答。

3. 报案材料

昨日上午 12 时 50 分许，受害人（1 号）（女）到山海市玉崇区“和平酒店”负二楼地下停车库开车时，被两名犯罪嫌疑人挟持上了一辆长安面包车，捆绑、蒙眼后驶离车库。其间，犯罪嫌疑人抢走受害人（1 号）随身携带的 2 万余元现金、1 部 iPhone 手机和 1 张银行卡。当得知受害人（1 号）银行卡上有 80 余万元现金后，犯罪嫌疑人在受害人（1 号）的腰腹部捆绑遥控炸弹，用车将受害人（1 号）载至山北区郊外山上偏僻无人处，当着受害人（1 号）试爆了 4 枚遥控炸弹，胁迫受害人（1 号）取出银行卡上的全部现金，否则引爆受害人（1 号）身上的炸弹。当日下午 16 时许，犯罪嫌疑人用车将受害人（1 号）载至山北区“都市丽人医院”附近的建设银行，胁迫其取款 80 万元，受害人（1 号）害怕犯罪嫌疑人引爆炸弹，一人下车取款，因没有和银行预约而未取到。今日上午 9 时许，犯罪嫌疑人用车将受害人（1 号）载至建设银行仁和储蓄所，胁迫其取款 19.9 万元。受害人（1 号）进入储蓄所营业大厅 VIP 客户区后，冒险取下炸弹脱险。受害人（1 号）到场报警。

四、受害人补充资料

1. 注意事项

受害人（1 号）在被办案人员问到时才根据以下信息回答问题，没有问到的不予回答。

2. 陈述内容

（1）报案人情况：西南政法大学刑事侦查学院（报案人所在年级）学生，姓名×××（真实姓名）。

（2）犯罪嫌疑人情况：我当时从酒店下车库后，用遥控器打开自己的车，正在走向车的过程中，有两个人突然冲上来就把我往另外一个车上拖，然后将我捆绑、用布蒙住眼睛后，车子就开走了。两个都是男性，大概二十多岁，本地口音。

（3）嫌疑车辆情况：银白色长安之星，玻璃上有标识。其他没有观察到什么。

（4）损失情况：被抢走 1 部 iPhone 手机，具体型号等家中有购买发票。还有 2 万多元现金。银行卡上的钱因没有取到，就没有被抢走。

（5）被绑到车上后的情况：我到车上后，他们没有说什么话，就说把车开到山北区大龙山半山腰的公路上。当时我一直在哭，向他们求情，但他们没有任何反应。到了山上后，他们把我从车上拉下来，然后就到了山上一个空地树林里，把蒙住我眼睛的布取掉。然后他们就把炸弹绑在树上，当着我的面儿引爆了 4 个炸弹，把树都炸断了。然后他们就在我身上绑上炸弹，威胁我要按照他们说的办。

（6）去银行取钱的情况：两次去银行都是他们开着车去的，他们在银行附近外面马路上找个地方停车后，就拿着炸弹遥控威胁我进银行取钱。他们都不进银行，在银行外面保持着一定的距离等我。

（7）发案当天晚上的活动情况：当天没有取到钱，他们又把我拉到山上，让我打电话跟银行预约第二天去取钱。然后就一直等到天黑，我们就在山上的车里待了一晚上，然后吃的饼干和水。第二天一早又开车让我去银行取钱。

第十章　审查判断证据

第一节　审查判断证据知识重点及实训目的

一、审查判断证据知识重点

侦查是整个刑事诉讼活动的起点，整个侦查活动主要是围绕查明案件事实、抓获犯罪嫌疑人展开，而证据则是侦查目标实现的关键。因此，侦查中的工作重心在于证据的发现、收集、固定、审查、运用等方面，而决定整个证据工作质量好坏的关键在于证据的审查判断。

审查判断证据就是从案件事实出发，筛选出具备证据资格的材料，在此基础上进一步转化为刑事证据，达到刑事追诉的要求。审查判断证据要把握好主体、内容、方法三个要素。首先，侦查人员要有正确的审查判断证据的思维路径。我们要明白证据的审查判断贯穿于整个刑事诉讼活动中，但每个阶段的目标是不同的。侦查是刑事诉讼活动的起始阶段，是案件事实最不稳定的阶段，因而审查判断证据的重点应该放在证据与案件事实的关联性上。侦查人员审查判断证据时应当将关联性放在第一位，其次是可印证性，最后才是合法性。其次，在侦查活动中要明确审查判断证据的标准。审查简单来说就是对证据材料的查证核实，而判断则是确定证据的证明力。根据刑事诉讼法的相关规定以及实务经验，应以证据的属性即客观性、关联性、合法性作为审查判断的标准。最后，审查判断证据离不开具体方法的指导。证据种类不同，审查判断的内容就不同。但是，它们都离不开总方法论的指导。

第一，证据客观性的审查判断。该审查判断的路径是多元的，侦查人员既可以运用常识判断，也可以利用逻辑判断，或者可以利用实验予以验证。方法可以单一使用，也可以混合使用，总之，达到证明客观性的要求即可。

第二，证据关联性的审查判断。关联性是与案件事实联系最为紧密的一个要素。因此，侦查人员在审查判断证据的关联性时，一方面要看该证据与案件事实的关联，另一方面要关注证据之间的关联。总之，关联要有实质性，否则不具备作为证据的条件。

第三，证据合法性的审查判断。侦查中的证据最终能否顺利进入刑事诉讼活动下一阶段取决于合法性条件的具备与否。对于证据合法性的具体要求有两个方面，一方面是考查证据来源的合法性，另一方面考查证据表现形式的合法性。

本章将以证据审查判断的方法论为主线，进行不同证据种类的具体实训，以期达到学生理论与实践能力的双重提升。

（一）犯罪嫌疑人、被告人的供述和辩解

1. 知识要点提示

犯罪嫌疑人、被告人的供述和辩解是指犯罪嫌疑人、被告人在刑事诉讼过程中，就与案件有关的事实情况向公安机关、司法机关所作的陈述，即通常所说的口供。与案件事实关系最为紧密的就是犯罪主体，因此犯罪嫌疑人、被告人的陈述对于案件侦破有着至关重要的作用。但基于利害关系的考虑以及相关法律规定，犯罪嫌疑人、被告人所作的供述和辩解并不能完全推断为真，需要运用策略方法进行审查判断。

2. 实务要点提示

对于犯罪嫌疑人、被告人的供述和辩解，主要审查判断以下内容。

第一，所作供述和辩解的动机是否有利于使其作出真实的表达。投案自首的，一般会如实地供述犯罪事实；反之则会抱着侥幸心理，避重就轻地回答问题。

第二，供述和辩解本身是否符合案情和常理。这就要求侦查人员运用推理，结合案件要素和犯罪嫌疑人的具体情况，来判断其真实性。

第三，供述和辩解与其他证据之间有无逻辑矛盾。审查其与其他证据是否可互相印证。

第四，审查判断供述和辩解的程序规范性。即讯问的程序要遵循法律规定，讯问笔录的制作要规范，不存在以非法方法收集口供的情形，以及讯问犯罪嫌疑人的录音录像合规等。

（二）被害人陈述、证人证言

1. 知识要点提示

被害人陈述是指受到犯罪行为直接侵害的人就其遭受侵害的事实和所了解的有关犯罪嫌疑人的情况向公安机关、司法机关所作的陈述。被害人因为与案情存在着特殊的利害关系，不可避免地受制于主观意志和客观情况等因素，其所作的陈述也会有虚假、不真实的情形，审查判断被害人陈述的真实性也是必要的。

证人证言是指证人就其所感知的案件情况向公安机关或司法机关所作的陈述。证人证言相比前述两种证据，证明力稍弱，与当事人有利害关系的证人所作的证言必须要与其他证据相印证。因此，证人证言有着言词证据所固有的缺陷，对证人证言进行审查判断是必要的。

2. 实务要点提示

被害人陈述与证人证言的审查判断相类似，主要审查判断以下内容。

（1）所作证言或陈述的动机，以及当时生理、精神状态以及品格问题。对于言词证据，它们的真实性判断是关键。而证人、被害人对于案情事实有着自己的主观理解，对于当时的案件事实情况并不一定能够准确全面地表达。当然，人的记忆也是呈碎片化的，完整度有待考证。因此，侦查人员一定要结合案情综合考虑其证言、陈述的真实性。

（2）与其他证据是否互相印证。要注意证据之间存在的不一致或者矛盾的地方。

（3）收集程序是否规范。这一点也是证言、陈述决定最终能否成为刑事证据的关键要素。例如，审查是否存在以非法方法收集的情形、是否个别询问等。

（三）物证、书证

1. 知识要点提示

物证是指以物品、痕迹等客观物质实体的外形、性状、质地、规格等证明案件事实的证据。书证是指以文字、符号、图案等所记载的内容表达的与案件事实有关的人的思维或者行为的材料。两者证明力的关键在于来源的客观真实性，这也是审查判断的重点和难点。

2. 实务要点提示

对于物证、书证，主要审查判断以下内容。

第一，物证、书证的来源问题。审查物证、书证在收集、固定、保全的过程中是否遭到破坏或改变。另外，应注意收集是否全面。

第二，物证、书证的关联性问题。审查其是否与案件事实存在关联；审查物证、书证与其他证据是否可以互相印证。

第三，物证、书证的程序问题。审查侦查人员在收集过程中是否遵循了相关法律规定。

第四，物证、书证的复制件问题。如果物证、书证为复制件，需要审查其与原物、原件是否一致，是否按照法定程序制作。

（四）鉴定意见

1. 知识要点提示

鉴定意见是指鉴定人接受司法机关委托或聘请，运用专门知识和技能对案件中需要解决的专门性问题进行鉴别后作出的结论性意见。在实务中，鉴定中的重难点就是鉴定机构（人）的资质与鉴定意见的证据资格与证明力问题。

2. 实务要点提示

对于鉴定意见，主要审查判断以下内容。

第一，鉴定机构、鉴定人的资质问题。资质问题实行一票否决，一旦资质不具备，其所作的鉴定意见当然排除。

第二，鉴定意见的内容是否与案件事实存在关联。

第三，鉴定意见与其他证据是否互相印证、有无矛盾之处。

第四，鉴定的程序是否合规。注意鉴定人员在鉴定过程中是否遵循了相应的法律规定，以及本专业的检验鉴定规程和技术方法。

（五）勘验、检查、辨认、侦查实验等笔录

1. 知识要点提示

勘验笔录是指勘验人员在现场勘查、调查后所作的记录；检查笔录是指办案人员为确定被害人、犯罪嫌疑人、被告人的某些特征、伤害情况或生理状态，而对他们的人身进行检验和观察后所做的客观记载；辨认笔录是指办案人员为了查明案情，让被害人、证人或犯罪嫌疑人对与犯罪有关的物品、文件、尸体、场所或者犯罪嫌疑人进行辨认所做的记录；侦查实验笔录是指办案人员为了确定和判明与案件有关的某些事实和行为，在某种条件下能否发生或怎样发生，而按照原来的条件进行模拟实验所做的记录。尽管这些证据并不是直接来源于案件事实，但它们对事实的证明起着至关重要的作用。

2. 实务要点提示

对于勘验、检查、辨认、侦查实验等笔录，主要审查判断以下内容。

第一，勘验、检查、辨认、侦查实验等活动的程序是否规范。审查是否按照法定程序进行，是否具有见证人以及见证人是否真实。

第二，笔录的制作是否规范。审查笔录内容是否全面、详细、准确、合法，相关人员是否在笔录上签名或者盖章。

第三，补充勘验或者补充检查的情况审查。再次勘验或者检查的理由是否说明，前后勘验或者检查的情况是否存在矛盾。

第四，笔录是否与其他证据互相印证。审查各类笔录是否与其他证据之间存在矛盾等。

（六）视听资料、电子数据

1. 知识要点提示

视听资料是指借助电磁、光电、电子计算机设备等技术手段记载和再现声音、图像、数据等信息资料的证据形式。电子数据是指以电子形式存在的能够证明案件真实情况的一切材料及其派生物。这两种在理论分类上均是实物证据，实物证据有其自身的优势，但前提是该证据被查证核实。因此，实物证据的鉴真问题是重点。

2. 实务要点提示

对于视听资料、电子数据，主要审查判断以下内容。

第一，视听资料、电子数据的内容是否真实。审查是否存在增删、修改、剪辑等不能作出合理解释的地方。

第二，视听资料、电子数据的内容是否与案件事实存在关联。审查是否能证实案件事实的部分或全部。

第三，视听资料、电子数据能否与其他证据互相印证。用以增强证据的证明力，巩固侦查人员内心的确信。

第四，视听资料、电子数据的提取等相关程序是否规范。刑事诉讼法对于这两种证据都有具体的要求，要注意遵循相应规则，保证其来源合法。

二、审查判断证据实训目的

（1）理解刑事案件侦查与收集和审查证据之间的关系。

（2）了解审查判断证据的含义。

（3）掌握审查判断证据的基本方法论。

（4）熟练掌握审查判断具体证据类型的内容和方法。

第二节　审查判断证据实训操作要求及评价

本章实训考查内容主要类别和具体评价要点如表 10－1 所示。

表 10－1 审查判断证据实训操作内容主要类别和具体评价要点

主要类别	具体评价要点
（1）报案询问笔录	①有无制作报案询问笔录及笔录制作是否规范
	②对报案人报案材料之外信息的追问情况
	③询问的内容、方法是否得当（与事件性质审查目的的一致性）
（2）侦查措施的运用	①通过侦查措施获取案件中的重要证据
	②注意各项侦查措施运用的规范性
	③注意侦查措施选择的有效性
（3）审查判断证据的重点内容	①案发现场外围的监控布局情况、视频提取分析
	②事主等当事人的基本情况
	③有关知情人员的走访
	④车辆和遗留物品地点的勘验检查
	⑤检验检查笔录、绘图、照相或录像
	⑥丢失财物及价值证明
	⑦各项侦查措施运用的要点掌握
（4）工作报告情况	①有关工作记录情况
	②有关工作报告情况
	③工作的条理性
	④开展项目的全面性
	⑤材料的完整性
（5）团队表现	①组织指挥的纪律性与积极性
	②小组成员的团结协作和参与程度
	③案件侦查工作的全面性与严谨性
	④工作汇报的专业性
（6）角色扮演	①角色内容熟练与角色扮演真实
	②侦查措施运用程序规范和要点把握得当
	③侦查措施运用内容细致和及时、全面
	④总结陈述言语表达准确、支撑材料丰富
	⑤文书制作规范、严谨

第三节 审查判断证据实训操作手册及资料

一、教师实训指导手册

本手册供实训指导教师使用。

（一）实训总体思路

1. 基本案情

20××年××月××日晚，犯罪嫌疑人A因琐事与B发生争执，遂起意报复。当日21时许，A在重庆市××区××街道的××物流有限公司门口附近，持木棍猛击B的头部，致使B颅脑损伤合并胃内容物阻塞呼吸道致窒息死亡。旁边有围观群众C、D。

2. 实训整体目标

（1）查找犯罪嫌疑人，查清犯罪事实。

（2）掌握各类审查判断证据的内容和方法。

（3）熟悉相关法律文书的制作。

3. 实训整体设计

（1）采用情景展开式实训模式，具体根据案件情况设计和模拟角色。

（2）案件实训按以下步骤进行。

第一，案件现场模拟还原。实训小组根据所给案件基本材料模拟还原案件现场情况。根据案件基本材料布置还原现场，运用PPT、视频等形式展示案件现场及其周围情况，以及犯罪嫌疑人在实施犯罪过程中所遗留的各种痕迹物证。由相关人员陈述基本情况。

第二，实训小组根据还原的案件现场实施现场勘查，获取案件现场勘查情况。现场勘查包括实地勘验、现场访问以及现场外围的搜索（视案件具体情况而定）。实训小组根据案件内容获取实地勘验和现场访问的有关信息。对侦查人员应当根据案件侦查需要追问的事实采取“不问不说”的方式，这个方法便于让学生对所学知识学会灵活运用。

第三，由实训小组组长组织开展案件梳理工作。首先，每个侦查人员汇集实地勘验和调查访问所获得的信息，由记录人员做好记录。其次，侦查人员根据所汇集的信息，提出自己的分析意见。最后，实训小组组长要充分听取每个侦查人员的分析意见，进行汇总，在此基础上达成统一共识，形成当前侦查工作分析的结论以及后续侦查工作的部署。

（3）对于技术检验、技术侦查等措施，学生提出工作计划后，由指导教师直接告诉学生技术检验、技术侦查等措施获得的结果。

（4）在学生实训过程中，指导教师不介入，但应做好问题记录，并鼓励学生在实训中遇到问题时要相互讨论、查阅文献。

（5）实训结束后，组织安排全班学生进行汇报总结。顺序依次为组内自评、小组互评、未实际参与实训的学生补充发言、指导教师点评。

（6）实训中要设置一些实务中常见的疏漏和误区，旨在培养学生发现错误的意识、提升学生实务能力。

（二）实训组织工作

1. 实训准备工作

（1）案件现场模拟。案件现场选择，现场所需的各种痕迹物品，以及其他现场需要准备的其他物品。

（2）案例物品准备。木棍1根、纸箱1个。

（3）勘查器材准备。刑事照相器材、普通犯罪现场勘查箱、痕迹物证勘查箱、印泥等。

（4）文书材料准备。现场勘查笔录、犯罪嫌疑人诉讼权利义务告知书、讯问笔录、鉴定意见、询问通知书、询问笔录、证人诉讼权利义务告知书等。

2. 实训学生分组

（1）本次实训主题为审查判断证据，根据实训需要，建议15人左右为一组，可根据需要进行调整。

（2）指导教师在实训前一周指定小组组长，并要求小组组长根据《实训小组组长手册》做好实训准备，要求小组组长提醒学生对该次实训的知识点进行回顾。

（3）要求各实训小组在对知识点进行回顾后，准备实训需要的物品、相关器材、文书等。

（4）指导教师对学生进行角色分配并交代注意事项。指导教师事先指定小组组长和犯罪嫌疑人、证人以及承担角色的侦查人员，其他展开调查工作的侦查人员由小组组长指定。剩余角色由指导教师在小组组长和侦查人员以外的学生中单独指定。确定全体人员后，指导教师再与各承担任务的学生单独见面，并提供相应任务说明和要求。

3. 实训任务安排

（1）实训案例所需角色及其人数分配。

① 犯罪嫌疑人，1人；

② 证人，2人；

③ 小组组长，1人；

④ 小组组长助手，1人；

⑤ 现场勘查人员组长，1人；

⑥ 侦查人员，6人。

（2）具体任务安排。

① 犯罪嫌疑人（需由指导教师单独指定并布置任务，使用真实姓名，以提供的资料内容为基础），陈述相关案件事实，对有的内容不问不答。

② 证人（需由指导教师单独指定并布置任务，使用真实姓名，以提供的资料内容为基础），对有的内容不问不答。

③ 小组组长助手，负责记录实训情况、参加人员情况，协助撰写汇报材料和制作PPT。

④ 现场勘查人员组长，负责现场勘查的指挥和临时情况的处理。

⑤ 侦查人员，负责现场的实地勘验、讯问、询问、技术检验等具体侦查工作，并且应当将工作情况根据指挥员要求向“专案组”报告结果，根据提供的资料进行回答。

4. 审查判断证据实训教学事项

（1）整体实训教学的组织展开。

① 指导教师应当告诉全体学生，整体实训的内容是审查判断证据。

② 各实训小组按照教学案例实训要求展开实训。

③ 由实训小组组长主持案情分析和研讨，保障实训中各项侦查工作的顺利进行。

④ 各实训小组在充分讨论的基础上形成工作报告。

⑤ 各实训小组汇报及指导教师点评。

（2）具体实训教学的展开工作。

① 单独告诉犯罪嫌疑人相关案情内容以及不问不答的注意事项。

② 单独告诉证人回答提问的内容以及不问不答的注意事项。

③ 告诉各小组组长，由其扮演主管局长一职，职责是按规定对有关文件签字及盖章（凡是需要盖章的地方，用红色圆圈表示），向全体学生阐明工作计划，听取未承担角色学生的意见。

④ 需要其他有关部门给予支持的，应当提交书面请求，交给指导教师予以协调和回复。

⑤ 凡是需要外出校园处理的事务，均需提出书面理由和要求，交给指导教师协调。

⑥ 告诉全组学生凡是需要领取有关文书的，应到指导教师处领取，但必须指明需要什么文书材料，指导教师不主动提供。实训结束，各小组应提交相关书面文书材料。

⑦ 相关学生应当准备书写工具。

⑧ 要求学生在规定时间内，完成相关调查与文书制作。

（3）指导教师对于实训过程中应注意的相关安全事项要提前告知并予以具体说明和指导。

（4）指导教师要遵循相应的程序规范，用最为贴近实务部门的标准进行指导。

（5）与教务处协调上课的形式与实训地点。实训教学可以在校园外展开，但案情设计时应尽可能地安排在校园内。

（6）关于侦查文书的管理，未经允许不能对提供的空白侦查文书进行复制，实训结束后将全部侦查文书资料收回，领取侦查文书的学生应当登记签名。

5. 其他实训要求

（1）指导教师实训前将实训场地协调好，并将案件现场的有关情况告知承担角色的学生。

（2）未承担角色的学生可以就办案中存在的问题或工作建议向实训小组组长提出，由小组组长助手记录在案，视为实际参与实训。其他未实际参与实训的学生在实训结束后需要提交1000字以上的实训报告。

（三）实训考查内容

1. 现场勘查笔录考查要点

（1）考查对现场遗留物证的使用意识；

（2）对相关法律文书规范的熟悉、熟练程度。

2. 询问笔录考查要点

（1）考查对询问被害人、证人的仔细程度与工作流程规范性；

（2）考查在实训过程中纠错的能力；

（3）考查对证人证言之间的真实性、关联性、合法性、可印证性的审查；

（4）考查对相关法律文书规范的熟悉、熟练程度。

3. 讯问笔录考查要点

（1）考查对讯问程序具体要求的熟悉程度以及相关法律规定的认知；

（2）考查在实训过程中纠错的能力；

（3）考查对审查判断犯罪嫌疑人、被告人的陈述和辩解这一证据的步骤与方法的掌握；

（4）考查对相关法律文书规范的熟悉、熟练程度。

4. 利用现场遗留的痕迹物证的意识的考查要点

（1）通过询问证人及现场勘查的分析，发现可能留有犯罪嫌疑人指纹的物品；

（2）熟悉相关送检业务；

（3）考查对鉴定意见相关文书撰写和使用规范的熟悉程度。

二、实训小组组长手册

本手册供实训小组组长使用。

1. 小组组长的职责与任务

（1）由指导教师指定各小组组长，并告知其主要职责是按规定对有关文件签字及盖章（凡是需要盖章的地方，用红色圆圈表示）。

（2）实训小组组长应当组织协调全部侦查工作，并注意向全体学生阐明每一项工作内容和工作要求，听取办案过程中未承担角色学生的建议，向全体学生阐明工作计划，并指定专门人员负责考勤和记录实训内容。

（3）告知实训所需角色的人数，各实训小组的分工由小组自行进行，教师不主动介入或者针对个别问题提示操作。

（4）角色注意事项。

① 各个角色要尽可能还原案件实况，注意角色合理的心理发展过程。

② 对于侦查人员提问才回答的问题，相关人员应做到不问不答。

③ 资料内容未尽事宜，自行合理补充，但要注意逻辑关联性。

2. 需告知小组成员的事项

（1）告知承担具体角色的学生不能擅自向其他任何人透露其知晓的案情内容，特别是材料中指定的内容；告知未承担角色的学生可以仔细观察实训过程中的情况，针对办案过程中存在的问题，可以提出自己的见解及依据，则该学生可以被视为实际参与实训；其余未承担角色且在实训中没有提出建议的学生，需要撰写1000字以上的实训报告。

（2）针对实训中存在的疑问，应积极查阅相关规范，例如文书制作要求、现场勘查要求等。

（3）指导教师不干预学生实训，仅仅做观察记录和提供相关文书资料。

（4）学生应当准备书写工具及其他记录材料。凡是需要领取有关文书的，应到指导教师处领取，但必须写明需要什么文书材料，指导教师不主动提供。指导教师发放材料时在相关材料上签名并注明日期。实训结束后，各小组应提交相关书面文书材料。严格侦查文书的管理，未经允许不得复制或截留，领取侦查文书的学生应当登记签名。

（5）需要进行校外调查的项目或需要其他各项技术支持的项目，请提出书面要求，交由指导教师协调并反馈结果。

（6）实训结束后，全班统一回到教室（临时通知）进行总结。先由各小组以案卷或者PPT的形式进行汇报总结，特别注意应以在实训过程中未实际参与相关实训的学生为主要发言人；各小组组织发言完毕后，再进行小组互评；最后由指导教师进行点评。

3. 实训组织纪律要求

（1）实训过程中各实训小组成员要团结协作，注意安全，共同完成任务。

（2）各实训小组之间不能私下互相打听掌握的情况，要独立完成任务。

（3）实训过程中无论是否承担角色，必须在场，由专人做好考勤记录，无故不到者视为缺课。

（4）其他未尽事宜由各实训小组自行拟定。

三、犯罪嫌疑人资料

1. 注意事项

（1）犯罪嫌疑人使用学生自己的真实姓名。

（2）在得到本材料后，应当仔细分析可能出现的情形，对于案情中可能出现的无法处理的情形，应当积极单独与指导教师汇报并征询解决办法。

2. 侦查人员提问才回答的内容

（1）犯罪嫌疑人 A 的基本情况：姓名 A，男，汉族，初中文化，××物流有限公司临时工，1985 年 6 月 25 日出生，身份证号：513525×××××××××××，户籍地：重庆市××区××乡。

（2）案件基本陈述：案发当晚我喝了点酒，在路上骑自行车时撞到了 B 的汽车，后与其发生争执，B 打了我一下，我当时很生气，随手捡起地上的一根木棍向 B 头上猛砸。随后 B 逃走，我没追上，最后离开。

（3）争执前是否打过被害人：没动手打过，但是在发争执后，他动手先打过我。

（4）关于作案工具的情况：我当时身上没有工具，只是看见路边有一根木棍，我就随手捡了起来，向他砸去。

（5）关于被害人去仓库的情况：当时比较乱，没有注意他去哪里了。被我打了之后，他就跑了，我还追了一段距离，没追上我就离开了。

四、证人 C 资料

以下问题在侦查人员提问时才回答。

（1）证人基本情况：姓名 C（学生自己的真实姓名），男，汉族，大学本科，××公司销售人员，1992 年 4 月 21 日出生，身份证号：513525×××××××××××，户籍地：重庆市××区××乡。

（2）与双方当事人的关系：不认识，只是路过看到有两人发生争吵。

（3）被害人是否有动手的情况：有的，动手打了一下。

（4）犯罪嫌疑人是否有动手的情况：当时未还手，后见他拿起路边的木棍砸向对方。之后被害人逃走，犯罪嫌疑人就追了过去，剩下的就不知道了。

（5）犯罪嫌疑人持木棍砸伤的部位：我看见他向被害人的头部砸了一下。

五、证人 D 资料

以下问题在侦查人员提问时才回答。

（1）证人基本情况：姓名 D，男，汉族，高中文化，个体户，1983 年 3 月 21 日出生，身份证号：513525×××××××××××，户籍地：重庆市××区××乡。

（2）与双方当事人的关系：不认识，只是路过看到有两人发生争吵，出于好奇，多看了几眼。

（3）被害人是否有动手的情况：有的，似乎动手打了一下。

（4）犯罪嫌疑人是否有动手的情况：最开始未还手，后见他拿起路边的木棍砸向对方，之后我担心有危险就离开了。

（5）犯罪嫌疑人持木棍砸伤的部位：没看清楚。

六、现场勘查人员资料

1. 注意事项

（1）现场勘验人员应仔细梳理所接受任务的工作内容和要求。

（2）完成小组组长指派任务后，应当向实训指导教师汇报并听取指令。

2. 汇报资料

现场勘验人员向指导教师报告时，提供以下资料：

中心现场位于××物流有限公司西侧×区内西侧靠墙处，中心现场内北侧并排有两列成箱的货物，距北侧纸箱30厘米处的木板上有少量擦蹭血迹，该处西侧有血泊，血泊中有少量呕吐物。血泊南侧有点状血迹，血泊北侧地上有散落的2厘米左右长的毛发少许（毛发缺乏鉴定条件），西数第三列南侧纸箱上有少量擦蹭血迹。中心现场北侧西数第二列纸箱顶部有大面积擦蹭痕迹，且有不完整足迹1枚（经现场排查，为A所留）；下层纸箱有不完整足迹1枚（经现场排查，为A所留）。院中央有一东西向的矮墙，矮墙北侧地上的货物间有一灰色“夏新”手机。

七、技术人员资料

向指导教师询问承担角色的任务，并提前准备好与案情有关的鉴定文书。

技术人员向指导教师报告时，提供以下资料，并向小组汇报技术检验结果。

（1）尸体检验鉴定书。B头部左颞顶部有条形棍棒伤，胳膊有挫伤，符合被人用条形钝器（棍棒类）叩击头部致颅脑损伤合并胃内容物阻塞呼吸道窒息死亡的情形。

（2）生物物证鉴定书。现场地面血迹和纸箱上血迹为A所留。在A使用的木棍检测出相关血迹和指纹。

第十一章　侦查卷宗的制作

第一节　侦查卷宗的制作知识重点及实训目的

一、侦查卷宗的制作知识重点

侦查卷宗的制作是指侦查人员在侦查终结后，对在侦查过程中收集和制作的文书材料进行加工、整理，并根据其性质和作用分门别类地装订成案卷的活动。

（一）刑事案卷的分类

1. 侦查诉讼卷

侦查诉讼卷是指侦查机关在侦查终结时移送同级人民检察院审查起诉的诉讼案卷。

2. 侦查工作卷

侦查工作卷是指收集整理内部请示、报告、审核审批材料以及其他不宜列入诉讼卷的材料装订而形成的案卷。

3. 侦查保密卷

侦查保密卷是指装订侦查过程中使用的秘密侦查手段的审批手续和获取的有关证件材料形成的案卷。

（二）案卷整理的原则

1. 诉讼卷一分为二

为便于律师等辩护人查阅、摘抄、复制本案的诉讼文书、技术性鉴定材料，将诉讼卷分为诉讼文书卷和诉讼证据卷装订。

诉讼文书卷装订诉讼文书、鉴定意见等相关材料。诉讼证据卷装订侦查、取证文书和各种证据材料。

2. 分类入卷

凡是带发文字号的法律文书，全部放入法律文书和技术性鉴定材料卷。

凡是属于笔录类、清单类的法律文书以及没有发文字号，但有单位公章的法律文书，全部放入正卷材料卷。

凡是呈请类的法律文书，全部放入工作卷。

3. 以办案程序为序

按受案、立案类、管辖、回避类、律师介入刑事诉讼类、强制措施（按照从轻到重的顺序）和专门调查工作（按照刑事诉讼法和办案程序规定的专门调查工作的顺序）等类别进行装订。

（三）侦查诉讼卷的内容和排序

详见《公安机关刑事案卷立卷规范（2014版）》的相关规定。

（四）侦查工作卷的内容和排序

详见《公安机关刑事案卷立卷规范（2014版）》的相关规定。

（五）侦查保密卷的内容和排序

① 卷内文件目录；
② 立案材料；
③ 破案报告；
④ 使用秘密侦查手段和技术的请示报告；
⑤ 利用秘密侦查手段获取的材料；
⑥ 涉及国家机密的文件材料；
⑦ 有关敌情、社情的材料；
⑧ 需要订入的其他机密材料。

（六）卷宗封面的制作

1. 卷宗封面的要求

卷宗封面应用毛笔、钢笔填写或打印，字迹要工整、清晰。

2. 填写卷宗的种类

填写诉讼文书卷、诉讼证据卷、侦查工作卷或者秘密侦查材料卷等。

3. 填写案件名称

填写“犯罪嫌疑人姓名和案件性质（罪名）”。一人涉嫌一罪的，填写“姓名+罪名”；一人涉嫌数罪的，填写“姓名+由重罪到轻罪的所有罪名”；共同犯罪的，填写“案件主犯姓名+由重罪到轻罪的所有罪名”；集团犯罪的，填写“首要分子姓名+犯罪集团案”。

4. 填写案件编号

填写侦查部门办理案件的顺序号。

5. 填写犯罪嫌疑人姓名

一人涉嫌一罪的，填写犯罪嫌疑人的姓名；共同犯罪的，依各犯罪嫌疑人罪行由重到轻填写；集团犯罪的，由首要分子、主犯、从犯按顺序填写。

6. 填写立案时间

填写《立案决定书》签发的时间。

7. 填写结案时间

填写县级以上侦查机关负责人在《呈请侦查终结报告书》上签发“同意侦查终结”的时间。

8. 填写立卷单位

填写县级以上公安机关侦查部门全称。

9. 填写立卷人

填写整理、装订案卷人的姓名。

10. 填写审核人

填写负责对案卷审核人员的姓名，一般是侦查大队（支队、处）或法制部门的负责人。

（七）卷宗的排序

1. 排序原则

诉讼文书卷为第一卷，诉讼证据卷为第二卷。如果材料较多，依次排列案卷顺序号。

2. 重新编号

侦查工作卷，一案一卷，如果材料较多可装订成几卷，按材料排列先后排序。

案卷内的法律文书、材料按顺序排列好后，应当以张为单位，一张编一号，卷内文件目录及隔页纸不编号。编号时，号码应当适用阿拉伯数字，写在右上角。

3. 卷宗内隔页纸

案卷内各部分材料之间，可以用隔页纸分隔，并标明各部分的名称。

（1）适用于诉讼文书卷的：

① 立案根据；

② 强制措施；

③ 鉴定意见；

④ 其他材料，包括回避、律师参与刑事诉讼的文书、材料等。

（2）适用于证据卷的：

① 犯罪嫌疑人基本情况；

② 侦查或调查取证措施；

③ 证人证言、物证、书证；

④ 其他材料，包括案件来源、犯罪嫌疑人的抓获经过或自首情况的证明材料、犯罪嫌疑人的户籍材料以及其他能够证实犯罪嫌疑人身份的材料、犯罪嫌疑人的违法犯罪经历材料等；

⑤ 讯问笔录和亲笔供词；

⑥ 附带民事诉讼材料。

（八）卷宗的装订要求

为了便于保存和防止破损，在装订前要把文书材料的订书针、大头针、回形针等金属物去掉。

对于大小不一的文书材料以及其他不便装订的材料要进行加工裱糊。裱糊时要用同卷内文书大小一样的白纸或笔录纸附页，同时要用胶水，不要使用糨糊。对那些已经破损而又不便裱糊的重要材料，可用牛皮纸袋或者卷盒式卷皮保管。

卷宗的材料不得用圆珠笔、铅笔书写或复写。

案卷内的照片，一定要有文字说明。

装订案卷每卷以 200 页为宜。

共同犯罪案件的卷宗原则上以各犯罪嫌疑人为单位逐个立卷，不能分立个人卷的，可立案件总卷，在卷宗封面上注明各个犯罪嫌疑人的姓名。

装订案卷应尽量使用装订档案的专用绳索或者棉线，一般不用麻线或尼龙线。

装订线在文书材料的左边。

对于不能装订入册的物证材料，应当单独保管。

（九）实务注意事项

1. 内容审查

（1）受案登记表记录的内容是否完善，且与案件来源是否一致。

（2）受案、立案决定书的时间与笔录、搜查证制作时间是否矛盾。

（3）案件来源有无具体说明，是否说明了线索及受案程序的合法性。

（4）提请批准逮捕意见书中关于犯罪嫌疑人的身份信息是否准确，提请逮捕的罪名前后是否一致，侵犯财产案件中涉案金额的认定是否前后一致，提请逮捕的理由和依据是否充分。

（5）拘留通知书上有无犯罪嫌疑人家属签字或通知家属的证明材料，是否在法定时间内通知犯罪嫌疑人家属。

（6）有无被害人、证人、犯罪嫌疑人诉讼权利义务告知书，且告知书上是否注明告知时间。

（7）询问笔录、讯问笔录中有无办案人员签名，笔录制作时间、地点填写是否完整，询问通知书与询问笔录的记录时间是否一致；同一组办案人员是否在同一时间制作询问笔录和讯问笔录。

（8）物证、书证、视听资料等证据材料是否注明来源并证实其合法性，是否出具相关说明以证实其与本案的关联性。

（9）是否及时调取案发现场监控。

（10）现场指认证据材料中有无现场指认照片，有无相对应制作指认笔录。

（11）被害人、证人、见证人的身份证明材料是否提供或提供完整。

（12）扣押物品文件清单中是否注明被扣押物品保管人，是否提供保管人身份信息。

（13）犯罪嫌疑人的身份信息中是否注明前科劣迹情况。

（14）鉴定意见书中是否附有鉴定人身份信息、资质证明，以及鉴定机构接受委托的聘请书，鉴定意见书中有无被害人或者犯罪嫌疑人签字。

2. 形式要件审查

（1）公安机关呈请本部门审批的法律文书中有无领导签字或者缺少领导签字。

（2）相关书证是否加盖公安机关公章。

二、侦查卷宗的制作实训目的

（1）从刑事案件的受案、立案、侦查措施运用、侦查终结等程序入手，通过制作相关法律文书（立案、管辖、回避文书、强制措施文书、侦查取证文书）和侦查卷宗，掌握刑事案卷的分类、立卷以及制作侦查卷宗的基本规范。

（2）结合具体案例增加询问证人、被害人，搜查、扣押物证、书证，调取证据，辨认犯罪嫌疑人等内容，将侦查法律文书制作训练贯穿其中，提升单项侦查法律文书与综合侦查法律文书的制作能力。

第二节 侦查卷宗的制作实训操作要求及评价

本章实训考查内容主要类别和具体评价要点如表 11 -1 所示。

表 11 -1 侦查卷宗的制作实训操作内容主要类别和具体评价要点

主要类别	具体评价要点
(1) 案卷的分类与整理	①侦查诉讼卷的内容和排序
	②侦查工作卷的内容和排序
	③侦查保密卷的内容和排序
	④案卷整理的方法
(2) 卷宗封面制作	①字迹的工整与清晰度
	②案件名称的规范性
	③其他内容的规范性
(3) 卷宗的排序	①排列顺序的合理性
	②编号的规范性
	③卷宗内隔页纸的用法
(4) 卷宗的装订	①基本装订方法
	②书写的规范性
	③卷宗内照片的文字说明
	④各卷的页码要求
(5) 其他注意事项	①文书记录内容的准确性
	②文书制作时间的一致性
	③签名等程序要求的规范性
(6) 团队表现	①团队协作程度
	②成员参与程度
(7) PPT 展示	①PPT 内容与形式的丰富性
	②展示语言的流畅性

第三节 侦查卷宗的制作实训操作手册及资料

一、教师实训指导手册

(一) 实训总体思路

1. 考查要点

本次实训主要从刑事案件的受案、立案、侦查措施的运用、侦查终结等环节入手，要求学生制作相关法律文书（立案、管辖、回避文书，强制措施文书，侦查取证文书等）和侦查卷宗，以掌握刑事案卷的分类、立卷以及制作侦查卷宗的基本规范。

（1）训练学生规范使用法律文书的能力。

① 刑事案卷分为侦查诉讼卷（正卷）和侦查工作卷（副卷）两大部分。

侦查诉讼卷主要包括对外使用的法律文书和证明案件事实的证据材料，组装后随案移送人民检察院，供诉讼使用。

侦查工作卷主要包括不对外发生法律效力的内部审批文书、案件研究记录，以及有保存价值但不需作为刑事诉讼证据使用的其他材料，装订后存档备查。

② 诉讼文书卷立案规范。在办理刑事案件过程中，制作或者收集的反映诉讼程序以及采取强制措施过程的，对外产生法律效力的法律文书，如立案决定书、取保候审决定书、监视居住决定书、拘留证、逮捕证等应归入诉讼文书卷。

③ 证据材料卷立卷规范。对于侦查过程中采取讯问、询问、勘验、检查、搜查、查封、扣押、查询、冻结、调取证据、鉴定、辨认、通缉等侦查措施形成的法律文书和取得的证据，应当归入证据材料卷。

④ 侦查工作卷的立卷规范。提请批准逮捕书、起诉意见书等主要诉讼文书应当制作副本，存入侦查工作卷备查。移送后仍需要保存、使用的文书材料，应当制作副本存入侦查工作卷备查。

不愿公开姓名的扭送人、报案人、控告人、举报人的有关材料，以及公安机关决定不公开证人、鉴定人、被害人的真实姓名、住址和工作单位等个人信息，使用化名代替和其他需要保密的书面情况说明材料，应当单独立秘密侦查工作卷并标明密级。

（2）考查学生是否能够避免实务中常见的不规范问题。

① 受案登记表记录的内容是否完善，且与案件来源是否一致。

② 受案、立案决定书的时间与笔录、搜查证制作时间是否矛盾。

③ 案件来源有无具体说明，是否说明了线索及受案程序的合法性。

④ 提请批准逮捕意见书中关于犯罪嫌疑人的身份信息是否准确，提请逮捕的罪名前后是否一致，侵犯财产案件中涉案金额的认定是否前后一致，提请逮捕的理由和依据是否充分。

⑤ 公安机关呈请本部门审批的法律文书中有无领导签字。

⑥ 拘留通知书上有无犯罪嫌疑人家属签字或通知家属的证明材料，是否在法定时间内通知犯罪嫌疑人家属。

⑦ 有无被害人、证人、犯罪嫌疑人诉讼权利义务告知书，且告知书上是否注明告知时间。

⑧ 询问笔录、讯问笔录中有无办案人员签名，笔录制作时间、地点填写是否完整，询问通知书与询问笔录的记录时间是否一致；同一组办案人员是否在同一时间制作询问笔录和讯问笔录。

⑨ 物证、书证、视听资料等证据材料是否注明来源并证实其合法性，是否出具相关说明以证实其与本案的关联性。

⑩ 是否及时调取案发现场监控。

⑪ 现场指认证据材料中有无现场指认照片，有无相应制作指认笔录。

⑫ 被害人、证人、见证人的身份证明材料是否提供或提供完整。

⑬ 扣押物品文件清单中是否注明被扣押物品保管人，是否提供保管人身份信息。

⑭ 犯罪嫌疑人的身份信息中是否注明前科劣迹情况。

⑮ 鉴定意见书中是否附有鉴定人身份信息、资质证明，以及鉴定机构接受委托的聘请书，鉴定意见书中有无被害人或者犯罪嫌疑人签字。

⑯ 相关书证是否加盖侦查机关公章。

2. 基本案情

2018 年 9 月 9 日 16：00 左右，家住重庆市 Q 区的受害人（1 号）（女）在其丈夫王某的陪同下报案。当日 14：30 左右，她与丈夫同往日一样准备到小区附近的 Q 区文龙街道营盘山散步。夫妻二人刚走到营盘山登山步道起始台阶时，丈夫接到顺风快递送货员的电话，告知其在网上购买的生鲜食品将送至家中。由于家中无人收货，受害人（1 号）便让丈夫王某回家等快递，自己先去营盘山散步，待丈夫接收快递之后再到营盘山与其会合。当受害人（1 号）沿着登山步道往山顶方向行走并接近步道终点时，突然有一男子从背后用匕首抵住其颈部，低声威胁她："不要喊，把身上值钱的东西全部交出来！"当时没有过往行人，受害人（1 号）十分害怕不敢出声，立刻将装有钱包与手机的手包递给男子。男子拿到手包后，随即沿登山步道向山下方向逃离。受害人（1 号）由于过度惊慌，在原地停留了大概五六分钟后才下山。走到一半路程时，迎面遇到正往山上走的丈夫王某。受害人（1 号）把自己被抢劫的事情告诉丈夫，两人商议后随即向 Q 区公安局刑侦支队报案。

3. 实训整体设计

（1）本次实训分为三个主要模块：第一个模块为模拟侦查活动的开展；第二个模块为侦查卷宗的制作；第三个模块为 PPT 展示与汇报总结。

（2）因本次实训的核心内容是侦查卷宗的制作，因此受案、实地勘验、调查访问等内容的情景模拟需简化，着重展现侦查活动的推进、侦查措施的运用以及侦查卷宗的制作。

（3）学生依据指导教师提供的案情资料对受案、立案、侦查活动的推进、侦查措施的运用等环节进行情景模拟和分析讨论。

（4）学生制作侦查卷宗前，应以小组为单位讨论并确定本起案件侦查卷宗的制作内容。每个小组制作一份侦查卷宗。

（5）为使更多学生参与侦查卷宗的制作，各小组可将卷宗制作人增加至 3～4 人。

（6）学生根据案情与模拟侦查活动完成侦查卷宗的制作，包括相关法律文书（立案、管辖、强制措施文书、侦查取证文书等）和侦查卷宗。学生制作侦查卷宗时需注意：

① 案卷的分类与排序；

② 卷宗封面的规范性；

③ 卷宗装订的规范性；

④ 法律文书的规范性。

（7）对于学生模拟侦查活动、制作侦查文书需要的材料或采取技术侦查等措施获取的结果，由指导教师指定角色扮演的学生进行汇报。

（8）对于涉及的现场勘查、调取监控等工作，学生可提出工作计划，由指导教师向学生提供现场勘查、调取监控等获得的结果。

（9）侦查卷宗制作完成后，组织安排全班学生进行汇报总结。顺序依次为组内自评、小组互评以及未实际参与实训的学生补充发言，最后由指导教师对此次实训中存在的问题及学生表现进行点评。

（10）在学生实训过程中，指导教师应从旁观察并做好记录，鼓励学生在实训中遇到问题时要相互讨论、查阅文献。

（二）实训的准备与开展

1. 指定小组组长

（1）指导教师在实训前一周指定小组组长（模拟侦查指挥决定、工作安排及主管领导审批等），担任本次实训小组组长的学生应当具备以下条件：

① 具有较强的组织能力；

② 熟练掌握案件受理程序与要求。

（2）指导教师向实训小组组长发放本次《实训小组组长手册》。强调小组组长的主要职责：

① 根据案件办理的需要，临时指派未承担任务的学生接受某项办案任务，向接受任务的学生提出要求，被指派任务的学生可以向小组组长提出工作建议；

② 组织小组学生就某些重要问题进行集体讨论；

③ 向办案人员阐明工作计划并阐述理由；

④ 负责办案中需要审批或作出决定的事项；

⑤ 按规定在有关文件上签字，需要盖章的地方，用红色圆圈表示。

⑥ 为了小组总结汇报和 PPT 制作，小组组长可以自行决定或者根据小组组员建议，指派具有某些特长（写作能力、视频编辑、PPT 制作等）的学生专门负责某项具体工作；

⑦ 强调小组组长应当准备至少 2 台笔记本电脑。

2. 实训准备工作

（1）模拟道具：被抢钱包及包内物品等。

（2）抢劫发生地及周边环境的地图或图片（直接提供给学生）。

（3）有犯罪嫌疑人经过的一系列视频监控点的图片（学生要求才提供）。

（4）相关文书、卷宗模板（学生要求才提供）。

3. 实训学生分组

（1）建议 12～15 人一组。

（2）指导教师在实训前一周指定小组组长，并要求小组组长提醒学生对该次实训的知识点进行回顾。

（3）要求实训小组在对知识点进行回顾后，准备侦查阶段相应的文书资料以供实训使用。

（4）由小组组长负责，以学生自愿报名的方式进行角色分配。尽量实现每个小组成员都有角色安排，没有角色安排的学生需负责 PPT 制作、拍摄剪辑视频、专门的侦查文书立卷等工作。

4. 提前告知事项

（1）指导教师应当告诉全体学生，本次实训的重点内容是侦查卷宗的制作。

（2）单独告诉报案人及报案人丈夫具体的报案内容以及不问不答的注意事项。

（3）立卷人如没有角色扮演，应告知其以第三方视角观察、记录立案与侦查活动，对侦查人员在文书制作方面的漏洞和不足之处，不主动提醒，待实训结束后点评。

（4）实训指导教师告诉各小组组长，由其扮演主管局长一职，职责是按规定对有关文件签字及盖章（凡是需要盖章的地方，用红色圆圈表示），向办案人员阐明工作计划，听取未承担角色学生的意见。

（5）需要其他有关部门给予支持的，应当提交书面请求，交给指导教师予以协调和回复。

（6）指导教师向每个小组提供一张地图。

（7）告诉全组学生凡是需要领取有关文书的，应到指导教师处领取，但必须指明需要什么文书材料，指导教师不主动提供。实训结束后，各小组应提交相关书面文书材料。

（8）相关学生应当准备书写工具。

（9）要求学生在规定时间内，完成相关调查与文书制作、卷宗制作。

5. 实训任务安排

（1）实训案例所需角色及其人数分配。

① 报案人（余某），1 人；

② 报案人的丈夫（王某），1 人；

③ 快递员/副食店老板/餐馆老板，1 人（由于人数限制，以上三个角色由同一人扮演）；

④ 旅馆工作人员/烧烤店老板，1 人；

⑤ 小组组长，1 人；

⑥ 小组组长助手，1 人；

⑦ 现场勘查人员，2 人；

⑧ 调查访问人员/受案人，2 人；

⑨ 立卷人，2 人（必要时可增至 3 ~ 4 人）。

（2）具体任务安排。

① 报案人余某（需由指导教师单独指定并布置任务），陈述案件事实，对有的内容不问不答。

② 报案人的丈夫王某（需由指导教师单独指定并布置任务），以提供的案情资料为回答内容，对有的内容不问不答。

③ 快递员，根据需要决定是否安排这一角色，如不安排这一角色，可增加立卷人 1 名。

④ 副食店老板，以提供给调查走访人员的资料为回答内容。

⑤ 餐馆老板，以提供给调查走访人员的资料为回答内容。

⑥ 旅馆工作人员，以提供给调查走访人员的资料为回答内容。

⑦ 烧烤店老板，以提供给调查走访人员的资料为回答内容。

⑧ 小组组长（需由指导教师指定），负责侦查人员的确定、召集小组成员、工作安排及模拟主管领导审批，应当将侦查人员的确定情况向指导教师报告。

⑨ 小组组长助手（根据报名情况由小组组长指定），负责记录实训情况、过程及参加

人员情况。

⑩ 现场勘查人员（根据报名情况由小组组长指定），负责现场勘查与视频调取。

⑪ 调查访问人员/受案人（根据报名情况由小组组长指定），调查访问人员负责对快递员、副食店老板、餐馆老板、旅馆工作人员、烧烤店老板的调查访问，受案人负责受案。

⑫ 立卷人（根据报名情况由小组组长指定），负责侦查卷宗的立卷、整理和装订。

6. 其他要求

（1）学生的任务分配。

因本次实训的主要内容是侦查卷宗的制作，故强调训练学生规范制作侦查文书与侦查卷宗的能力。

在实训中参与角色扮演、视频制作或 PPT 制作，没有参与文书写作或卷宗制作的学生，需在实训结束后提交 500 字以上的实训报告，就办案过程中文书制作与卷宗制作存在的问题或工作建议向小组组长提出。

在实训中没有参与角色扮演、视频制作或 PPT 制作，也没有参与文书写作或卷宗制作的学生，需在实训结束后提交 1000 字以上的实训报告，就办案过程中文书制作与卷宗制作存在的问题或工作建议向小组组长提出。

（2）指导教师对于实训过程中应注意的相关安全事项要提前告知并予以具体说明和指导。

（3）指导教师要遵循相应的程序规范，以最贴近实务部门的标准予以指导。

（4）与教务处协调上课的形式与实训地点。实训教学可能在校园外展开，但侦查文书与侦查卷宗制作应在校园内进行。

（5）关于侦查文书的管理，未经允许不能对提供的空白侦查文书进行复制，实训结束后应将全部侦查文书资料收回，领取侦查文书的学生应当登记签名。

二、实训小组组长手册

本手册供实训小组组长使用。

1. 小组组长实训前应告知小组成员的事项

（1）基本事项。

① 注意安全。

② 承担角色的学生不能擅自向其他任何人透露其知晓的案情内容，特别是材料中指定的内容。

③ 针对实训中存在的疑问积极查阅相关规范。

④ 指导教师不干预学生实训，仅仅做观察记录和提供相关文书资料，但可以解答案件办理中的疑问。

⑤ 凡是需要领取有关文书的，应到指导教师处领取，但必须指明需要什么文书材料，指导教师不主动提供。指导教师发放材料时在相关材料上签名并注明日期。实训结束后，各小组应提交立案环节的相关书面文书材料。严格侦查文书的管理，未经允许不得复制或截留，领取侦查文书的学生应当登记签名。

⑥ 需要其他有关部门给予支持的，应当提交书面请求，交给指导教师予以协调和回

复结果。凡是需要外出校园处理的事务，均应提出书面理由和请求，交给指导教师协调并回复结果。

⑦ 在实训中参与角色扮演、视频制作或 PPT 制作，但没有参与文书写作或卷宗制作的学生，需在实训结束后提交 500 字以上的实训报告。

在实训中没有参与角色扮演、视频制作或 PPT 制作，也没有参与文书写作或卷宗制作的学生，需在实训结束后提交 1000 字以上的实训报告。

⑧ 各实训小组的分工由小组自行进行，指导教师不介入。

⑨ 需要进行校外调查的项目或需要其他各项技术支持项目，需提出书面请求，交由指导教师协调并反馈结果。

⑩ 分组实训结束后的总结时段，先由各小组学生代表谈体会和自己存在的不足，应以在实训过程中未实际参与相关实训的学生为主要发言人。实训指导教师对自己发现的实训存在的问题及学生表现等进行点评。

（2）实训的基本要求。

① 实训过程中各小组成员要团结协作，注意安全，共同完成任务。

② 学生应当准备书写工具及其他记录材料。

③ 各小组之间不允许私下互相打听掌握的情况，要独立完成任务。

④ 实训过程中无论是否承担角色，必须在场，并由小组组长助手做好考勤记录，无故不到者视为缺课。

（3）角色扮演者应注意的事项。

① 各个角色要尽可能还原案件实况，注意角色合理的心理发展过程。

② 针对办案人员提问才回答的问题，应做到不问不答。

③ 资料内容未尽事宜，可自行合理补充，但要注意逻辑关联性。

2. 小组组长在实训过程中自身应注意的事项

（1）针对办案中需要由办案人员集体讨论决定的事项，应鼓励办案人员阐述各自主张的理由或根据。

（2）向承担任务的办案人员强调注意相关办案程序规范要求及文书制作规范。

（3）要求小组组长助手对办案过程进行同步记录，记录内容作为考核依据和办案总结依据。

（4）办案进程中应当主动听取办案人员或者其他未承担任务学生的建议，对应当及时采取措施的情形，迅速作出决定并指派相应办案人员。

（5）及时组织小组学生进行办案情况总结，制作汇报 PPT。

三、报案人资料

在警官受案提问时回答的内容：

（1）报案人情况：受害人（1 号），39 岁，家住重庆市 Q 区文龙街道营盘山山脚下的“北岸领秀”小区。

（2）被抢财物：钱包内约有 2000 元现金及若干银行卡；手机为 iPhoneX，白色外壳，于 2017 年 10 月在 Q 区苹果电脑专卖店购买，价格 7500 元，有发票；钱包与手包已用多年，当初买的具体价格记不清楚，均不超过 50 元。

（3）抢劫者口音：整个过程只听到该男子说了一句话“不要喊，把身上值钱的东西全部交出来”，不是重庆口音，是很接近普通话的北方口音。

（4）抢劫者外貌：因为是从背后遭到袭击，整个过程没有看到犯罪嫌疑人的相貌和衣着。

（5）被抢前后有无过往行人：由于当日天气很热，沿登山步道往上山方向行走时未见任何其他人，被抢后下山时也只遇到自己的丈夫。

（6）有无被尾随或其他可疑情况：认为白天在营盘山应该很安全，完全没有在意是否有人尾随其后或有其他可疑情形。

四、事主丈夫资料

事主丈夫王某在报案时陈述的内容：

接收快递后从家里出发到营盘山与妻子会合。沿登山步道走到第一个岔路口时，迎面看见一个上身穿白T恤，下身穿蓝色牛仔裤的年轻男子从山上小跑下来，神情有些慌张。王某在其经过时看了他一眼，发现该男子竟然是兔唇。当时也没怎么在意，于是继续往山上方向走。又走了大概七八分钟的样子，碰到了仓皇下山的妻子。听完妻子被抢劫的经历，推测自己之前碰到的那个年轻男子可能就是抢劫者。两人商议后随即向Q区公安局刑侦支队报案。

事主丈夫王某在警官受案时回答的内容：

（1）该男子的外貌特征：皮肤比较黑，脸型较长，鼻子较大，兔唇；发型是寸头；体型比较壮，身高应该在1.78～1.83米。

（2）该男子持物情况：一只手里攥着东西，没看太清楚，感觉像手机。除此之外，没看见该男子还拿着其他东西，也没有背包。

（3）该男子行进方向：沿登山步道（主干道）下山。

五、现场勘查资料

Q区文龙街道九龙大道营盘山步道受害人（1号）被抢劫案现场方位平面示意图（指导教师提供）。

Q区文龙街道九龙大道营盘山步道受害人（1号）被抢劫案中心现场示意图（指导教师提供）。

六、视频侦查资料

学生请求调取沿线视频资料。指导教师回复并提供视频截图：

（1）在加油站旁“北岸领秀”小区后门摄像头发现该兔唇男子；

（2）体育馆路口摄像头发现该男子从体育馆路口对面而来（14：19：09）；

（3）继续倒追，分别在翠云北渡鱼、鱼香春北渡鱼门口摄像头中发现该男子从体育馆方向步行前往作案现场；

（4）继续倒追，发现该男子又经过了伟星管业、开腾电脑和大电杆，从二级车站方向而来；

（5）追踪到丽景酒店门口后，该男子不见了（14：25：59），但该男子手上拿了一瓶

"乐虎"饮料（指导教师提供照片）；

(6) 二级车站旁"阳光奥韵"小区后门出现该男子身影（13：47：08），小区后门旁有多家小旅馆。

七、调查走访人员资料

(1) 丽景酒店旁边的丽景副食店老板反映：9 月 9 日中午，有一兔唇男子买过一瓶"乐虎"饮料，且该男子从旁边餐馆吃完饭才来买的饮料。

(2) 餐馆老板反映：9 月 9 日，该男子到此吃过一份炒饭，还和他们打了几把"金花"，输了 12 元，最后走时还欠了 1 元钱，且该男子隔三岔五都会到餐厅吃饭，每次都是从二级车站方向过来。

(3) 附近旅馆老板反映：该男子隔三岔五都会来住宿，但是都没有登记该男子身份信息。其中有旅馆工作人员反映，该男子喜欢到二级车站旁烧烤摊吃烧烤。

(4) 烧烤摊老板反映：该男子自称姓赵，在高速路服务区承包修车业务。